ORIGAMI
POUR ENFANTS

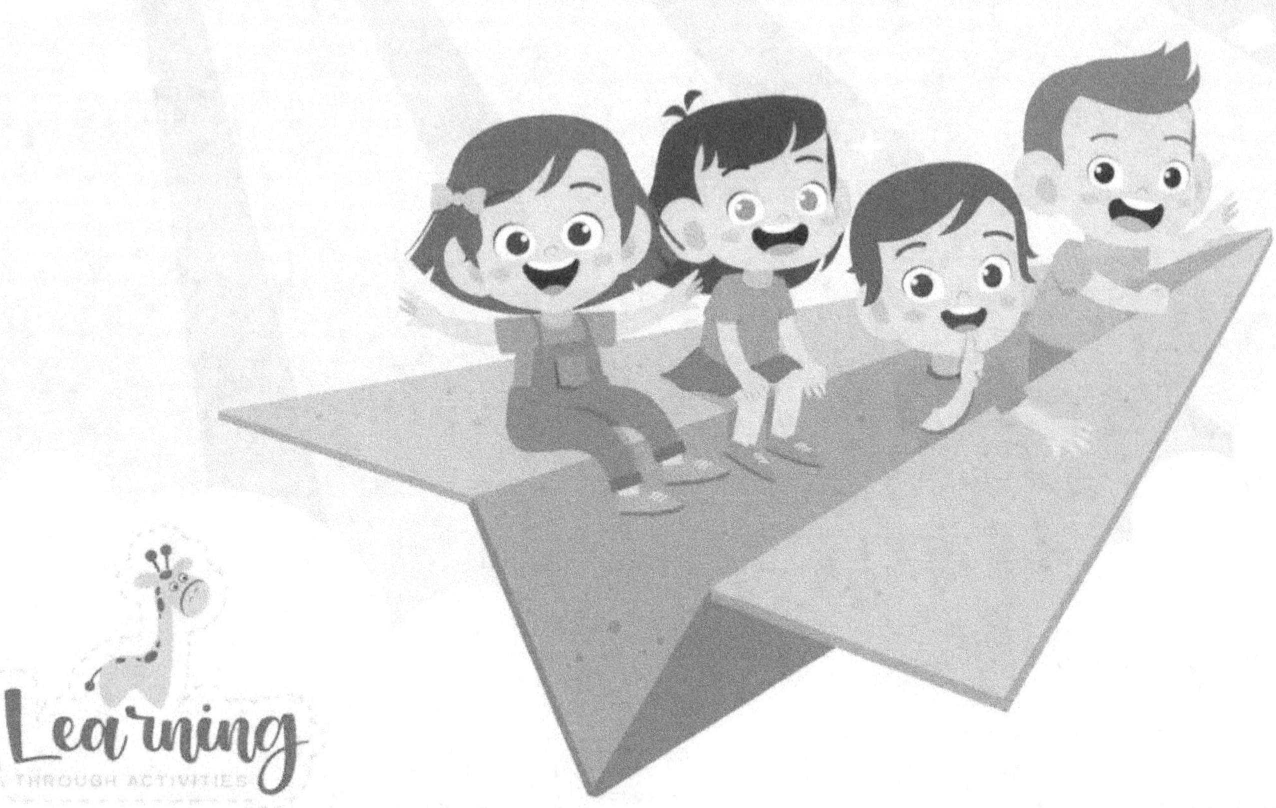

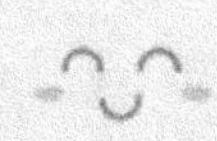

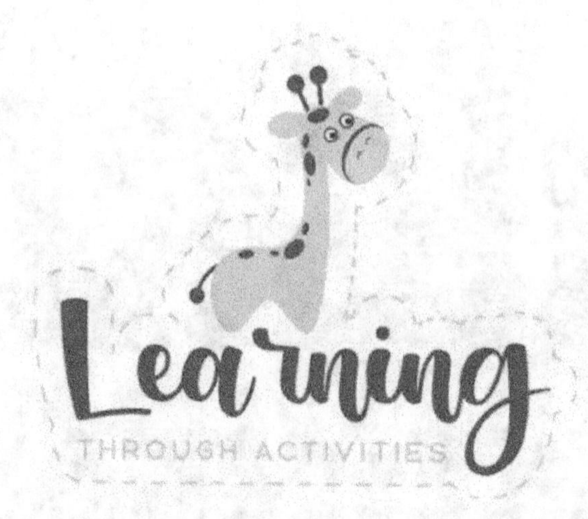

BONUS SPECIALE!

Vuoi I Video Tutorial GRATIS?

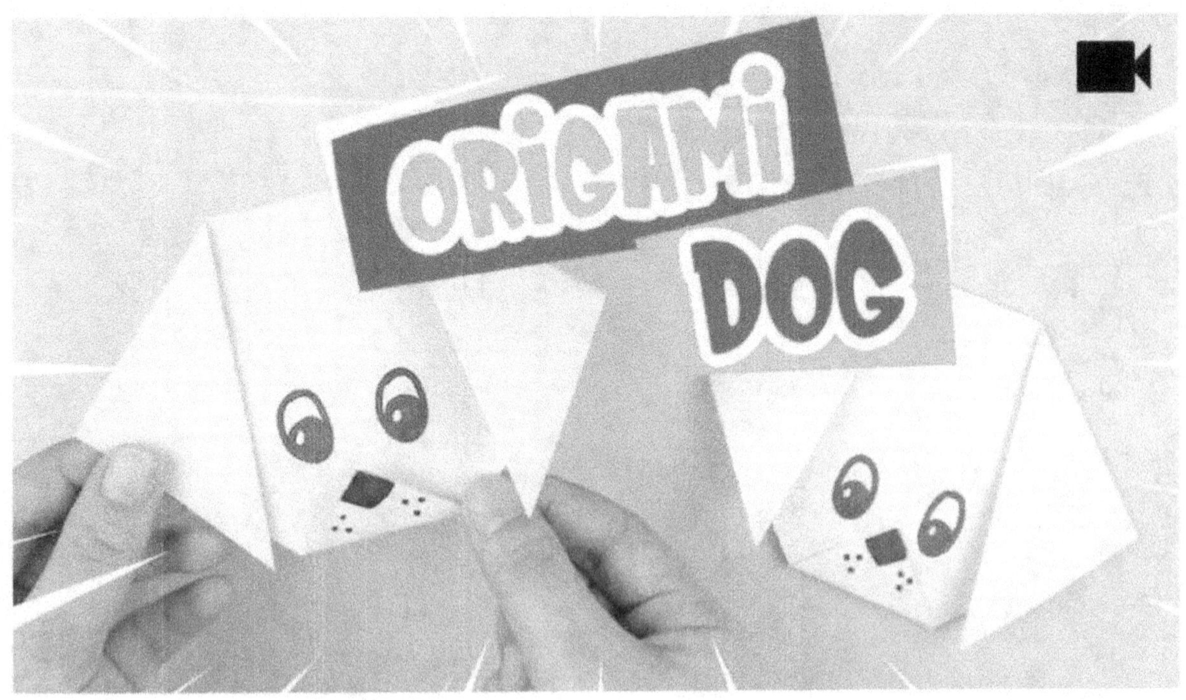

Ottieni l'accesso GRATUITO a tutti i video tutorial di ogni Modello di Origami unendoti alla nostra community!

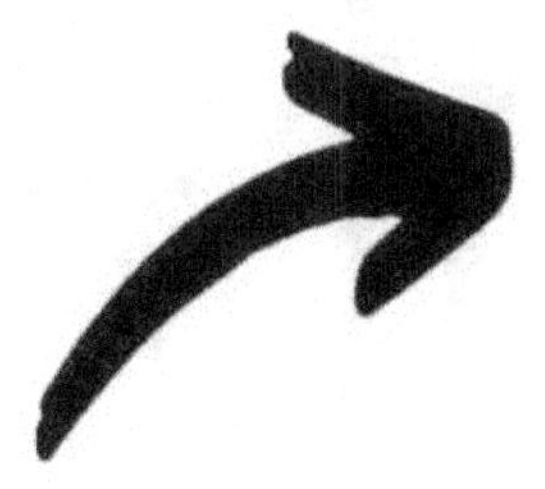

Scansiona con la fotocamera per ottenere i video!

Table des Matières

Table des Matières

CRESCIAMO INSIEME!

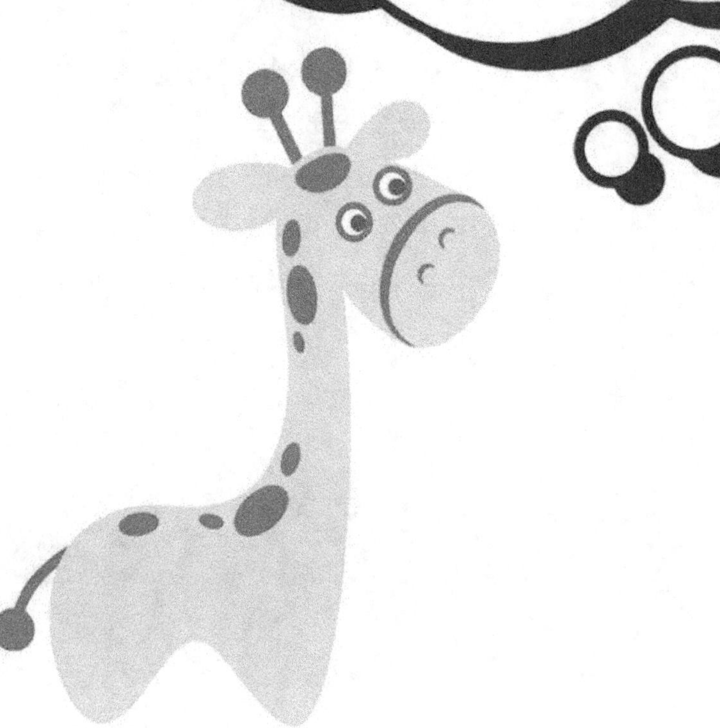

Introduction

L'origami est l'art de transformer une feuille de papier, généralement carrée mais aussi rectangulaire, en une véritable sculpture sans l'aide d'autres instruments, comme des ciseaux ou de la colle.

Cette technique permet d'améliorer la concentration, le raisonnement, la motricité et la coordination entre l'œil et la main, en plus de promouvoir la créativité. Sur le plan émotionnel, c'est une excellente activité pour se détendre et développer la patience.

Avec le livre 'Origami pour Enfants', tu trouveras 50 modèles impressionnants qui permettront de t'immerger dans ce nouveau passe-temps merveilleux qu'est l'art du pliage. En commençant avec des modèles simples, tu vas progresser très rapidement jusqu'à devenir un expert et réaliser des formes de plus en plus complexes. Tu vas même apprendre à faire des modèles avec plus d'une feuille de papier !

Prêt(e) à créer tes propres figurines en papier ? Commençons sans plus tarder !

Symboles

-------------- Pli vallée, pli vers l'avant.

················· Pli montagne, pli vers l'arrière.

__________ Ligne ou marque de pli.

Flèches

Plie dans cette direction.

Retourne.

Indique le résultat après chaque étape.

Papier

Feuille carrée

Feuille rectangulaire

Les feuilles possèdent deux coloris afin de mieux détailler chaque étape.

Chien

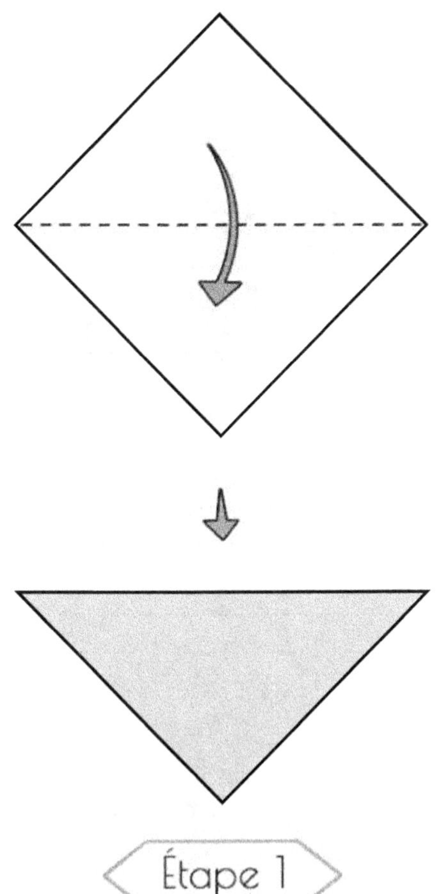

Plie la feuille en deux le long
de sa diagonale vers le bas.

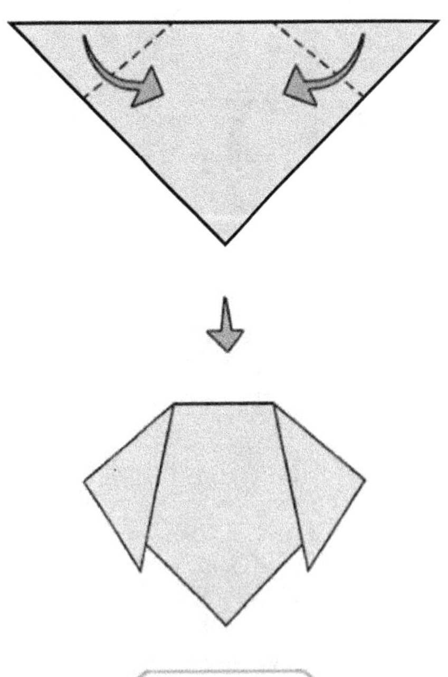

Plie les deux extrémités
de sorte qu'elles
pointent vers le bas.

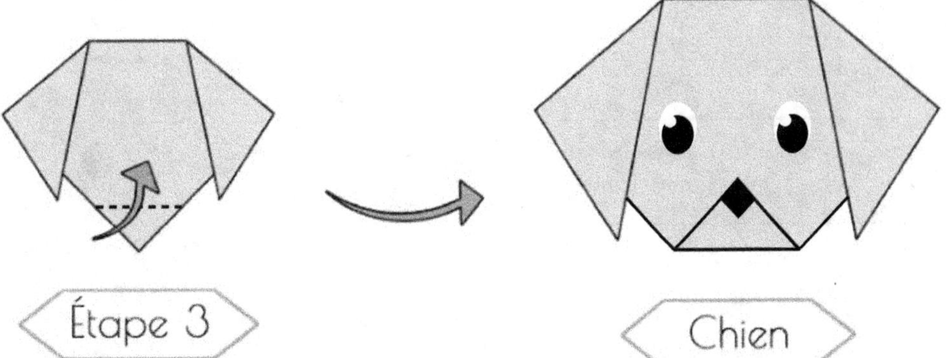

Plie le coin inférieur vers le haut
de la feuille, des deux côtés.

Renard

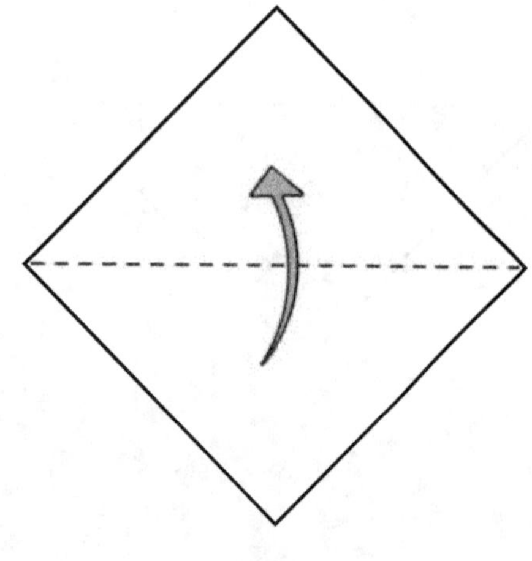

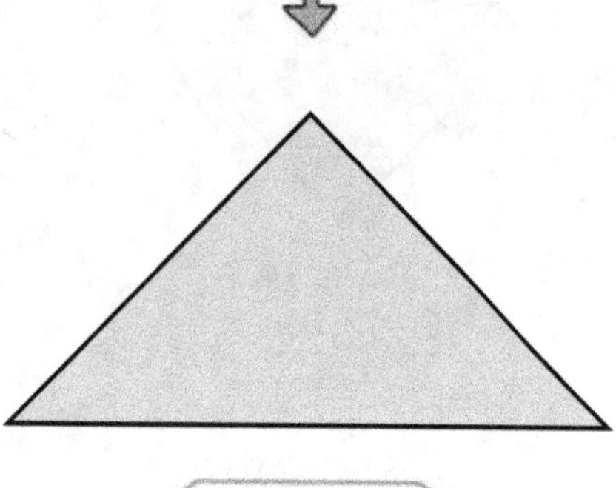

Plie la feuille en deux le long
de sa diagonale vers le haut.

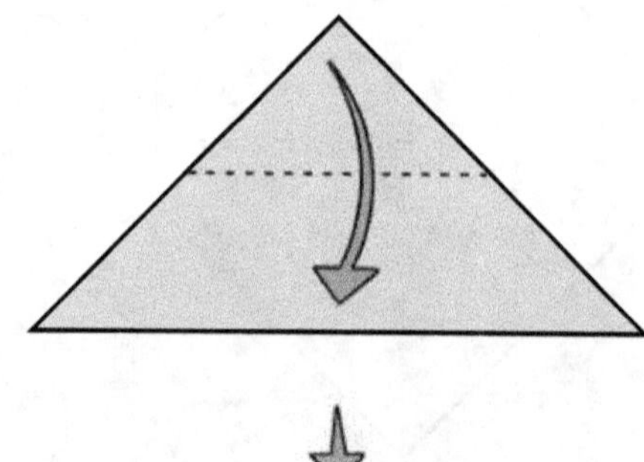

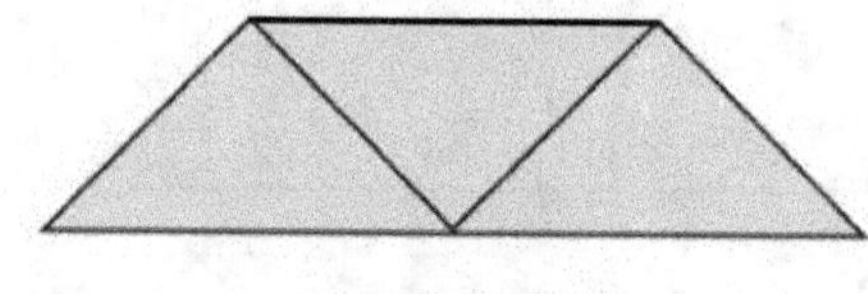

Rabats le coin supérieur vers
le bas, jusqu'au bord.

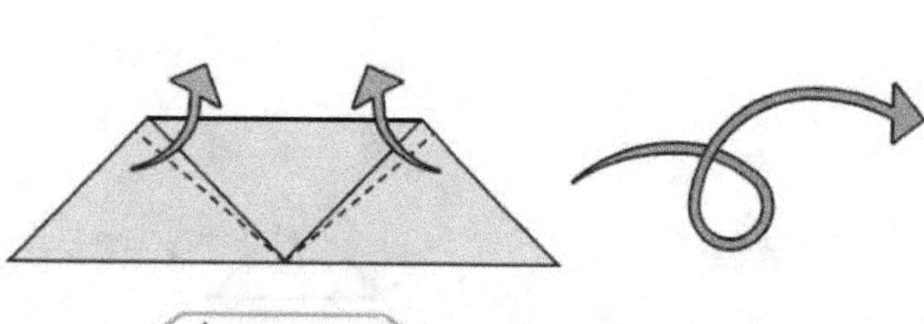

Replie les deux côtés de sorte que leurs
extrémités pointent vers le haut.

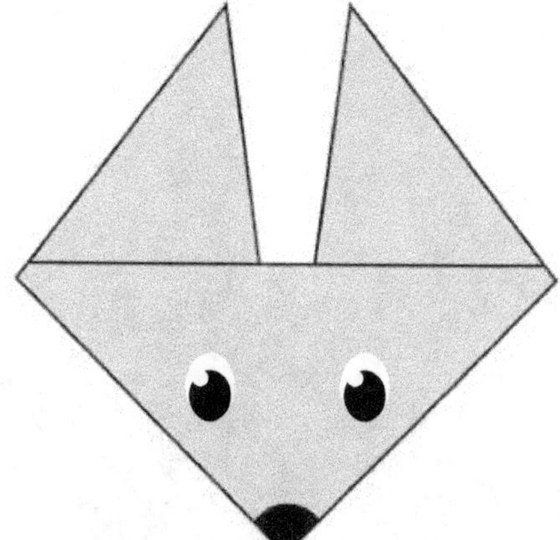

Chat

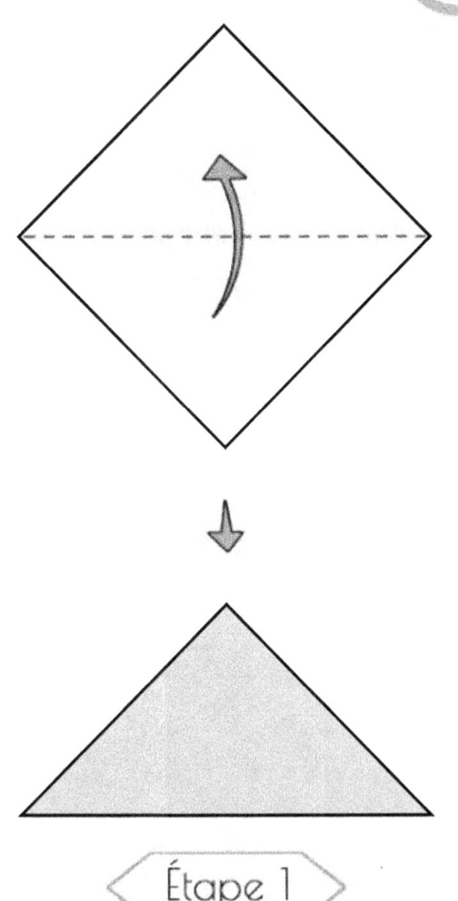

Plie la feuille en deux le long de la diagonale vers le haut.

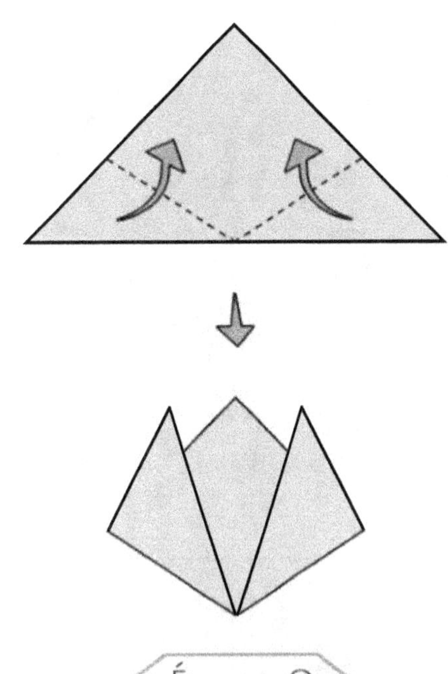

Plie les deux côtés de sorte que leur sommet pointe vers le haut, et qu'il y ait un espace entre eux.

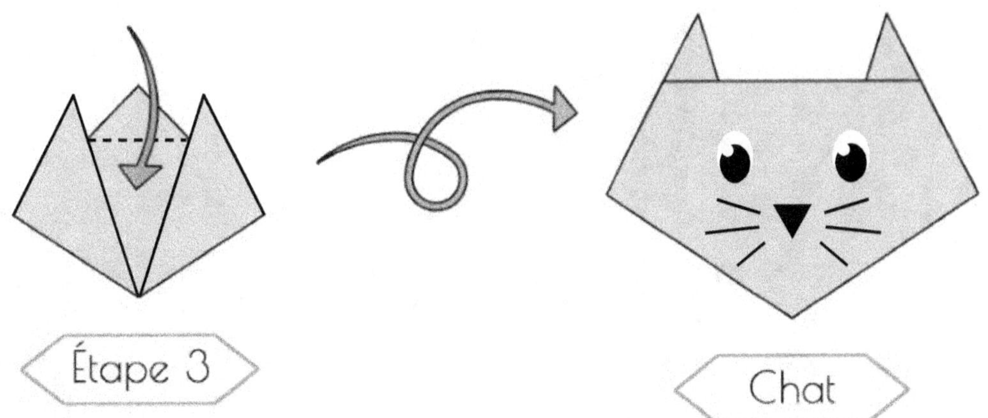

Plie le coin supérieur vers le bas afin qu'il se retrouve dans l'espace créé à l'étape précédente.

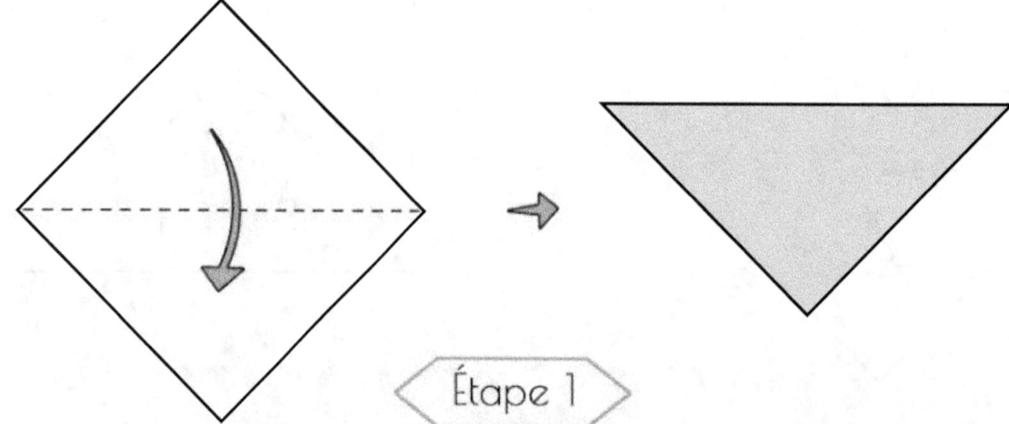

Plie la feuille en deux le long de sa diagonale vers le bas.

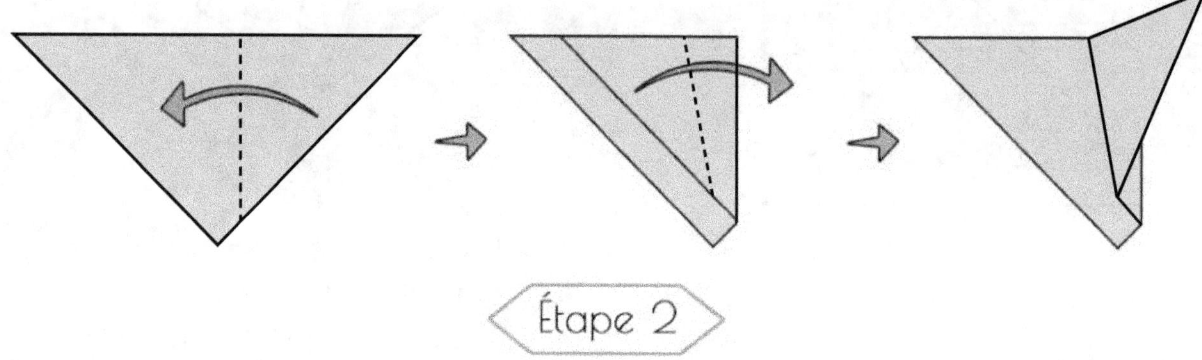

Plie un peu moins de la moitié droite du triangle vers l'intérieur. Ensuite, replie une partie de cette dernière vers l'extérieur, mais cette fois légèrement de travers.

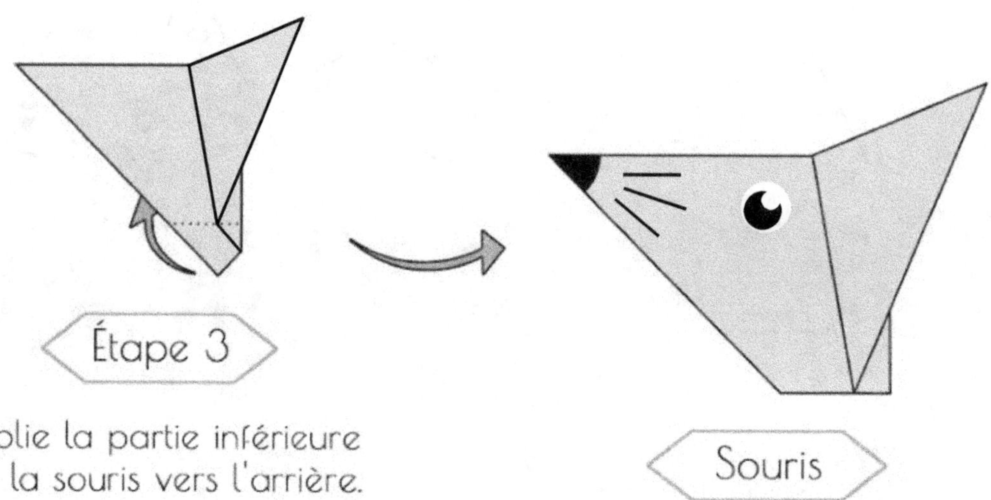

Replie la partie inférieure de la souris vers l'arrière.

Bateau

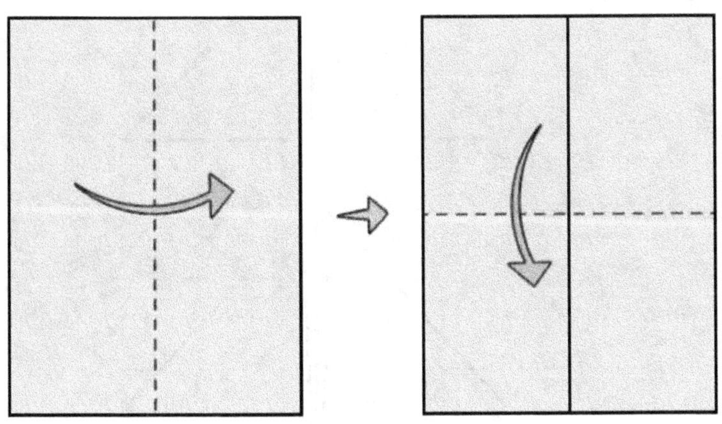

Plie la feuille en deux à la verticale et déplie-la. Plie-la ensuite en deux à l'horizontale.

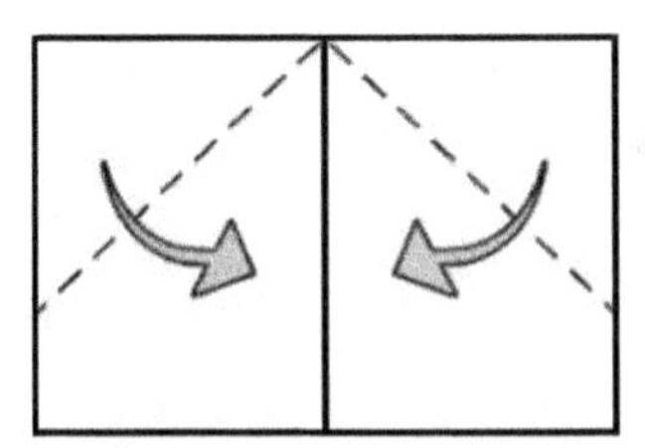
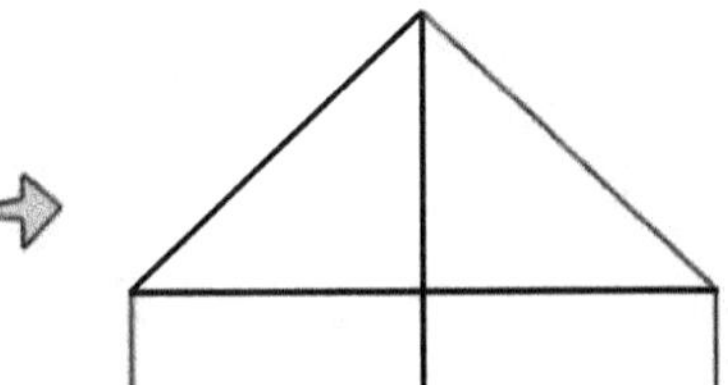

Plie les deux coins vers l'avant.

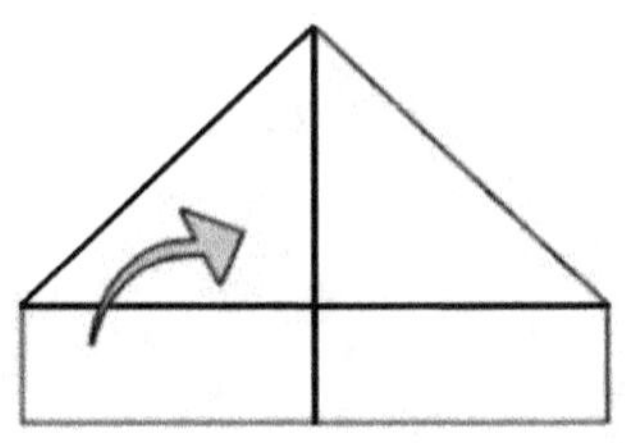
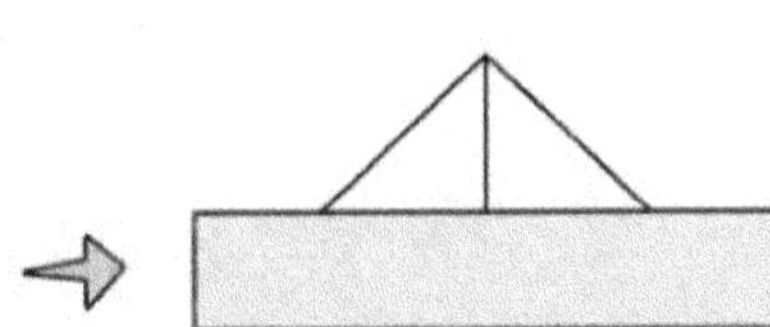

Plie les bords inférieur des deux côtés de la feuille vers le haut.

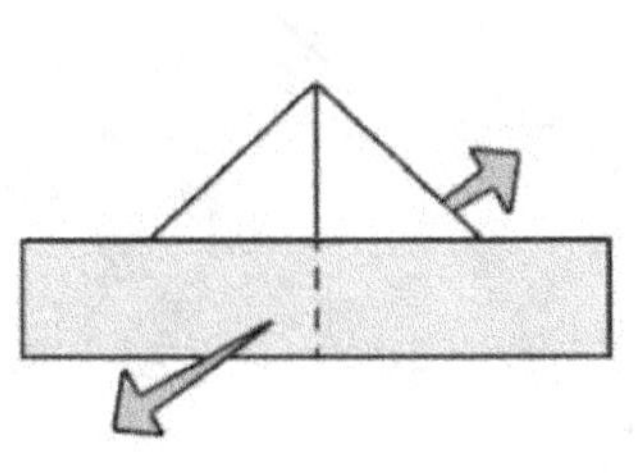
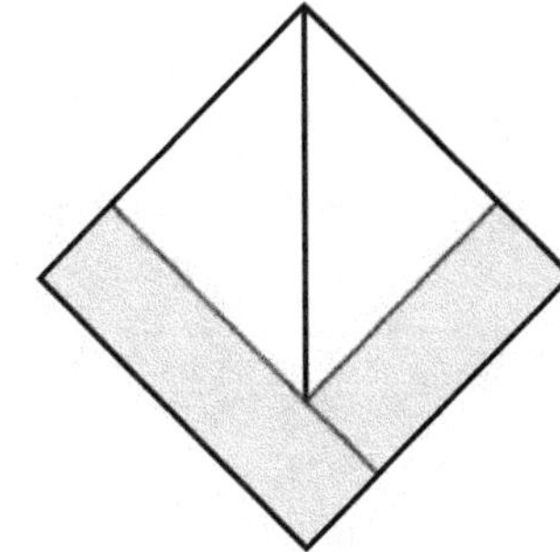

Depuis le milieu, tire vers l'extérieur et appuie sur le bateau pour lui donner une forme de diamant.

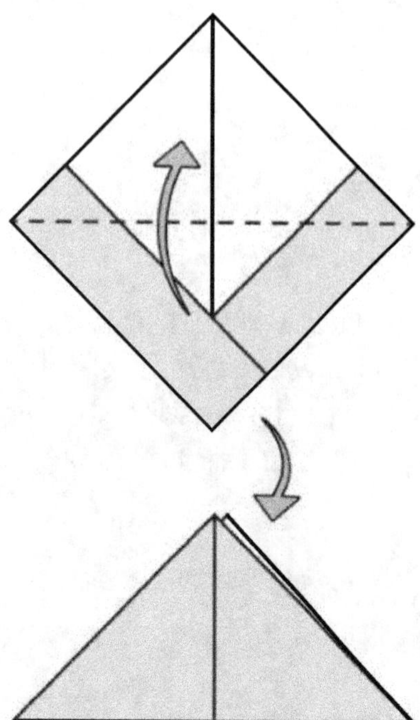

Étape 5

Plie les moitiés inférieures des deux faces pour obtenir un triangle.

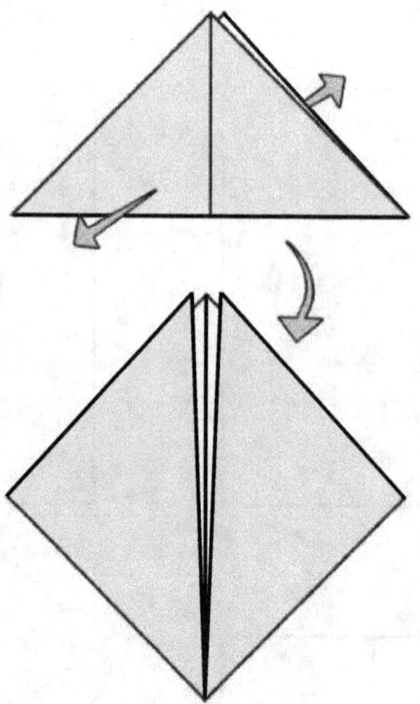

Étape 6

Une fois encore, tire en partant du milieu et aplatis le bateau pour obtenir un diamant avec deux rabats.

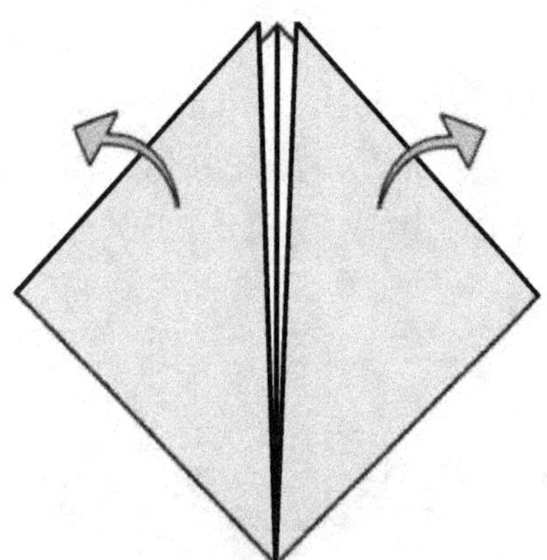

Étape 7

Tire les rabats sur les côtés et appuie.

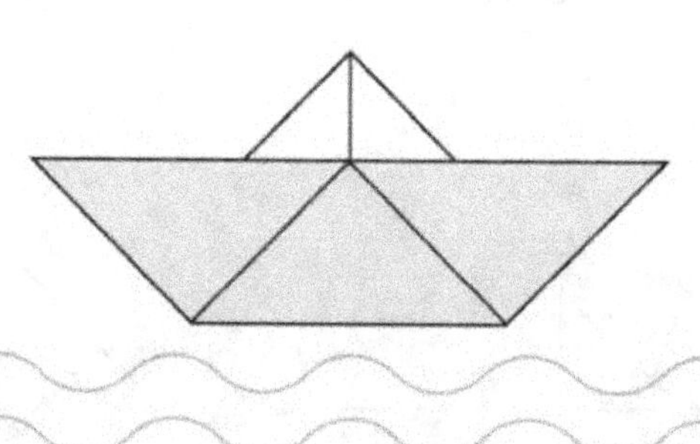

Bateau

Lapin

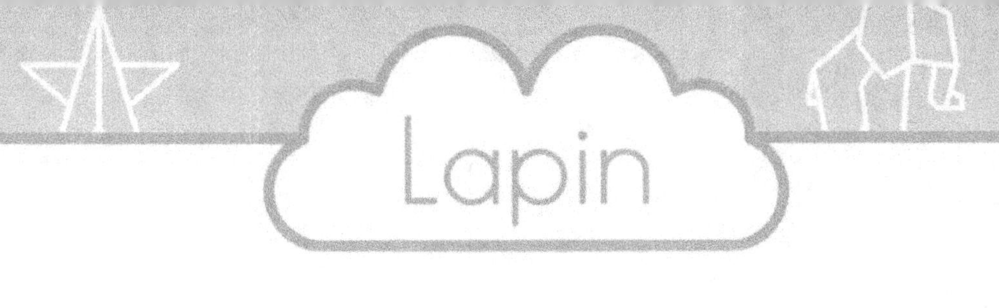

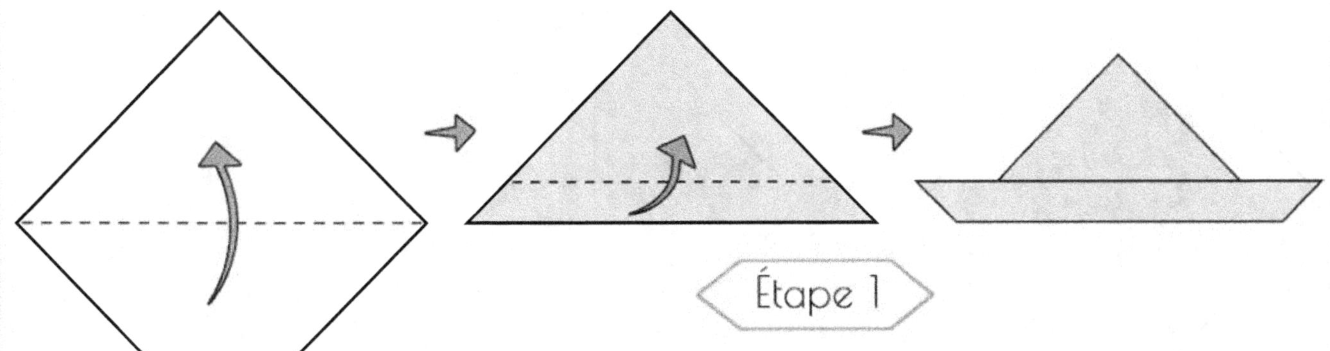

Plie la feuille vers le haut le long de sa diagonale,
puis replie le bord inférieur vers le haut.

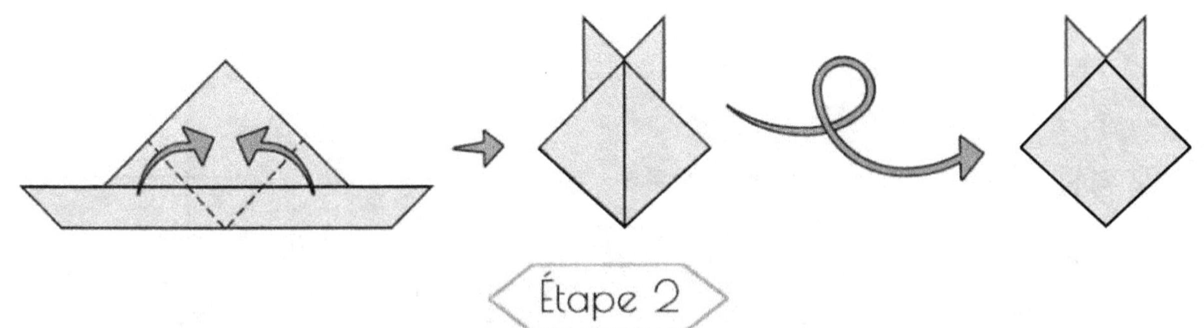

Ramène les deux coins latéraux vers le centre, puis retourne la feuille.

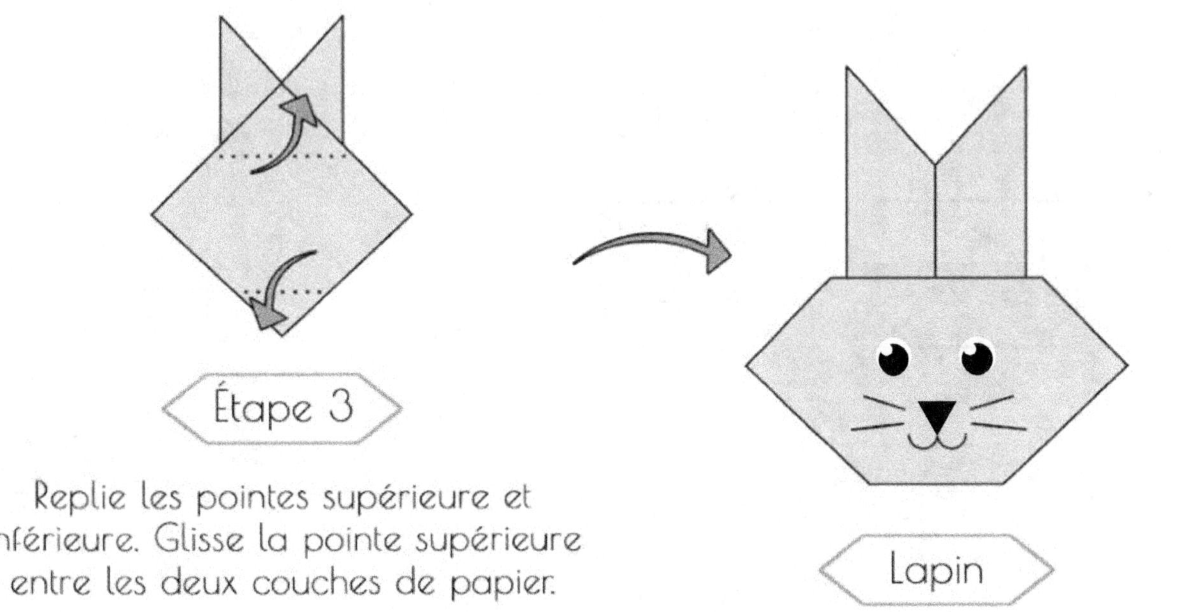

Replie les pointes supérieure et
inférieure. Glisse la pointe supérieure
entre les deux couches de papier.

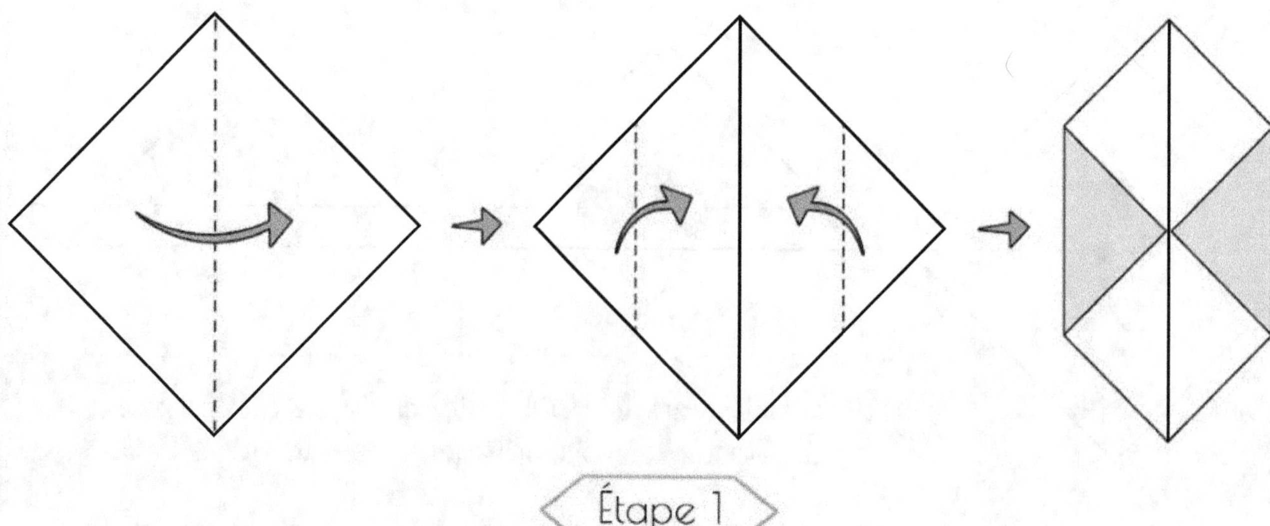

Plie la feuille à la verticale et déplie-la. Ramène ensuite les coins latéraux vers le milieu.

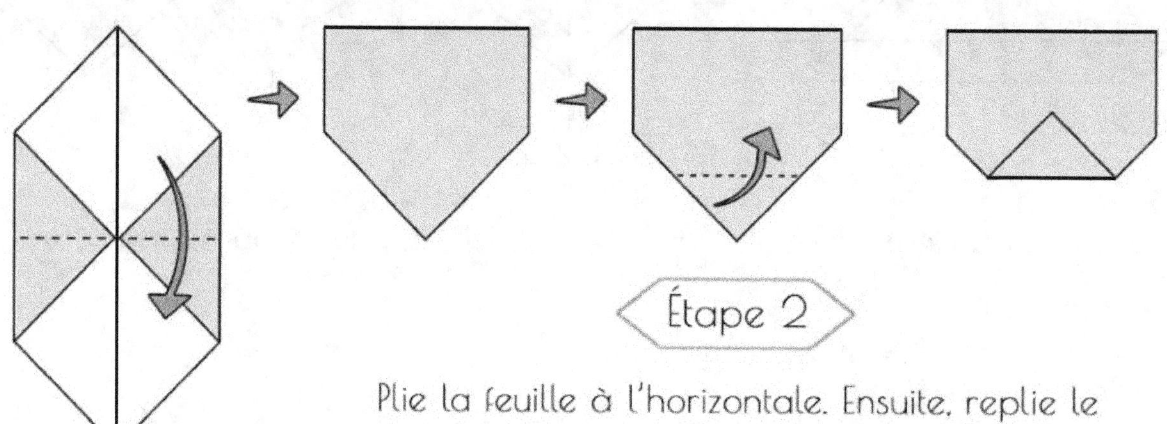

Plie la feuille à l'horizontale. Ensuite, replie le bord inférieur de chaque côté vers le haut.

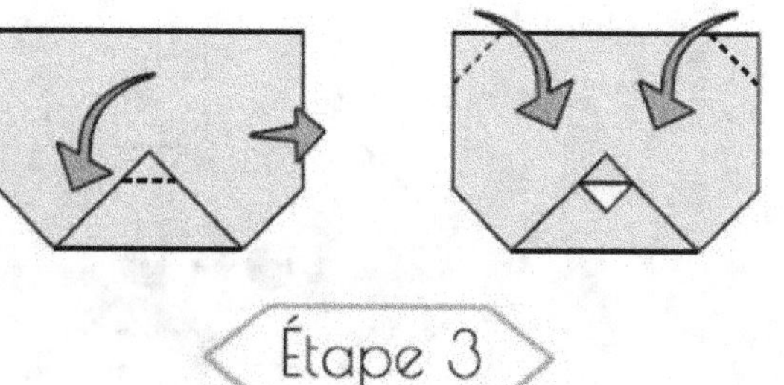

Replie de nouveau le premier côté vers le bas, puis rabats les coins supérieurs vers le bas, en biais.

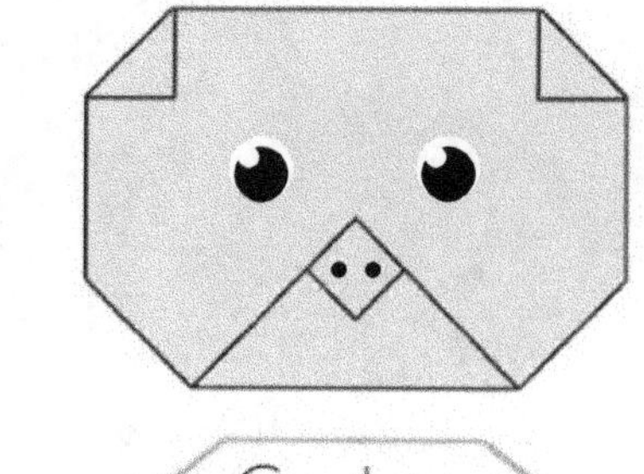

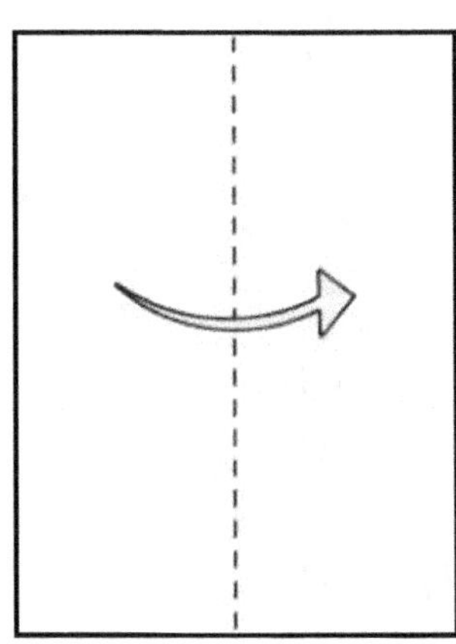
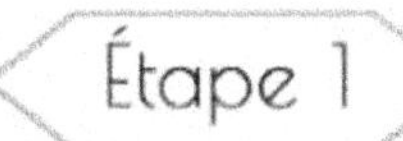

Étape 1

Plie la feuille de papier en deux dans le sens de la longueur, puis déplie-la.

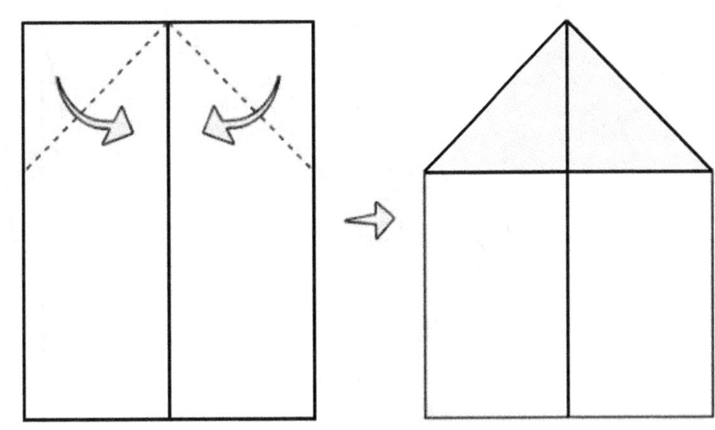

Étape 2

Rabats les coins supérieurs vers le bas jusqu'au milieu.

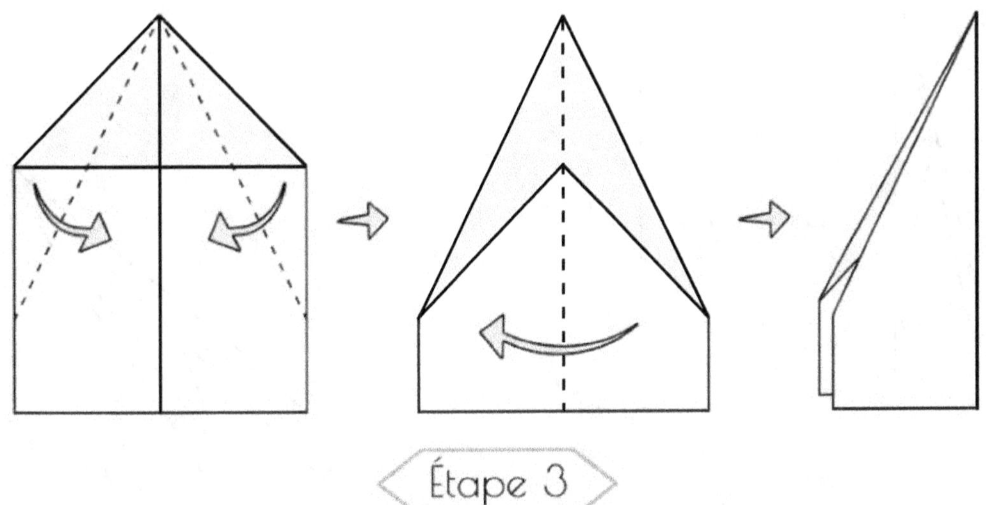

Étape 3

Rabats les coins supérieurs vers le bas vers le centre. Ensuite, replie l'avion en deux dans le sens de la longueur, comme lors de l'étape 1.

Avion

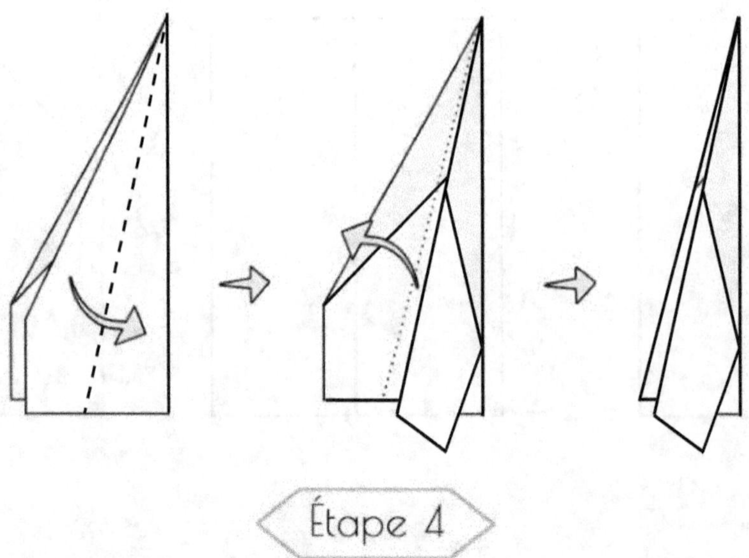

Plie une aile vers le bas le long de sa ligne médiane,
puis répète l'opération avec l'autre aile et appuie.

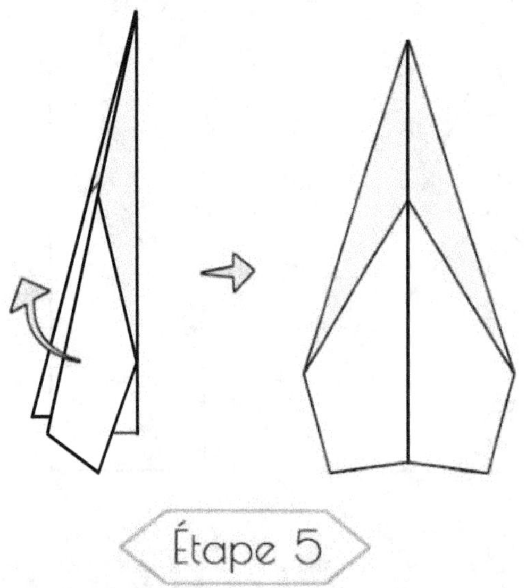

Déplie les deux ailes à mi-hauteur afin
qu'elles soient perpendiculaires à l'avion.

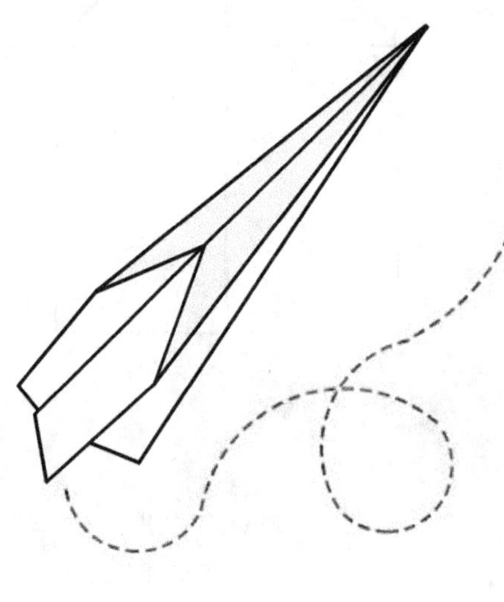

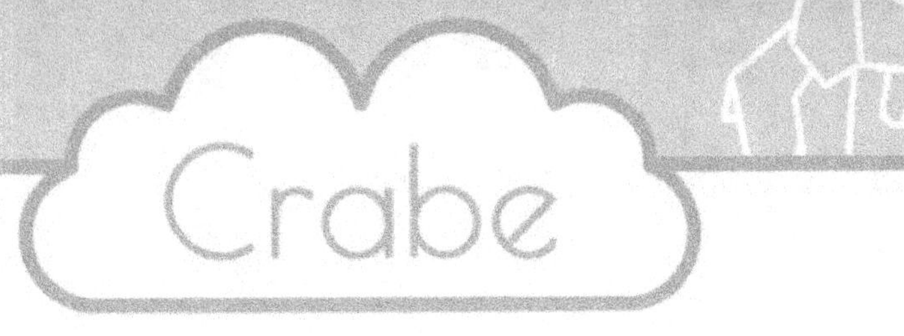

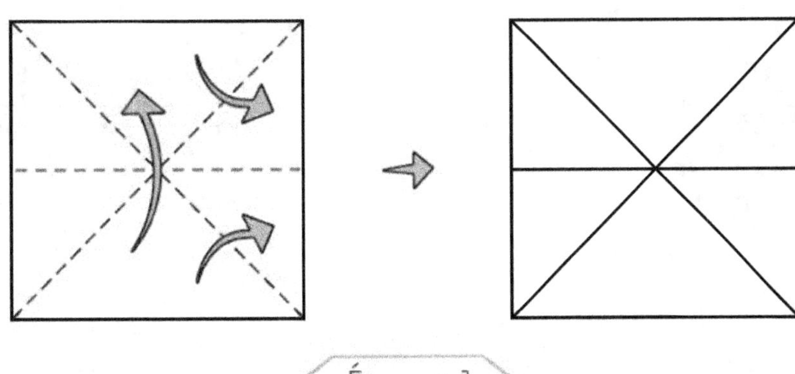

Plie la feuille en deux à l'horizontale et dans le sens des deux diagonales, puis déplie-la.

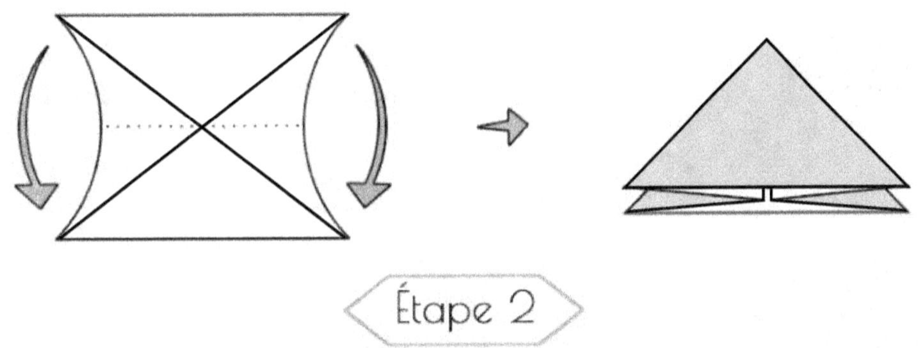

Rabats les côtés vers le centre et aplatis la structure pour obtenir un triangle.

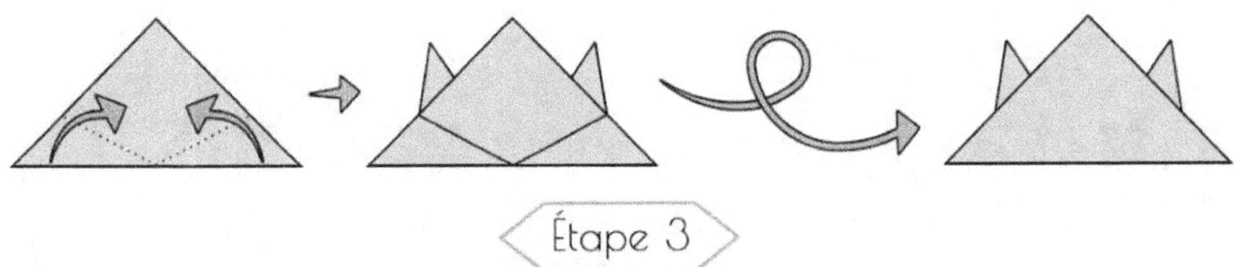

Plie les coins latéraux de la couche supérieure vers l'intérieur légèrement en biais et retourne la feuille.

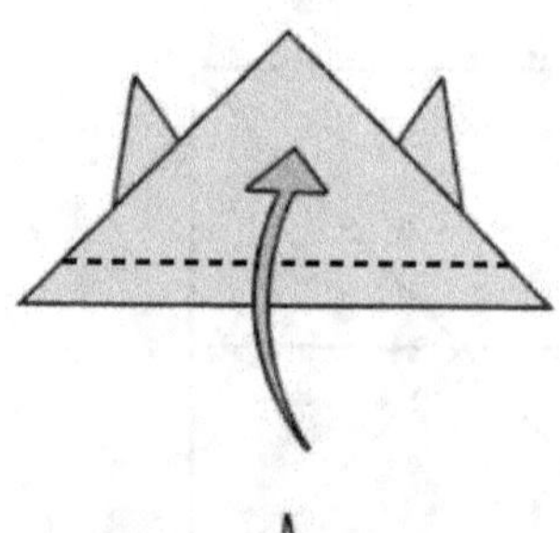
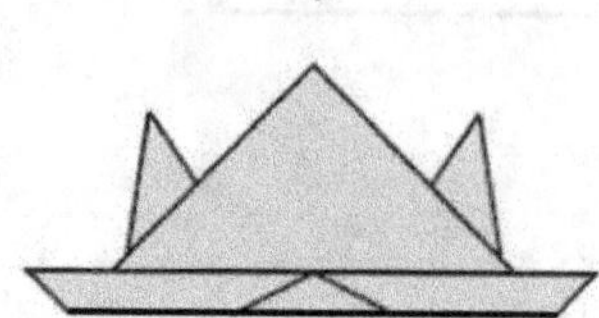

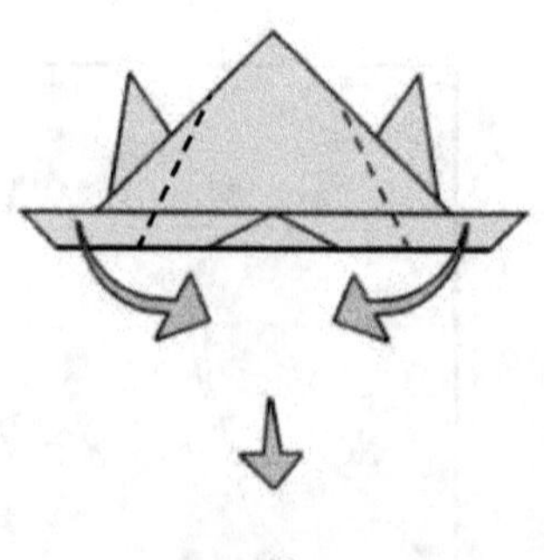
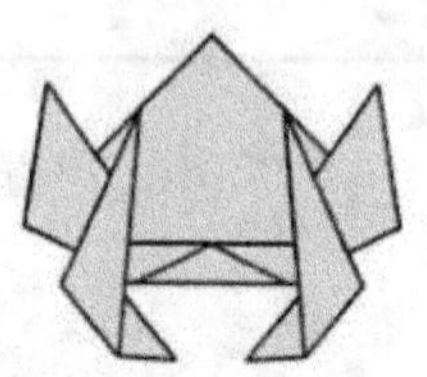

Étape 4

Plie le bord inférieur
vers le haut.

Étape 5

Plie les coins latéraux de
la couche supérieure vers
l'intérieur légèrement en biais.

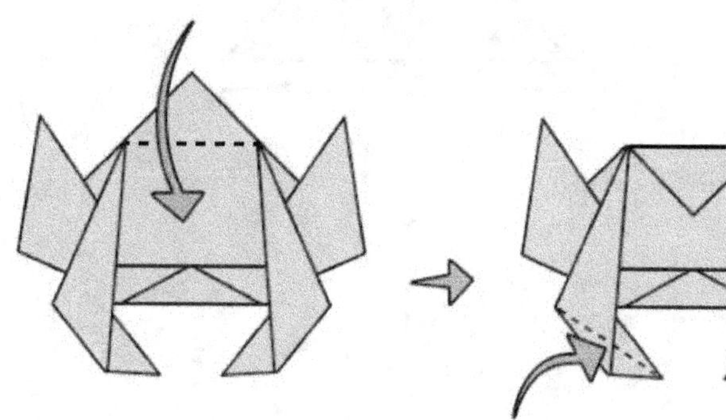

Étape 6

Plie le coin supérieur vers le bas,
puis plie la partie inférieure des
pattes, et retourne le crabe.

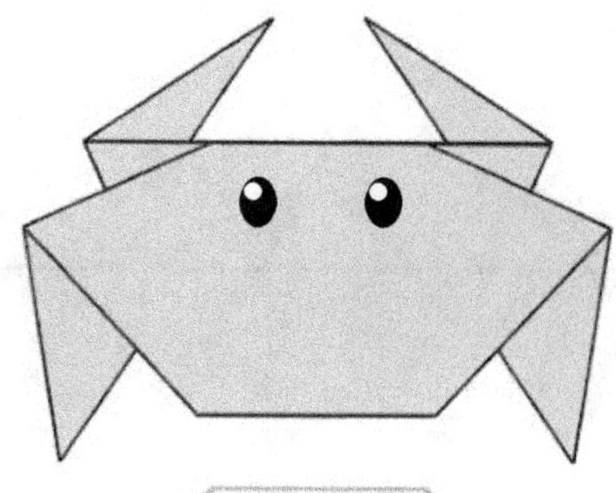

Crabe

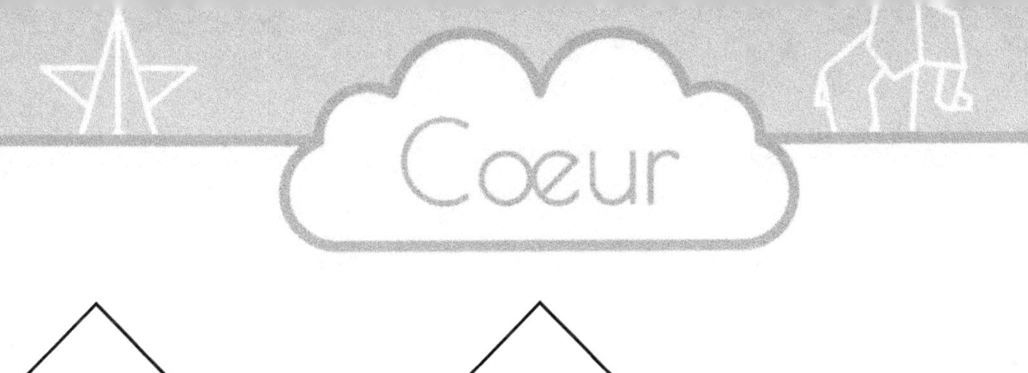

Coeur

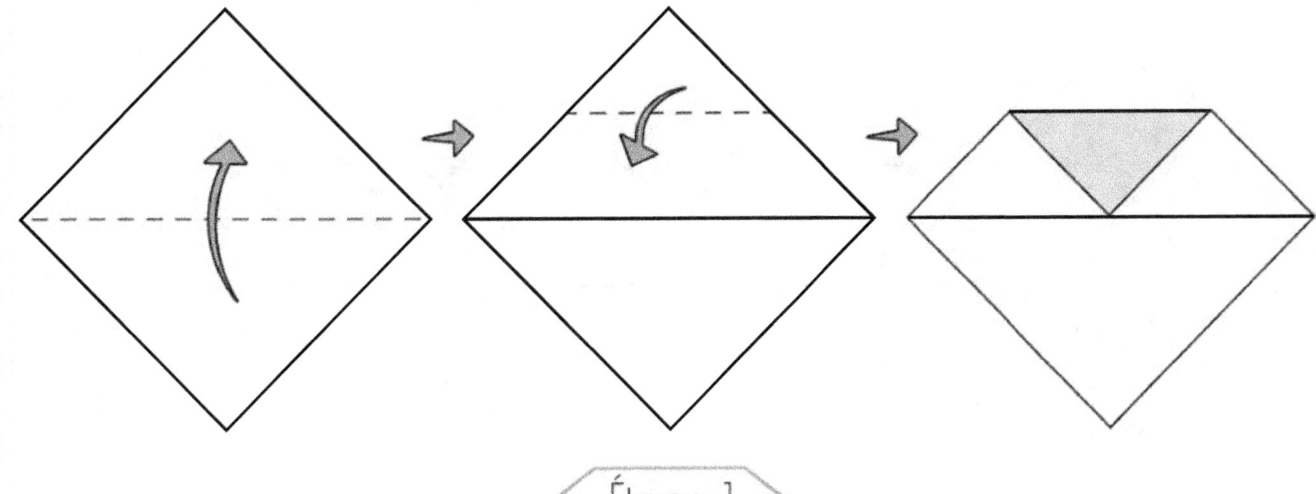

Plie la feuille en diagonale et déplie-la. Ensuite,
plie le coin supérieur vers le milieu.

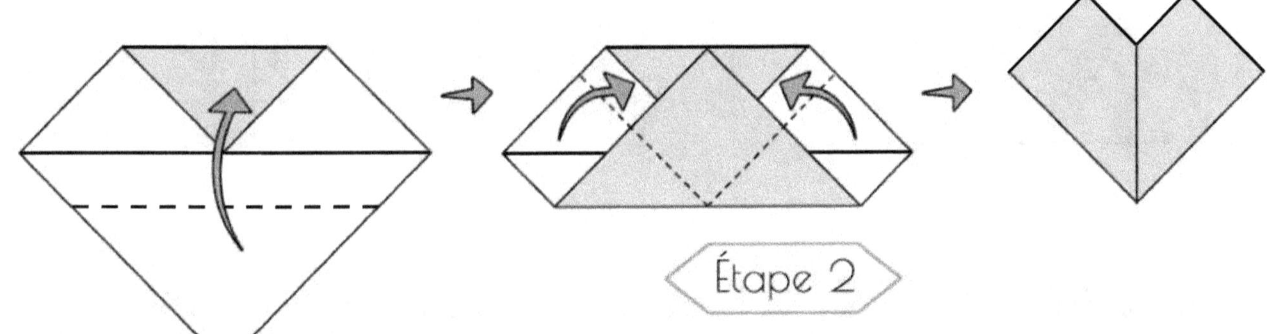

Rabats le coin inférieur sur le bord supérieur, jusqu'au
bord. Ensuite, plie les deux côtés en biais vers le centre.

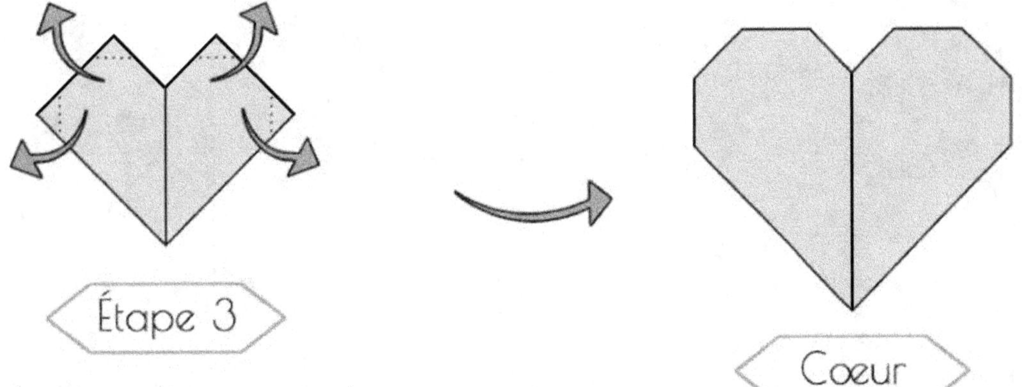

Replie les coins supérieurs
et latéraux vers l'arrière.

Manchot

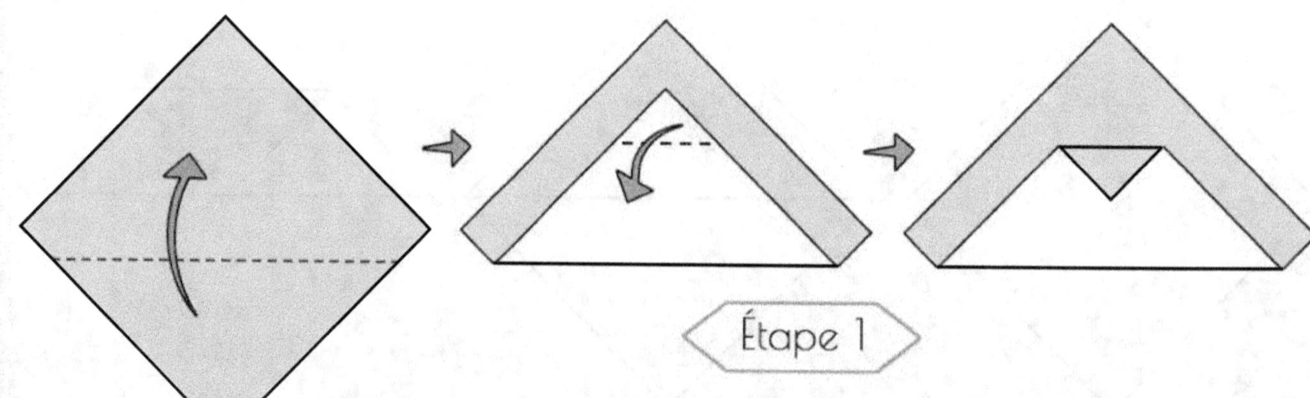

Plie la partie inférieure vers le haut, juste avant le milieu :
ensuite, replie la pointe de cette dernière vers le bas.

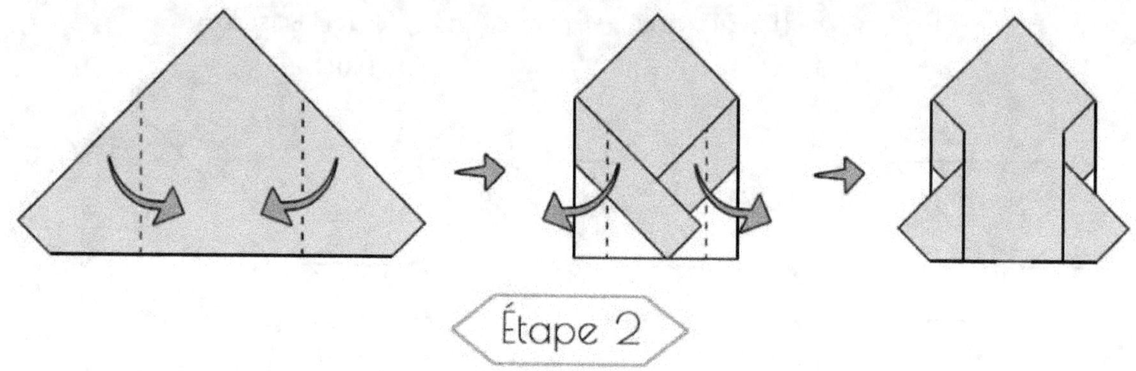

Retourne la feuille et plie les coins latéraux vers l'intérieur, de manière
à ce qu'ils se chevauchent, puis déplie leur moitié vers l'extérieur.

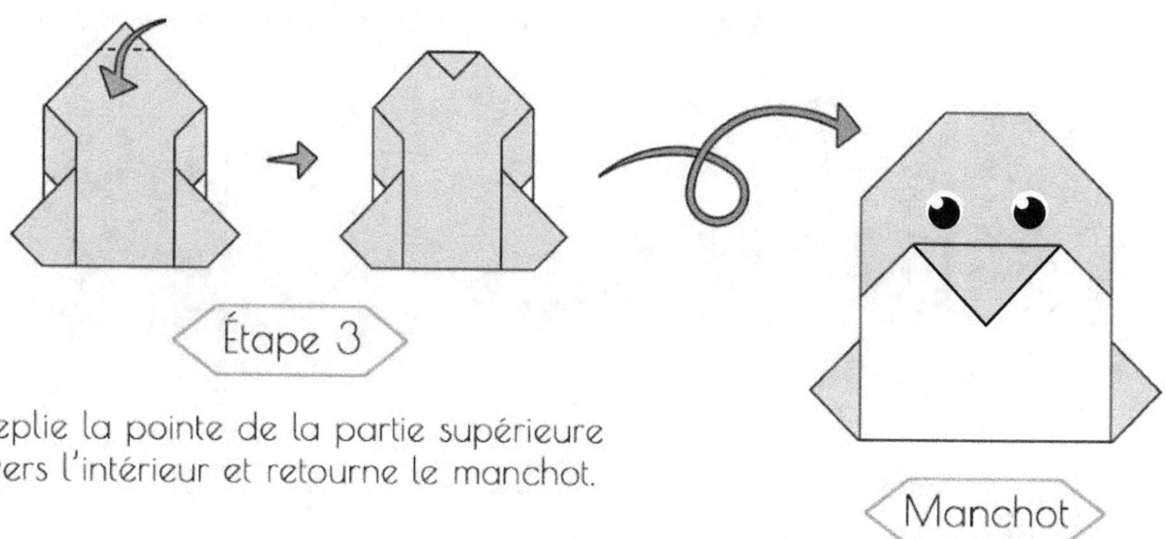

Replie la pointe de la partie supérieure
vers l'intérieur et retourne le manchot.

Coccinelle

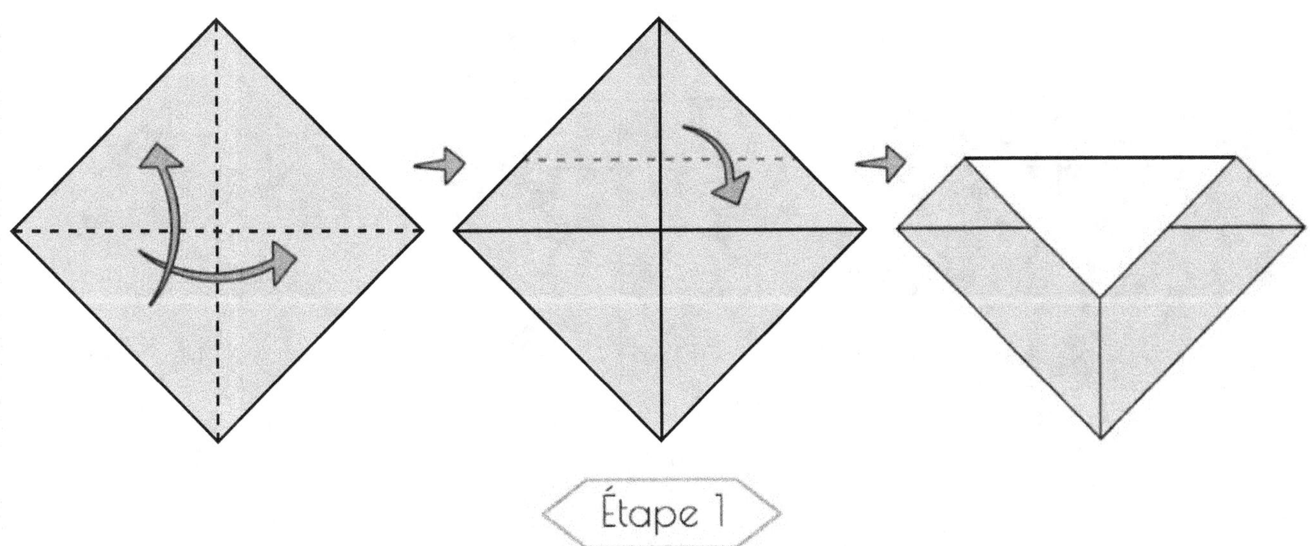

Étape 1

Plie la feuille sur ces deux diagonales, puis déplie-la. Plie ensuite le coin supérieur vers le bas, afin qu'il arrive juste en dessous de la ligne médiane.

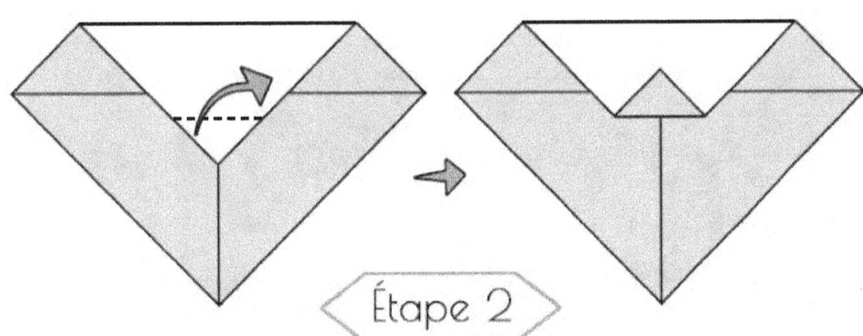

Étape 2

Replie l'extrémité de ce même coin vers le haut et vers l'avant.

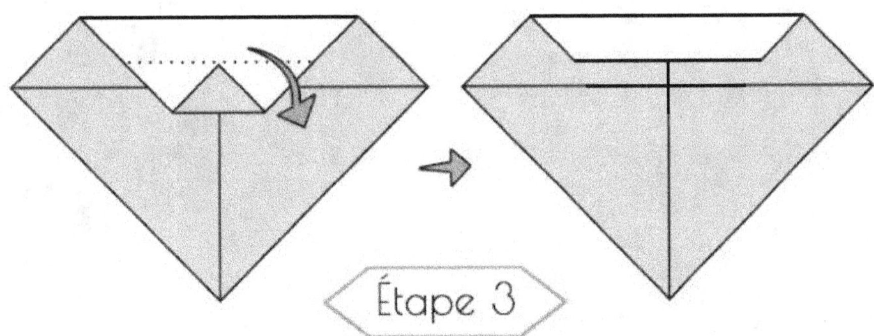

Étape 3

Replie cette partie, cette fois vers le haut et vers l'arrière.

Coccinelle

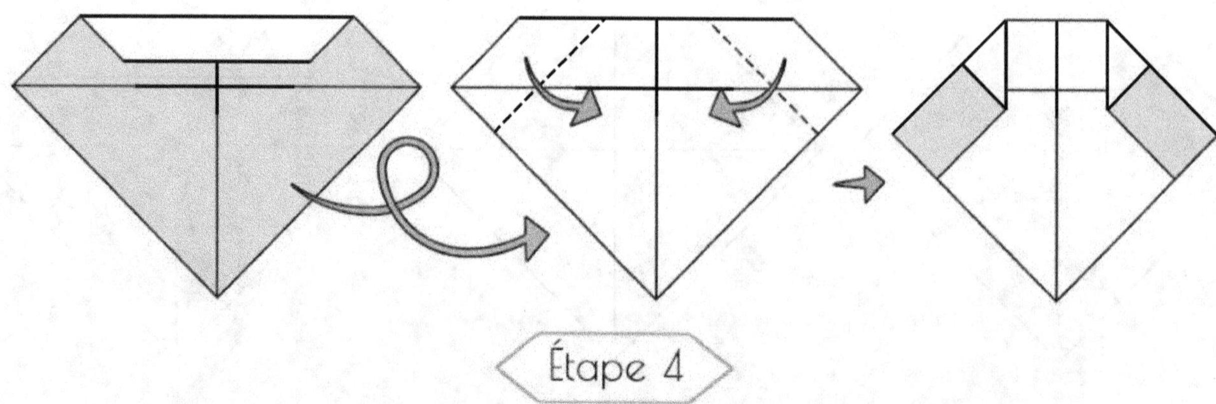

Retourne la base et plie les coins latéraux en biais de sorte que leur bord supérieur soit parallèle à la ligne médiane.

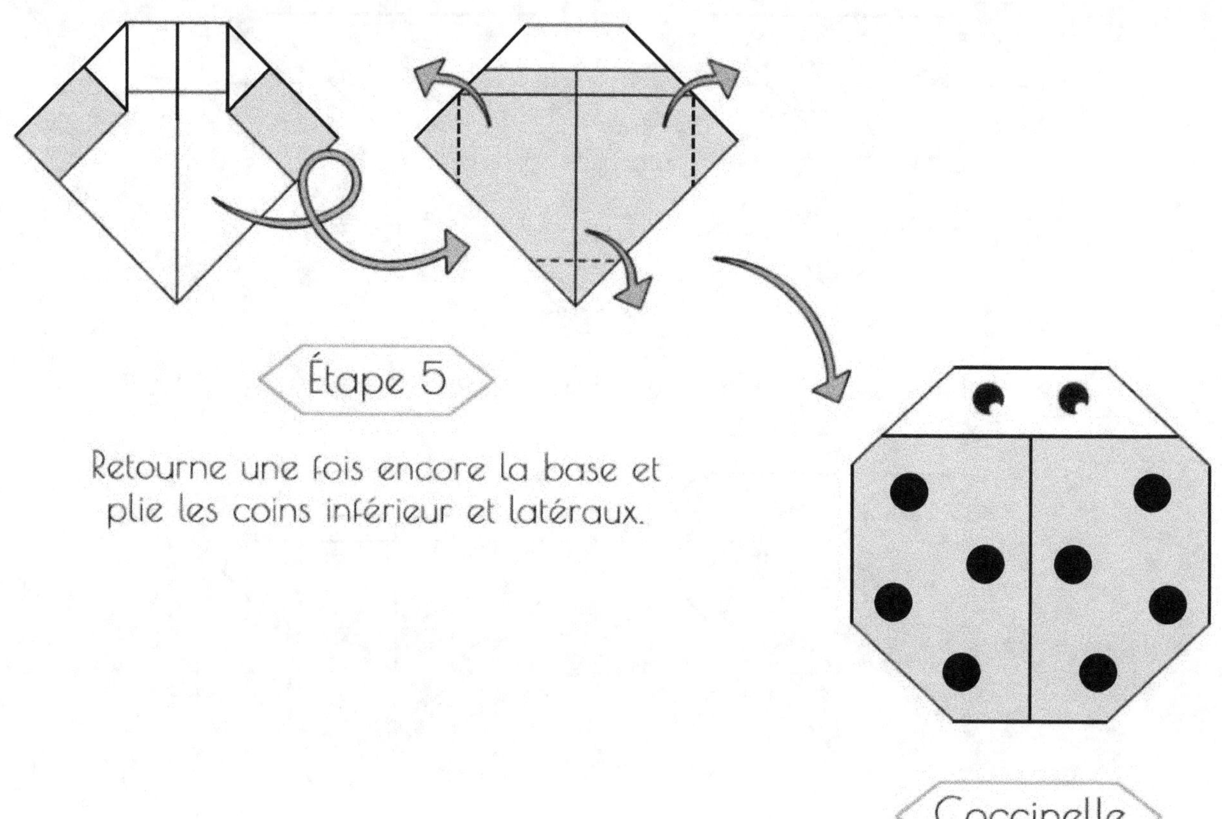

Retourne une fois encore la base et plie les coins inférieur et latéraux.

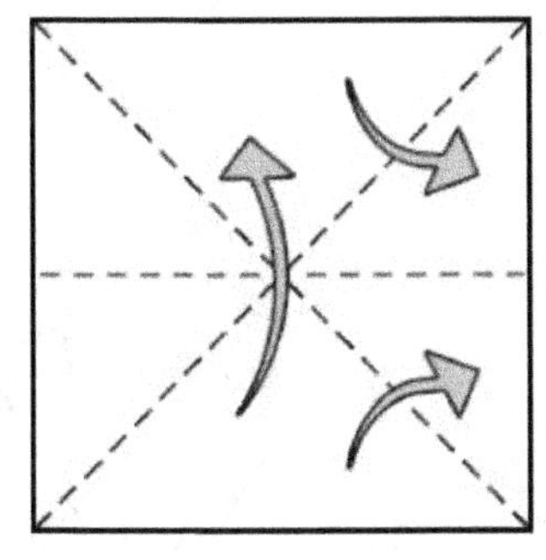  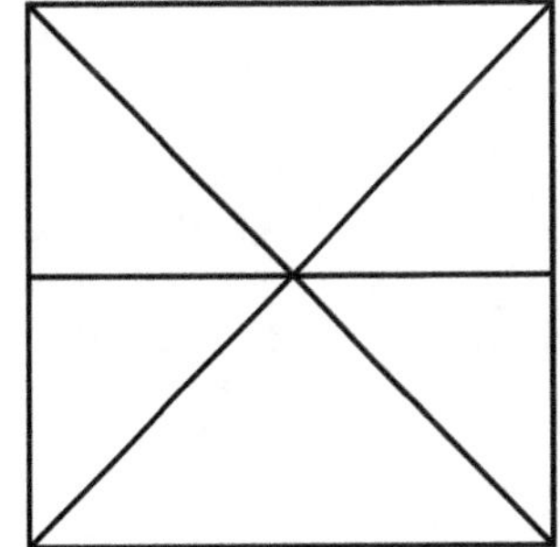

Étape 1

Plie la feuille en deux à l'horizontale et dans
le sens des deux diagonales, puis déplie-la.

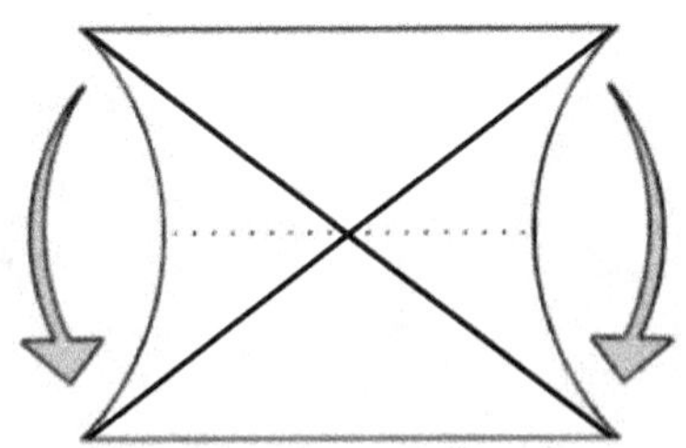  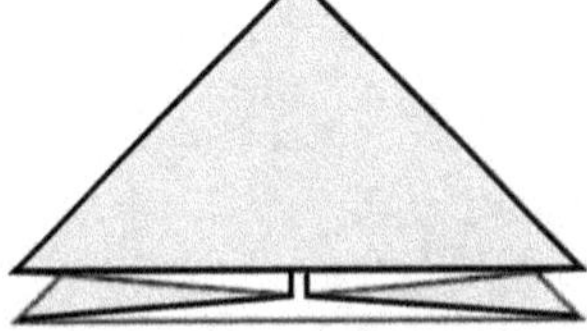

Étape 2

Plie les deux côtés vers le centre et appuie
sur les bords pour faire un triangle.

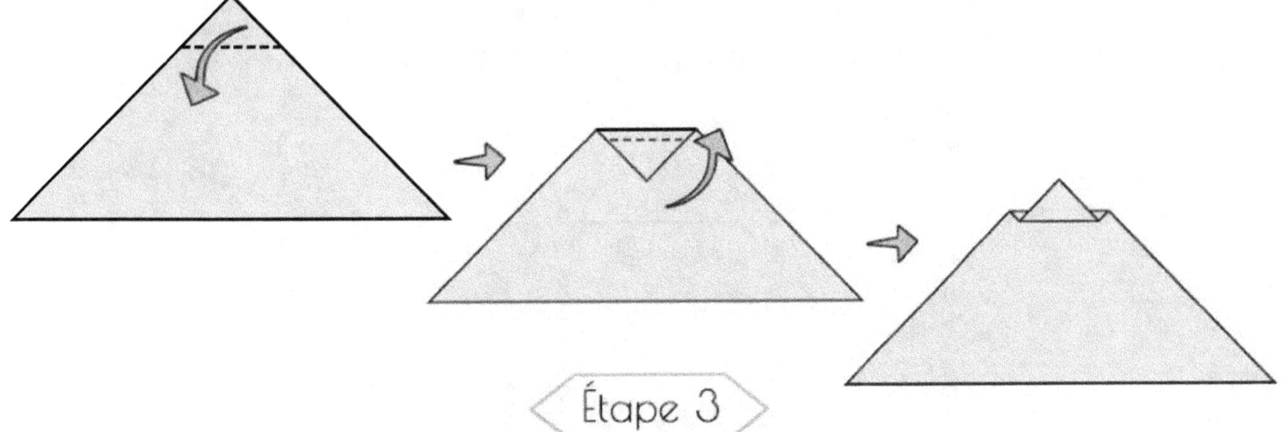

Étape 3

Plie le sommet vers le bas, puis replie-le vers
le haut pour faire la tête de la tortue.

Tortue

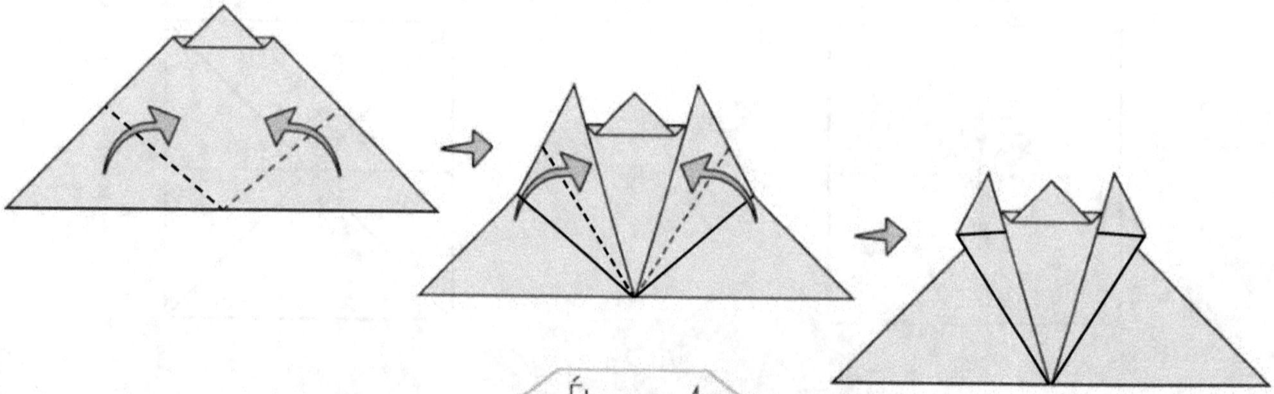

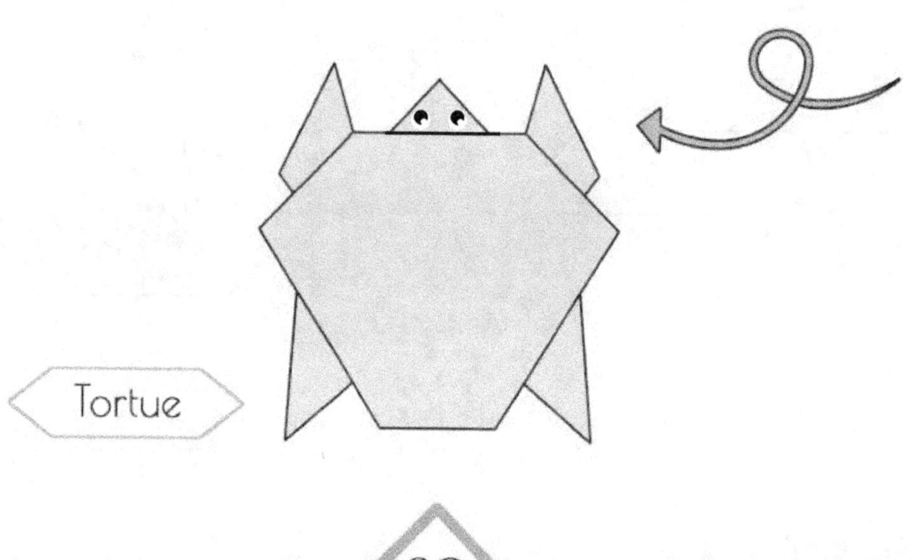

Étape 4

Plie les côtés de la couche supérieure du triangle vers la tête. Replie en deux
les côtés que tu viens de former vers la tête. Ce sont les pattes avant.

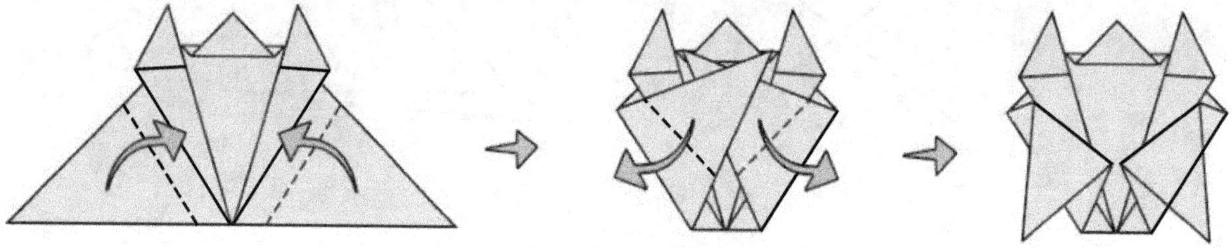

Étape 5

Plie les côtés du triangle vers le haut, parallèles aux pattes
avant que tu viens de faire. Plie ensuite la pointe vers
le bas en biais, de sorte que les pointes sortent des côtés.

Tortue

Poisson

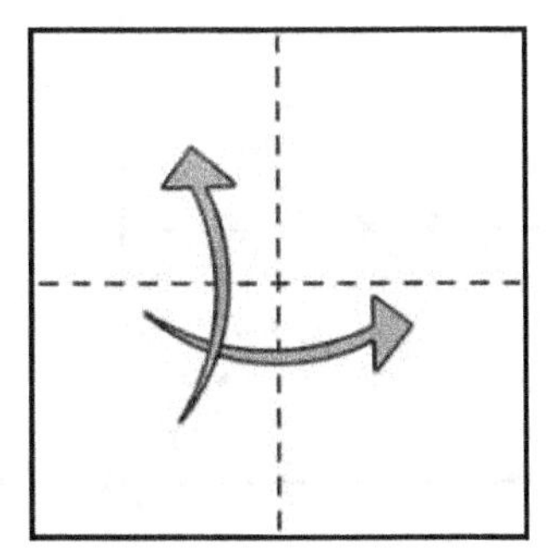

Plie la feuille en deux à
l'horizontale et à la verticale,
puis déplie-la.

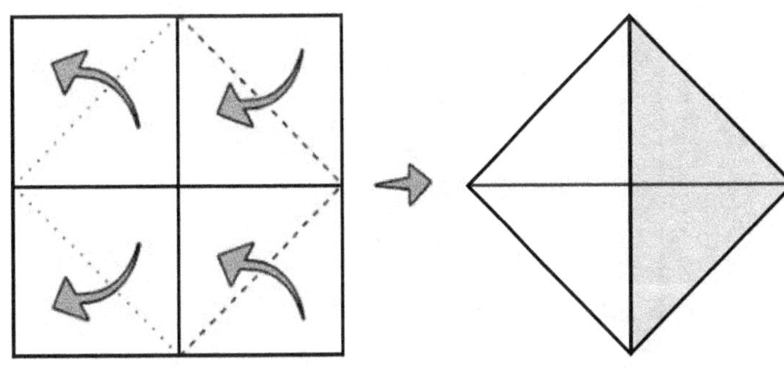

Plie les deux coins gauches vers
l'arrière et les deux coins droits vers
l'avant, puis appuie sur les bords.

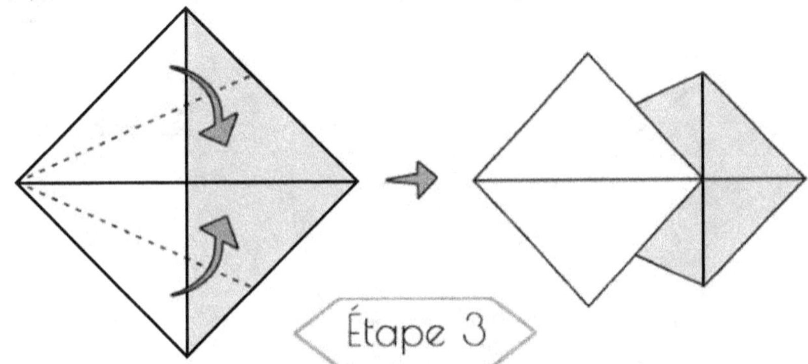

Ramène les coins supérieur et inférieur vers la ligne médiane et appuie sur les
bords. Tu verras que les coins que tu as repliés vers l'arrière dépassent des côtés.

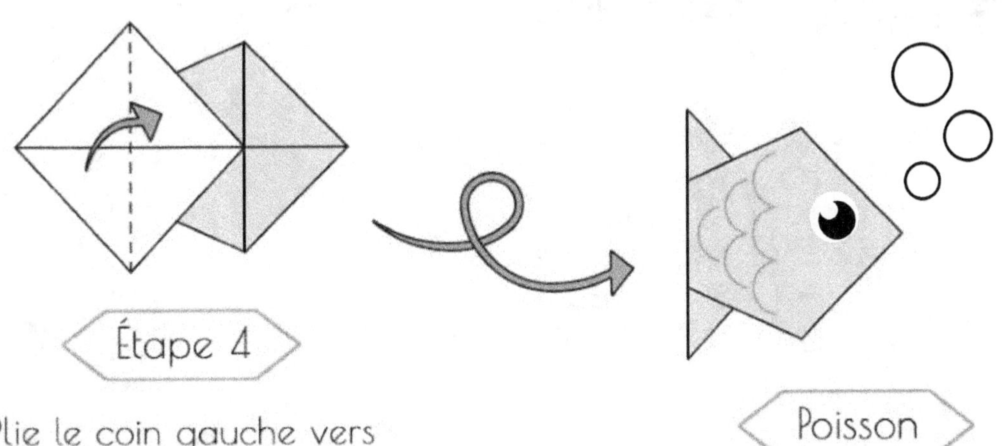

Plie le coin gauche vers
le centre de la figure.

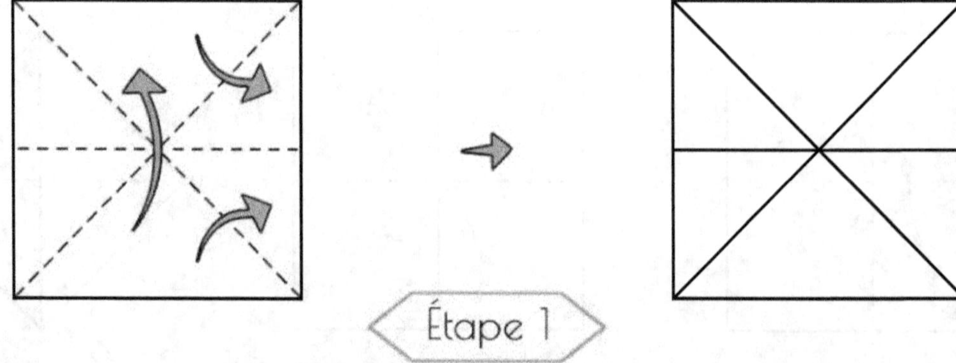

Plie la feuille en deux à l'horizontale et dans le sens des deux diagonales, puis déplie-la.

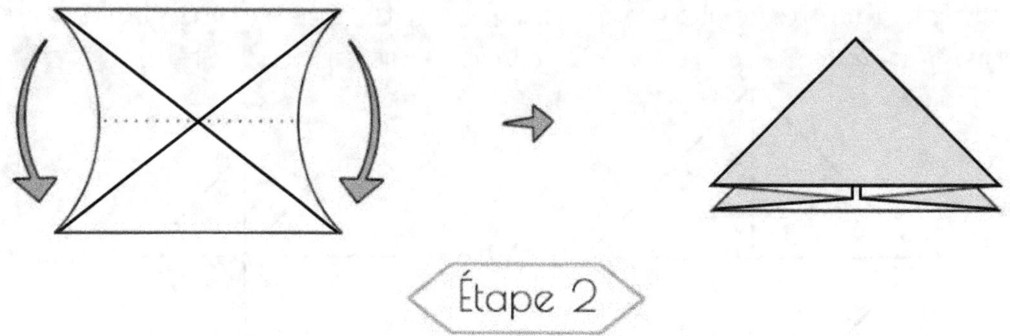

Rabats les côtés vers le centre et aplatis la structure pour obtenir un triangle.

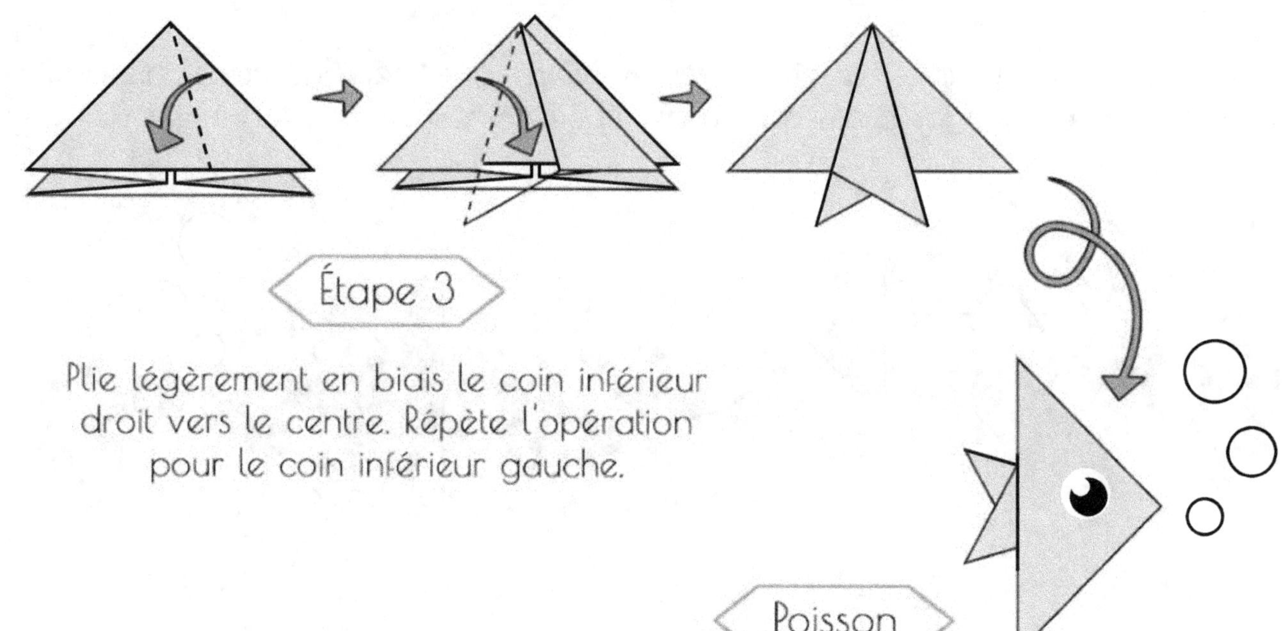

Plie légèrement en biais le coin inférieur droit vers le centre. Répète l'opération pour le coin inférieur gauche.

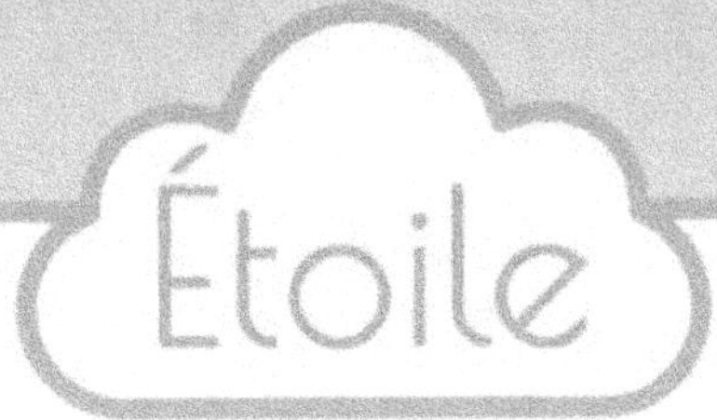

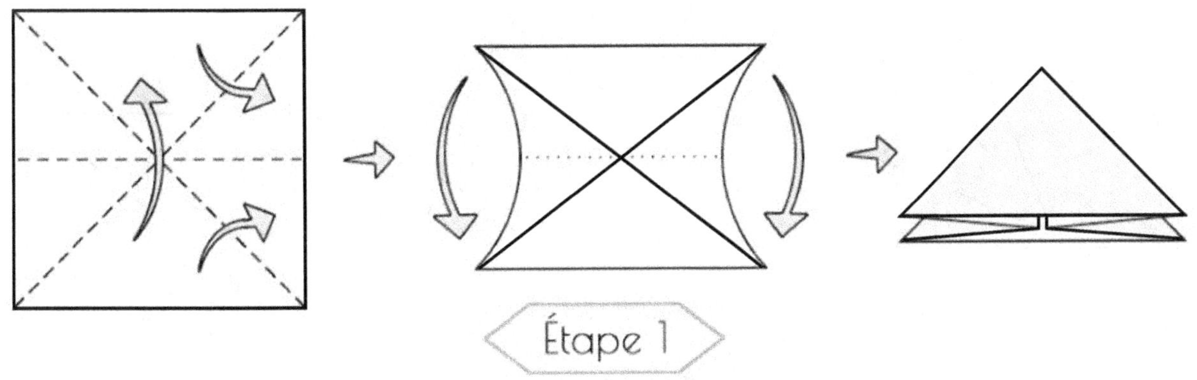

Étape 1

Plie la feuille en deux à l'horizontale et dans le sens des
deux diagonales, et déplie-la. Ensuite, plie les deux côtés
vers le centre et appuie sur les bords pour faire un triangle.

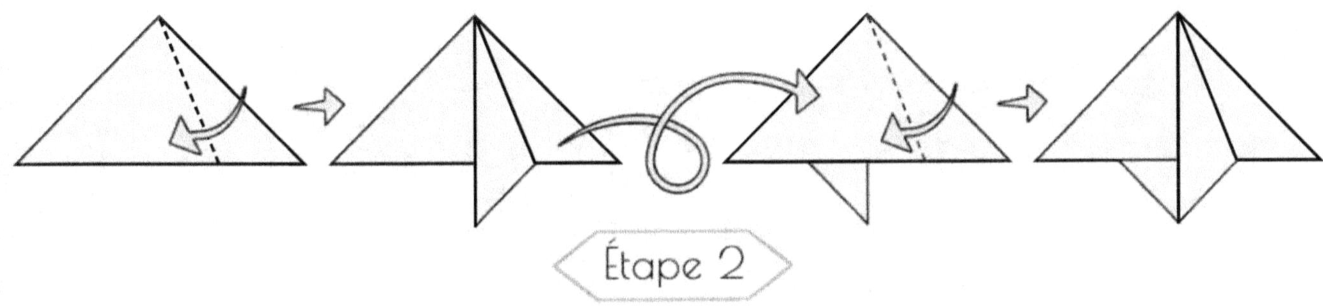

Étape 2

Plie le coin droit de la partie supérieure vers
la ligne médiane et appuie. Retourne la base
et répète l'opération avec le coin arrière droit.

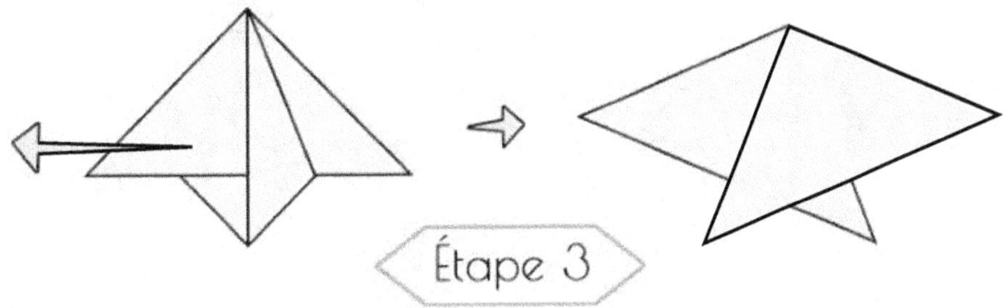

Étape 3

Tire sur le coin gauche pour agrandir la base jusqu'à ce que les deux
rabats que tu as créés à l'étape précédente échangent leur position.

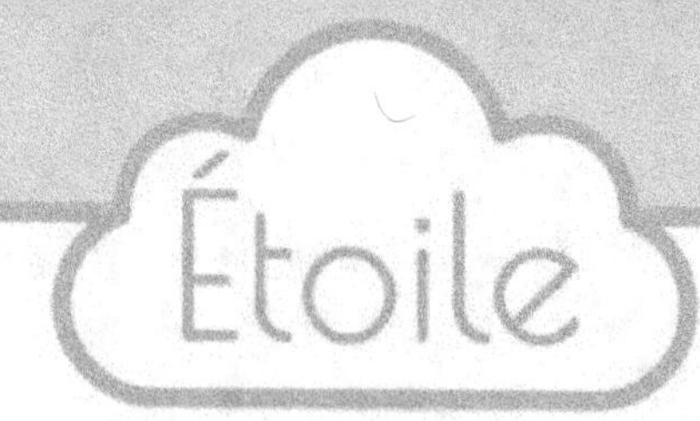

Étoile

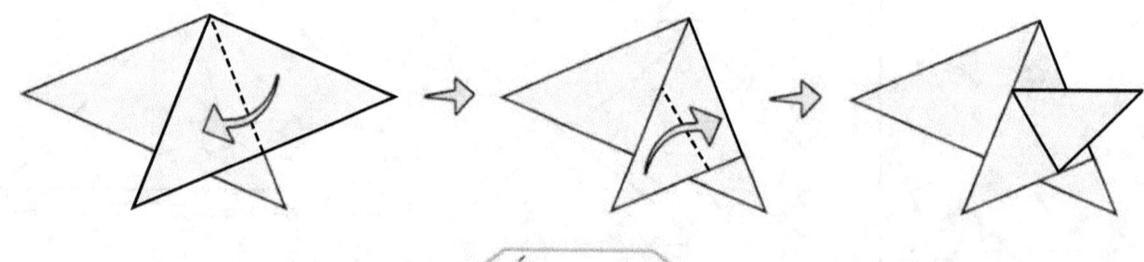

Plie la couche supérieure (coin droit) en deux de sorte que les deux extrémités inférieures se chevauchent. Ensuite, remonte-le en biais de sorte que le bord supérieur se retrouve à l'horizontale.

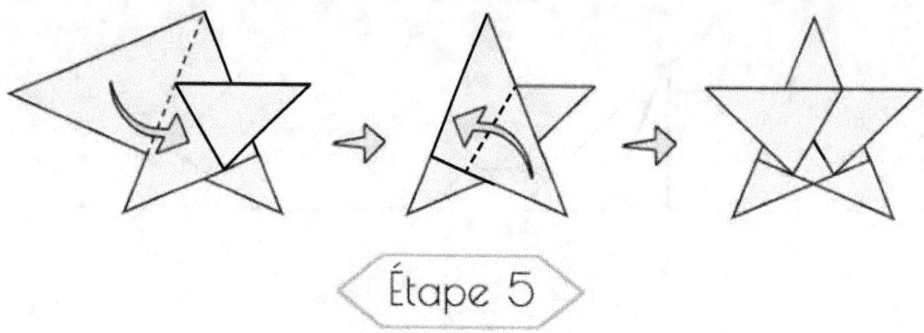

Répète l'étape précédente avec la couche inférieure (le coin gauche) et retourne l'origami.

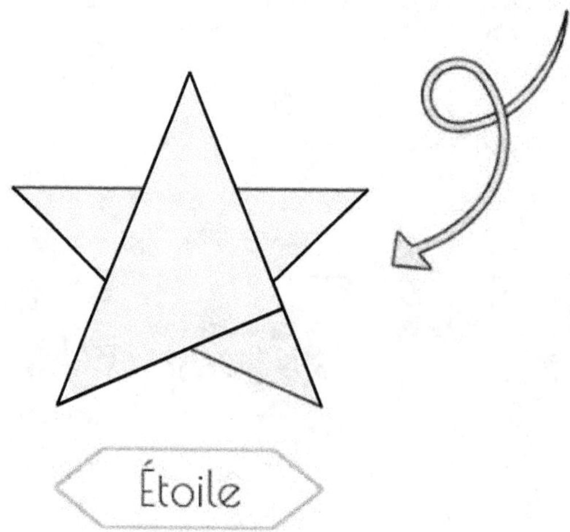

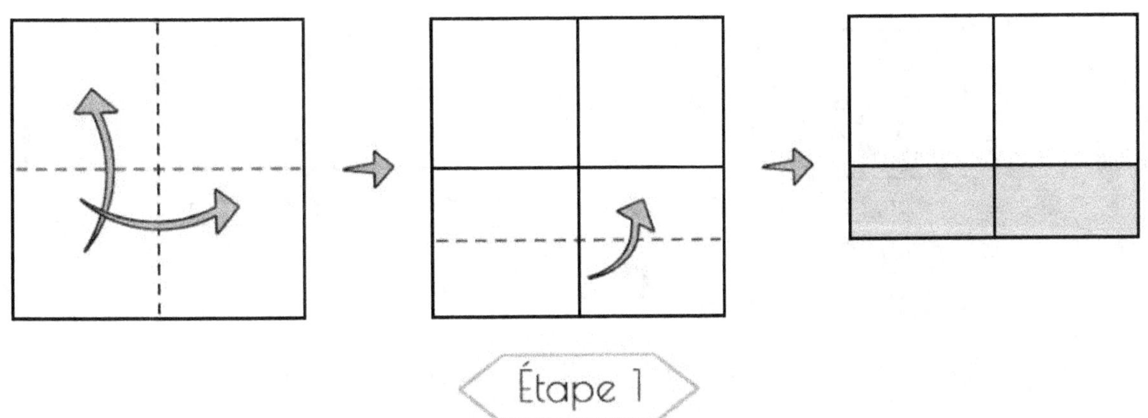

Plie la feuille en deux à l'horizontale et à la verticale, puis
déplie-la. Ensuite, plie le coin inférieure vers la ligne médiane.

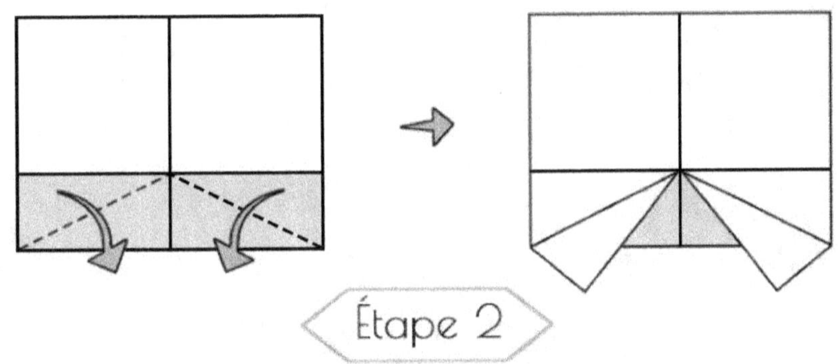

Replie les coins supérieurs du rabat que tu viens de faire.

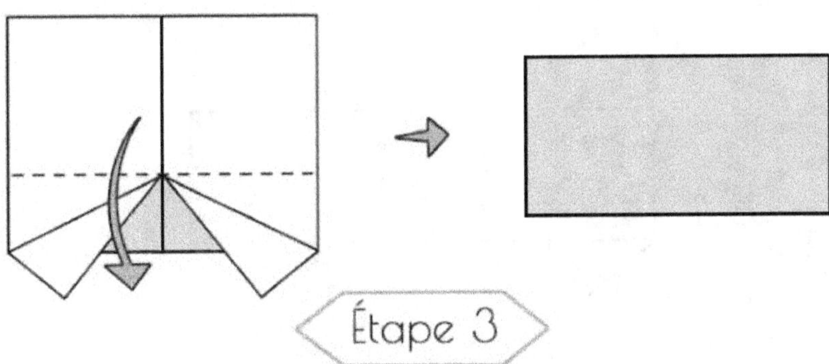

Plie la moitié supérieure de la feuille vers le
bas afin de couvrir la moitié inférieure.

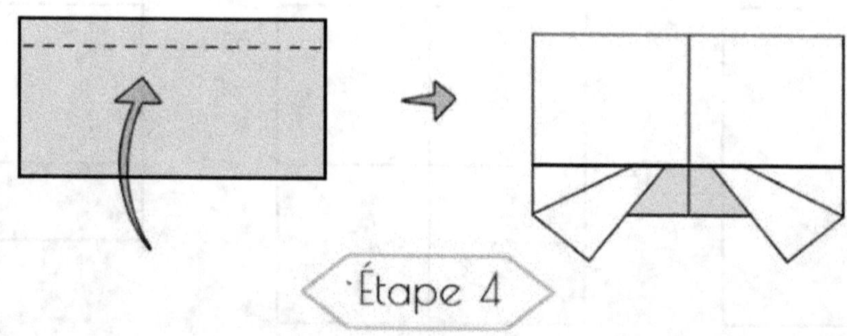

Étape 4

Maintenant, replie cette même partie vers le haut d'environ 3/4.

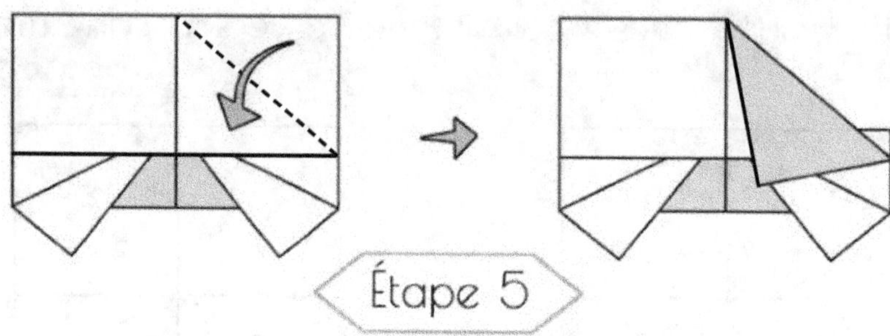

Étape 5

Plie le coin supérieur droit vers le bas et retourne la voiture.

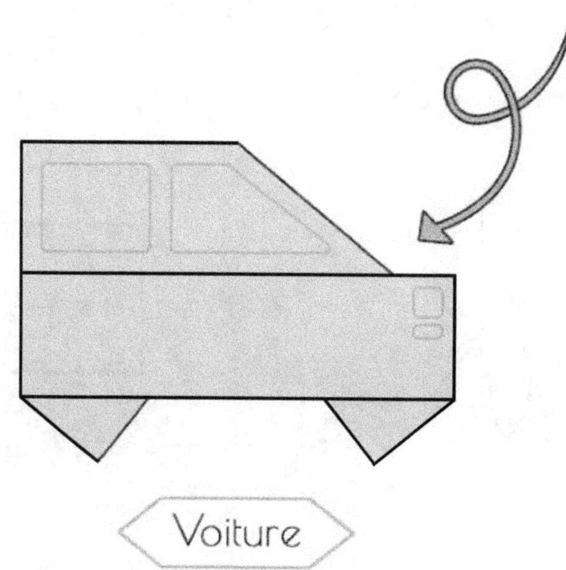

Voiture

Fusée

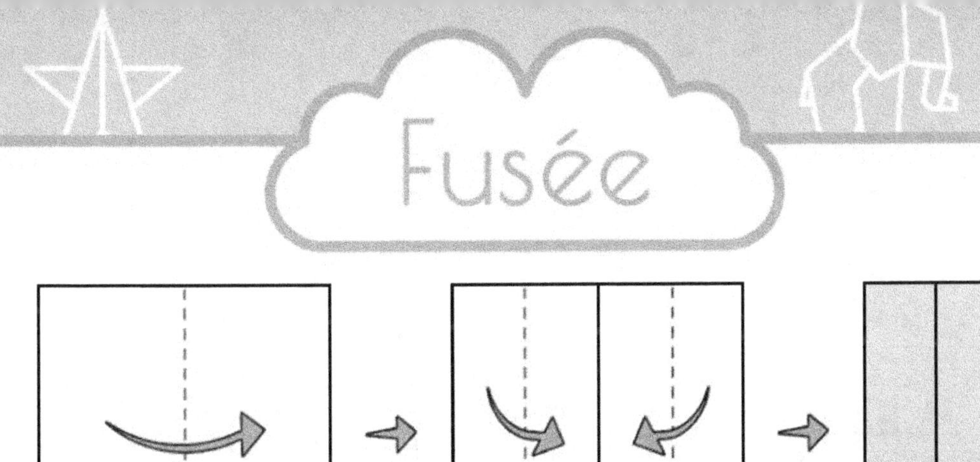

Plie la feuille en deux à la verticale et déplie-la. Plie
ensuite chaque côté de la feuille en deux vers l'intérieur.

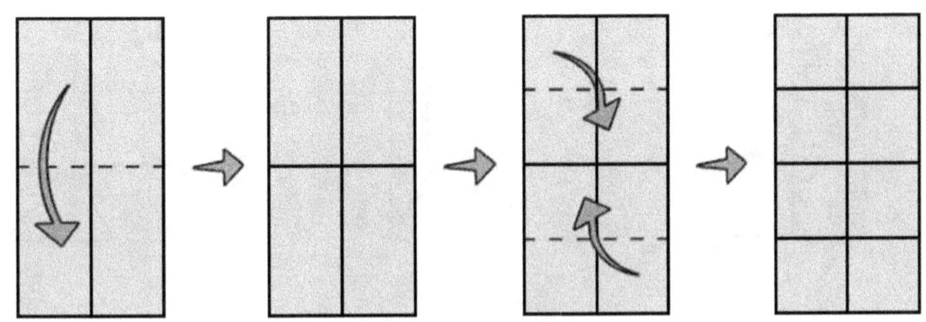

Plie la feuille à l'horizontale, puis déplie-la. Rabats ensuite les bords supérieur et
inférieur vers l'avant, en direction de la ligne médiane, puis déplie-les à nouveau.

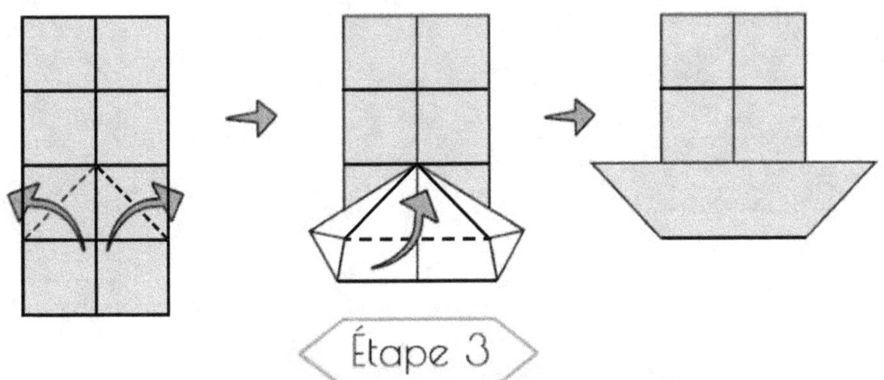

Depuis le bas, plie la deuxième partie de la feuille en diagonale
vers l'extérieur. En la pliant, le côté verso se rabat également vers le
haut. Appuie de sorte que les bords supérieurs soient horizontaux.

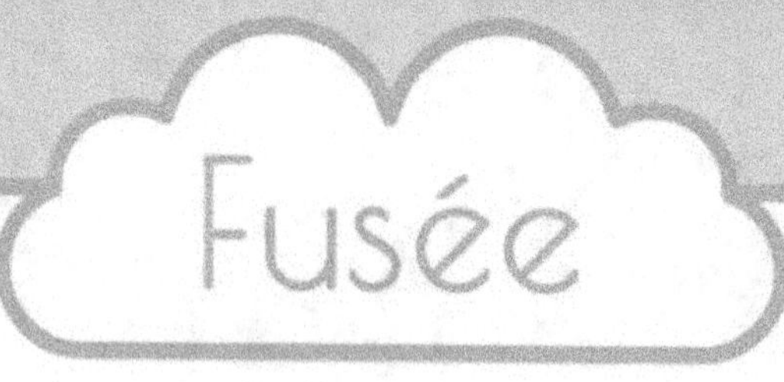

Fusée

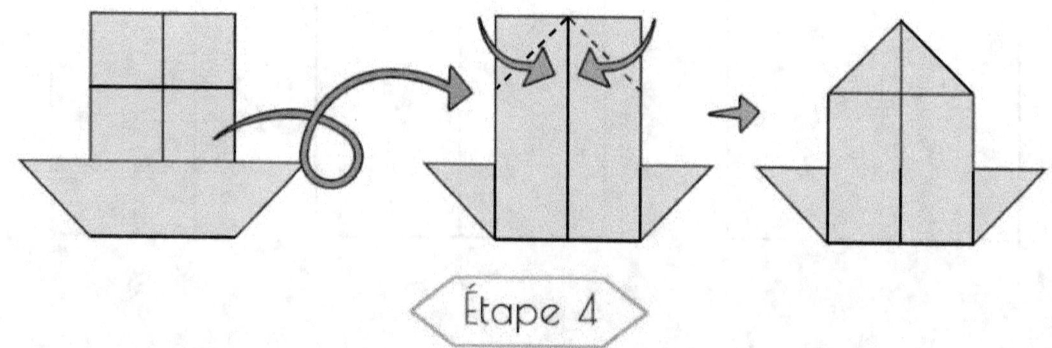

Retourne la fusée et plie les coins supérieurs vers le centre.

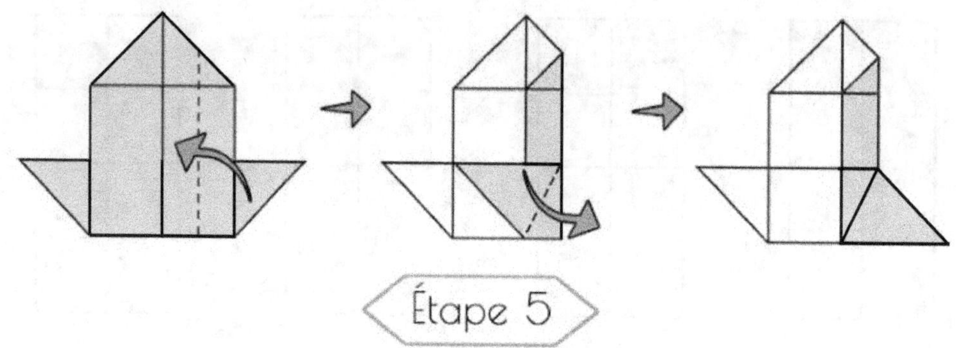

Rabats le côté droit vers le centre et plie son coin vers l'extérieur en biais. de sorte que le bord inférieur se retrouve à l'horizontale.

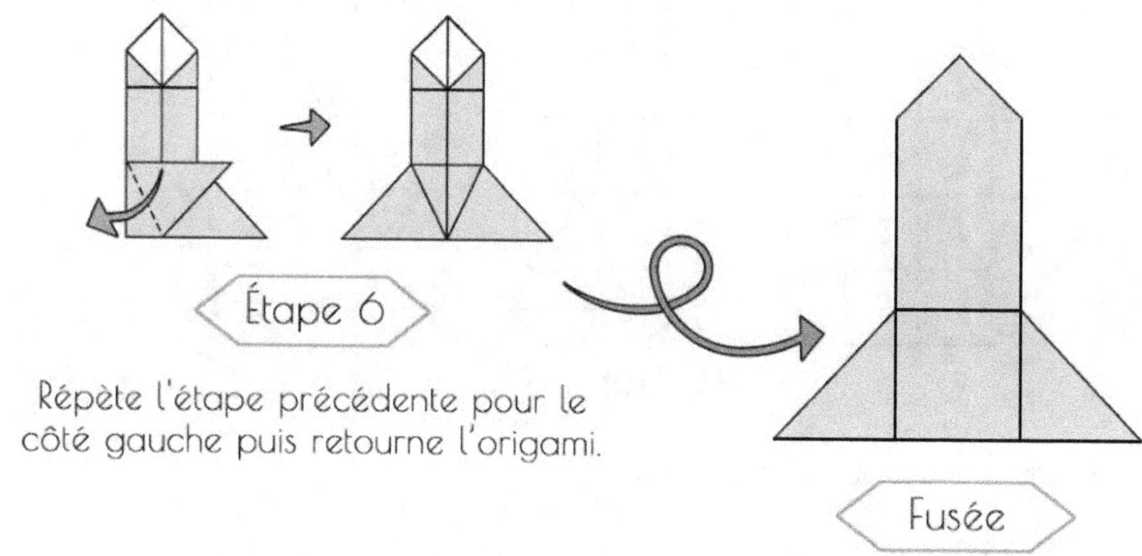

Répète l'étape précédente pour le côté gauche puis retourne l'origami.

Chemise

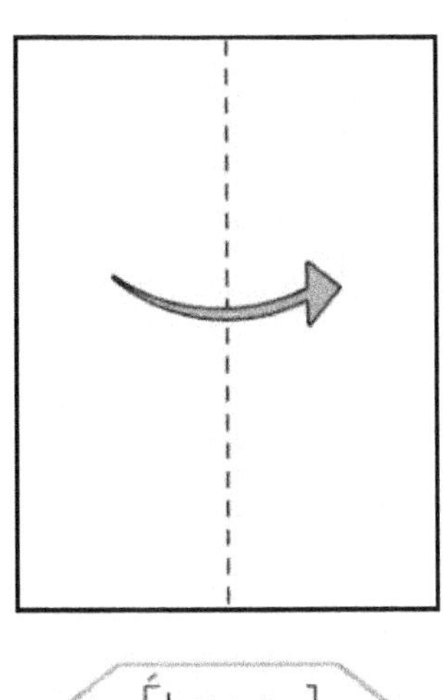

Plie la feuille de papier
en deux dans le sens de
la longueur, puis déplie-la.

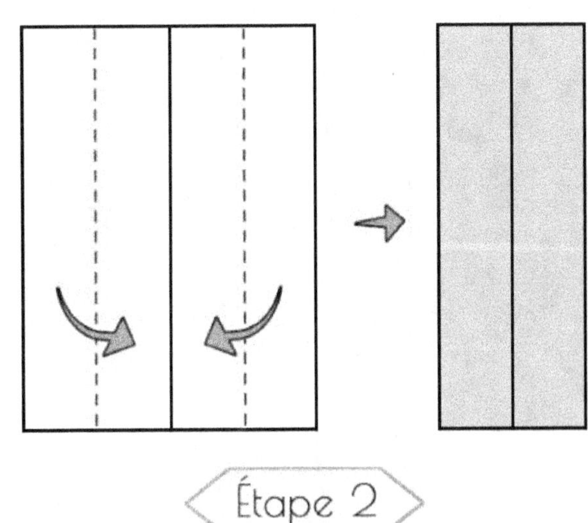

Plie de nouveau chacune des moitiés en
deux dans le sens de la longueur afin
d'obtenir deux bandes, puis laisse-les pliées.

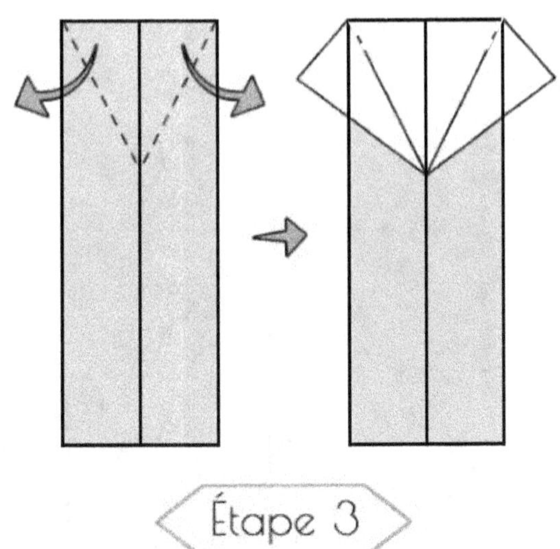

Replie le tiers supérieur des
bandes vers l'extérieur, en biais,
de sorte que cela forme un V : ce
seront les manches de la chemise.

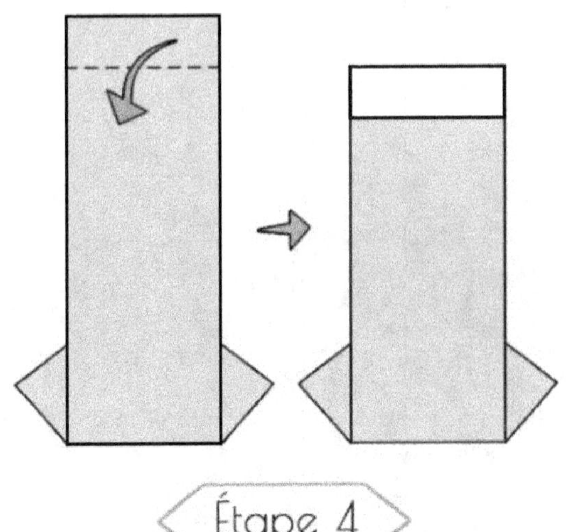

Retourne la feuille de sorte
que le V soit contre la table.
De l'autre côté, replie 1/5 de
la feuille dans ta direction.

Chemise

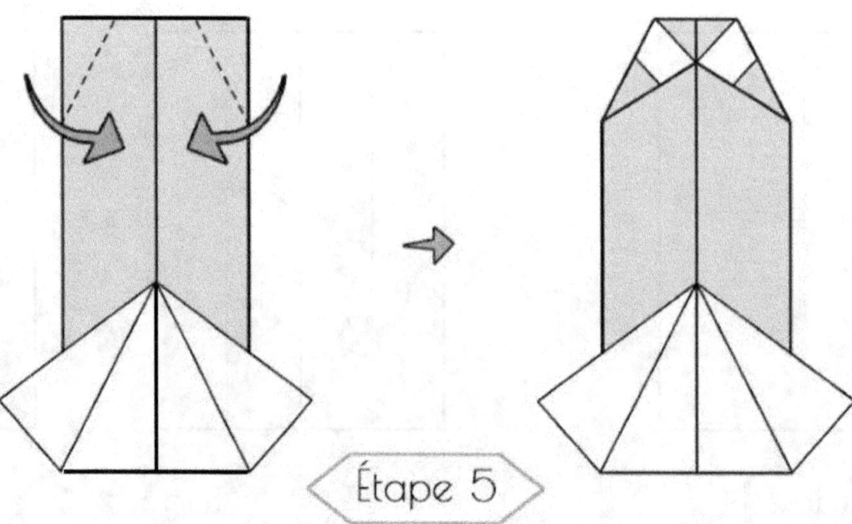

Étape 5

Retourne à nouveau la feuille, de sorte que le V retrouve sa position initiale. Plie les coins du bord que tu viens de plier lors de l'étape précédente vers le centre de la feuille en biais, de sorte que les deux coins se touchent au centre : c'est le col de la chemise.

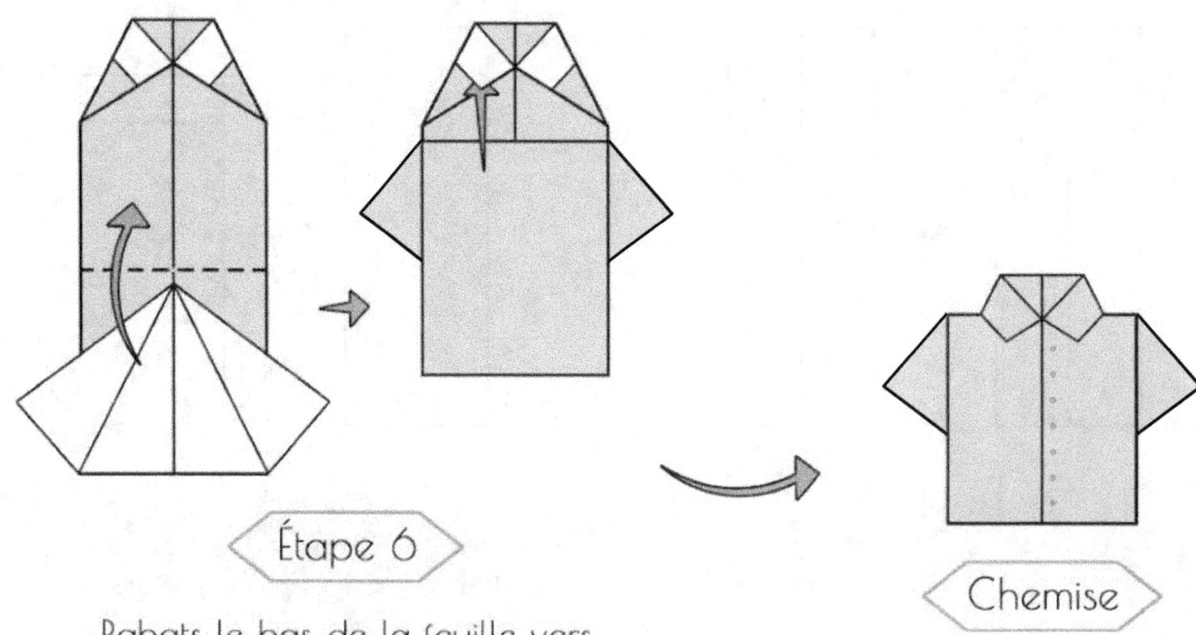

Étape 6

Rabats le bas de la feuille vers le haut jusqu'à arriver sous le col en V et appuie sur le bord inférieur.

Chemise

Serpent

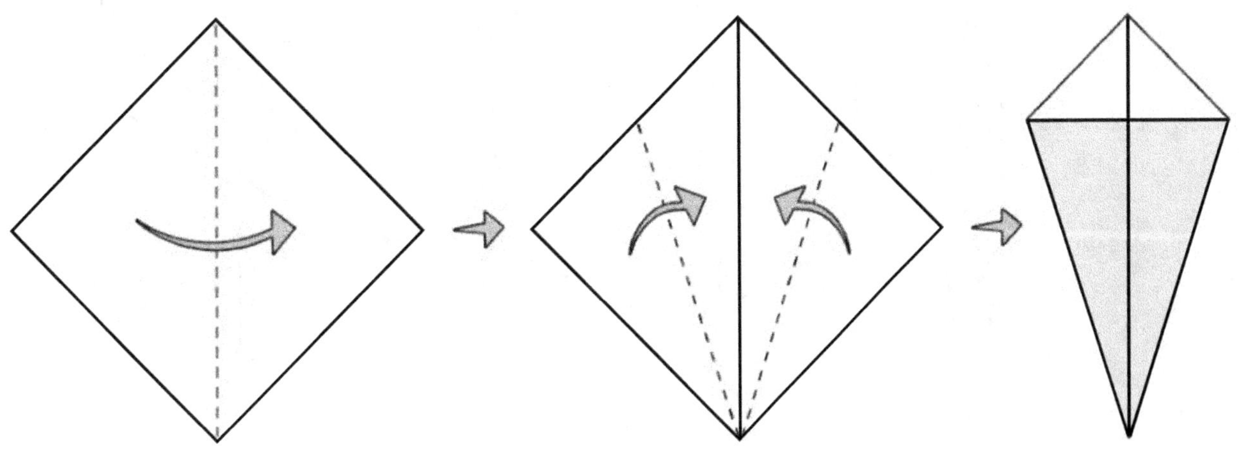

Étape 1

Plie verticalement le long de la diagonale, déplie la feuille,
puis rabats le bas des coins latéraux vers le centre.

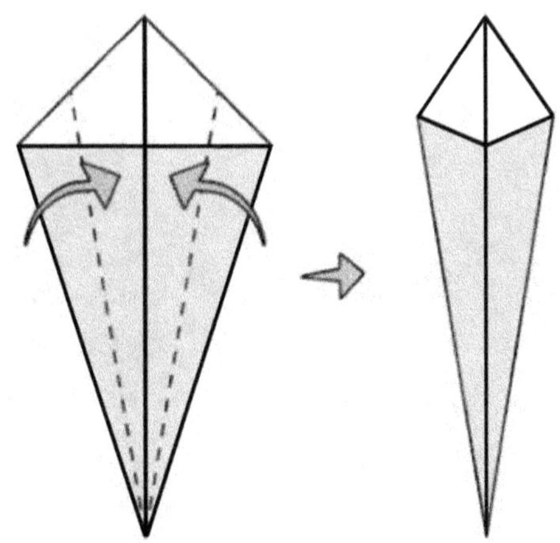

Étape 2

Rabats à nouveau le bas des
coins latéraux vers le centre.

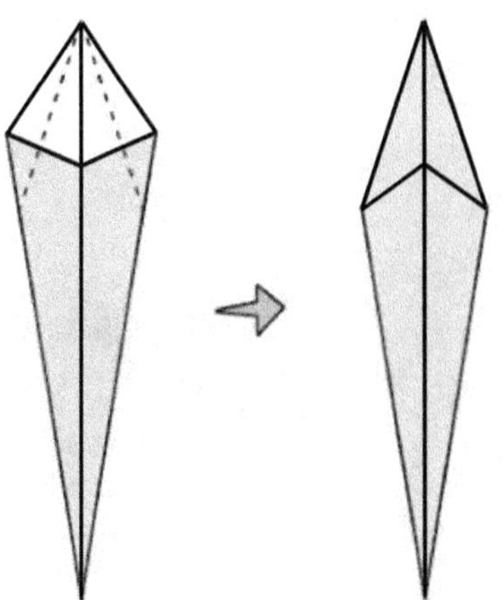

Étape 3

Maintenant, rabats
le haut des coins
latéraux vers le centre.

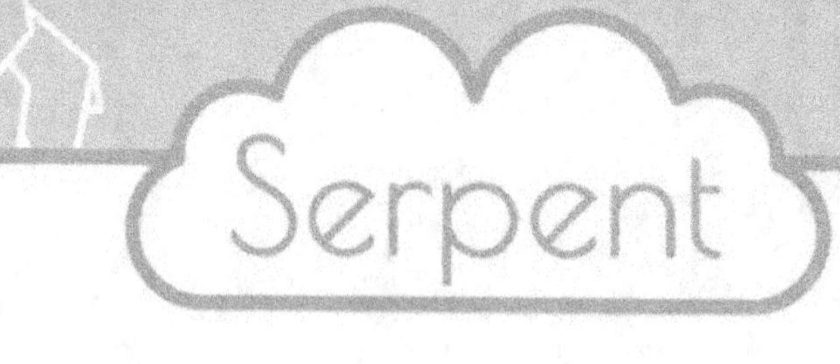

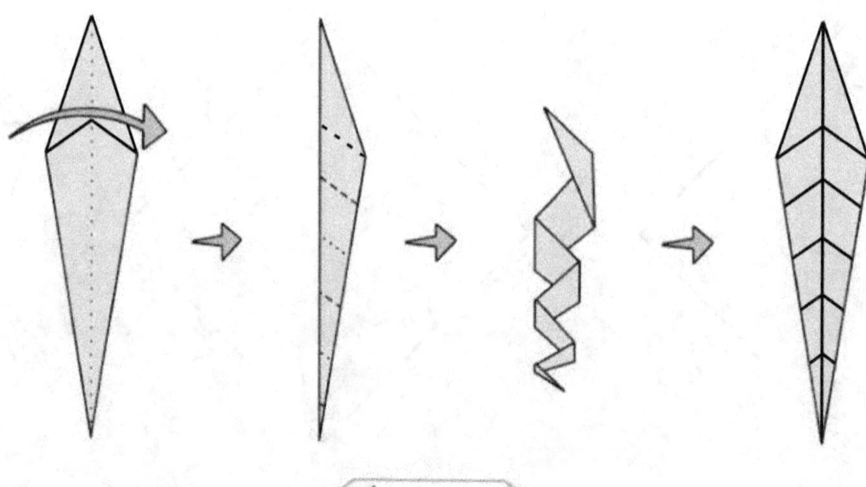

Étape 4

Replie en deux, puis alterne entre des plis vallée et montagne en commençant par la tête puis en redescendant jusqu'à la queue. Lorsque tu as terminé, déplie.

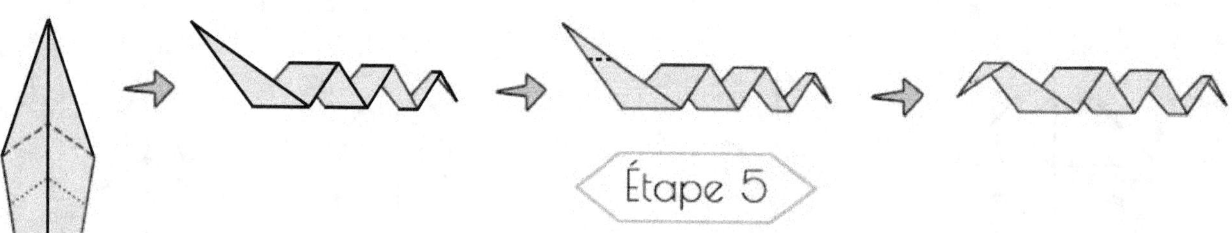

Étape 5

Suis les plis que tu viens de faire, et alterne les plis vallée et montagne comme sur le schéma. Ensuite, replie la tête vers le bas avec un pli vallée et le bout de la queue avec un pli montagne.

Serpent

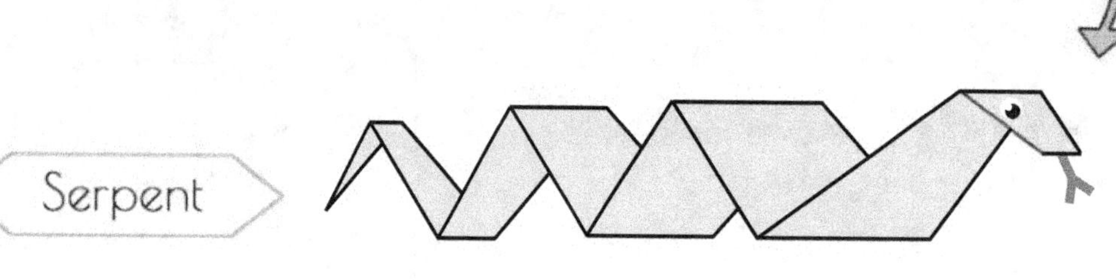

Glace

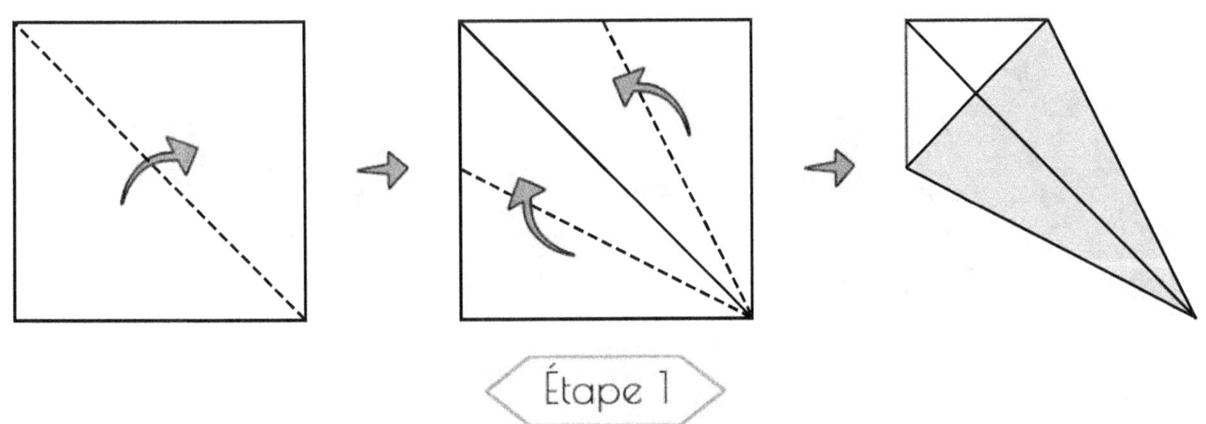

Plie la feuille le long de la diagonale, déplie, puis rabats les coins supérieur droit et inférieur gauche vers l'avant jusqu'au centre de la diagonale.

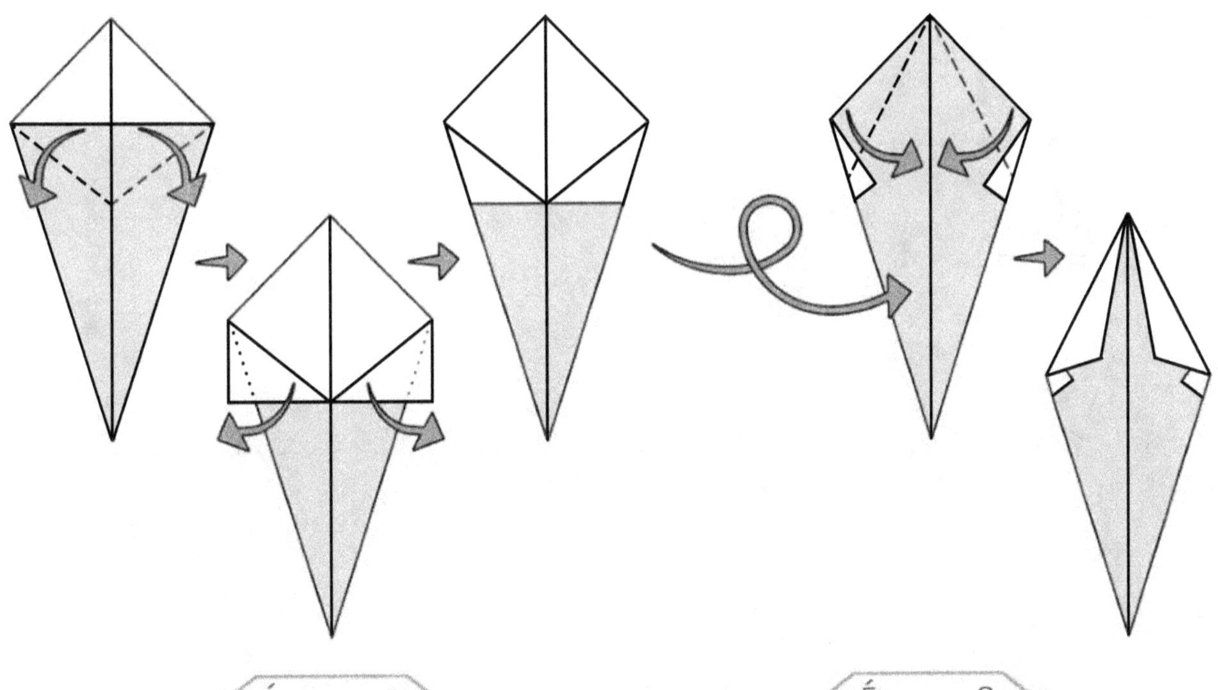

Étape 2

Plie les deux rabats vers l'extérieur en biais, de sorte que leur bord inférieur se retrouve à l'horizontale. Ensuite, rabats les extrémités qui dépassent sur les côtés.

Étape 3

Retourne la base et plie les coins latéraux vers l'avant, en biais, vers le milieu (sans qu'ils ne le touchent).

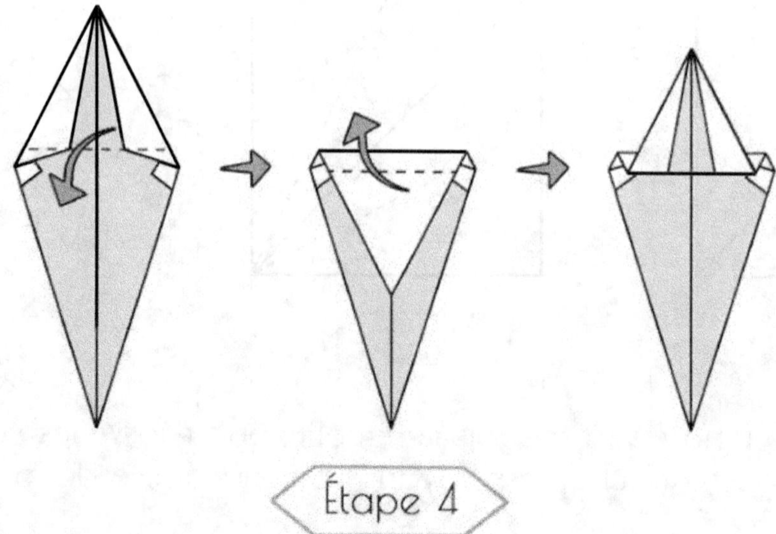

Étape 4

Plie le haut de la base vers le bas, puis déplie-le de nouveau vers le haut.

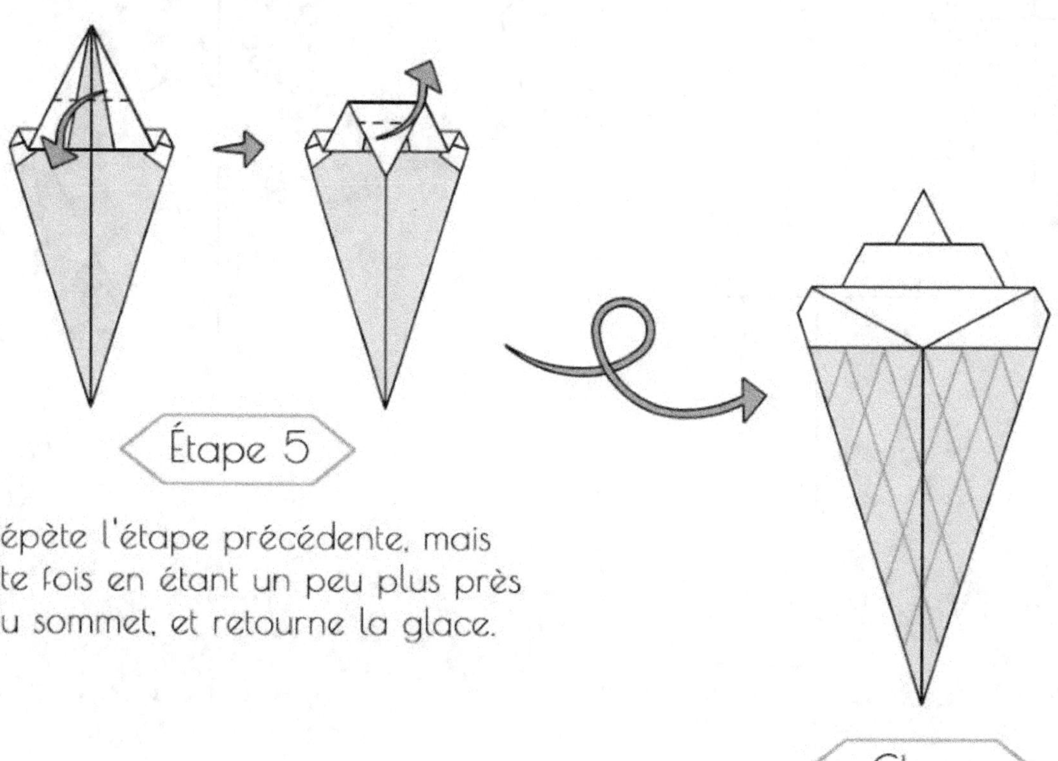

Étape 5

Répète l'étape précédente, mais cette fois en étant un peu plus près du sommet, et retourne la glace.

Glace

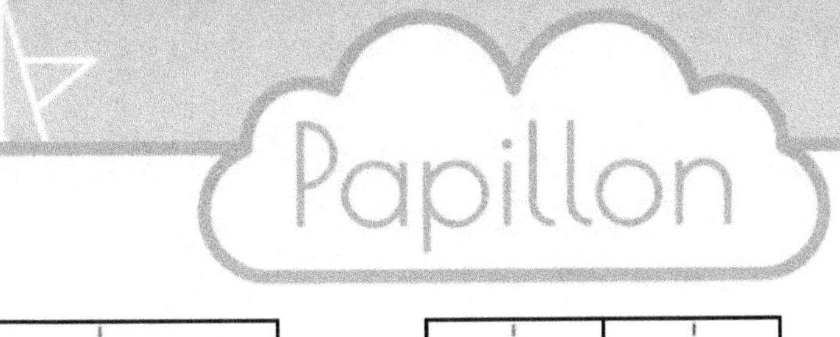

Papillon

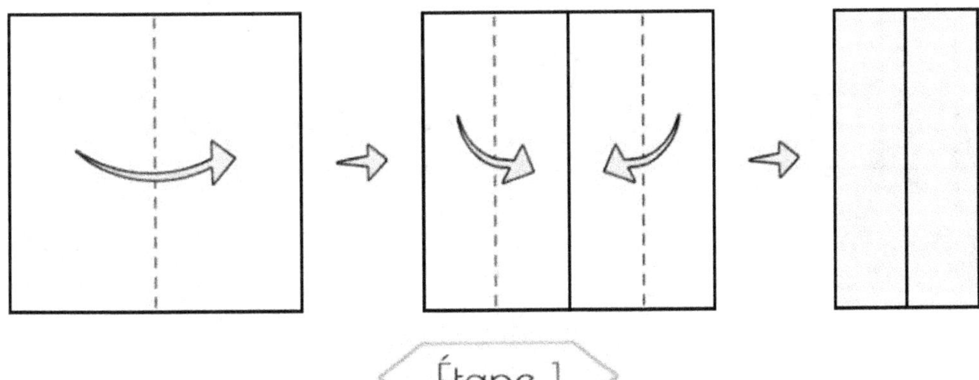

Plie la feuille en deux à la verticale et déplie-la. Plie ensuite chaque côté de la feuille en deux vers l'intérieur.

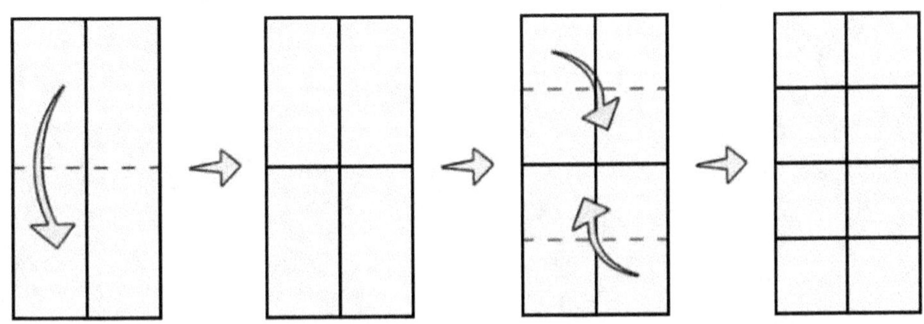

Plie la feuille à l'horizontale, puis déplie-la. Rabats ensuite les bords supérieur et inférieur vers l'avant, en direction de la ligne médiane, puis déplie-les à nouveau.

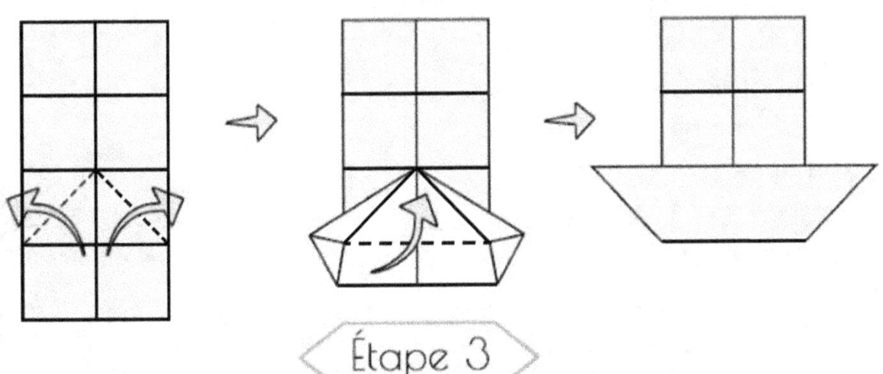

En partant du bas, plie la deuxième partie de la feuille en diagonale vers l'extérieur. En la pliant. le côté verso se rabat également vers le haut. Appuie de sorte que les bords supérieurs soient horizontaux.

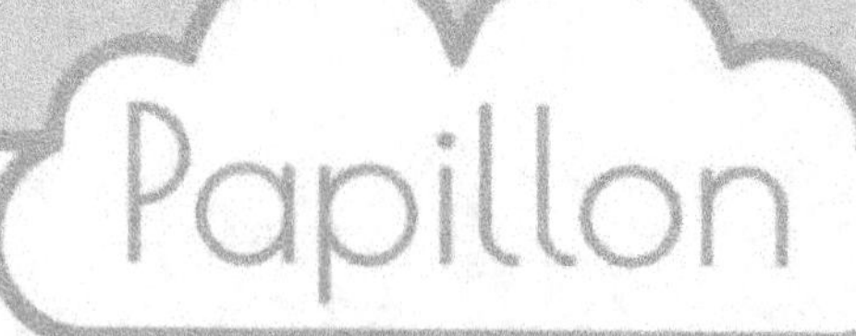

Papillon

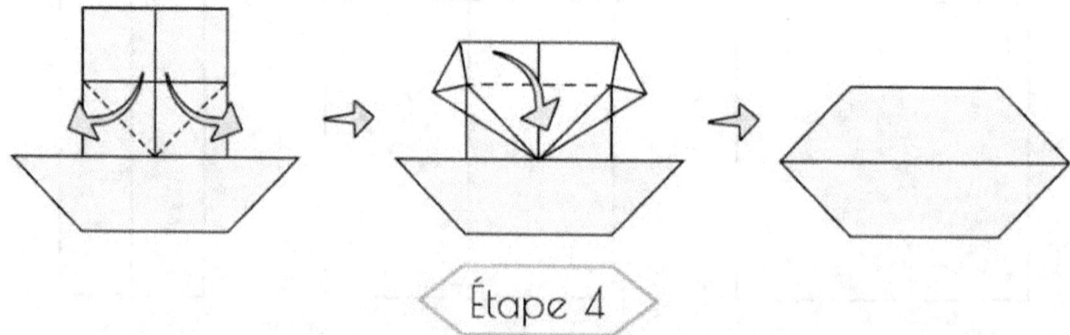

Répète l'étape précédente avec le bord supérieur.

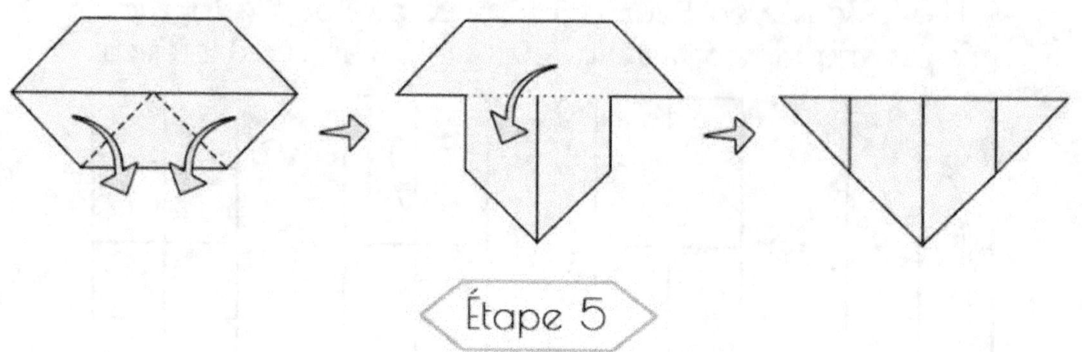

Plie les côtés de la moitié inférieure vers le bas, en direction du milieu. Ensuite, rabats la moitié supérieure vers l'arrière.

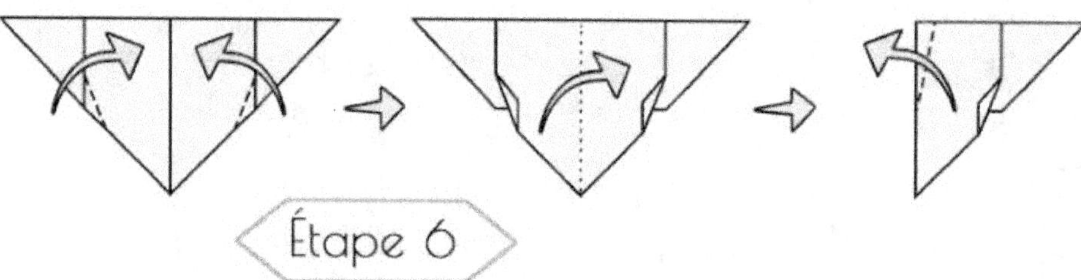

Plie les côtés de la moitié
supérieure vers l'intérieur
légèrement en biais. Ensuite,
plie la base en deux et fais
un pli sur la moitié supérieure.
Déplie-la et retourne le papillon.

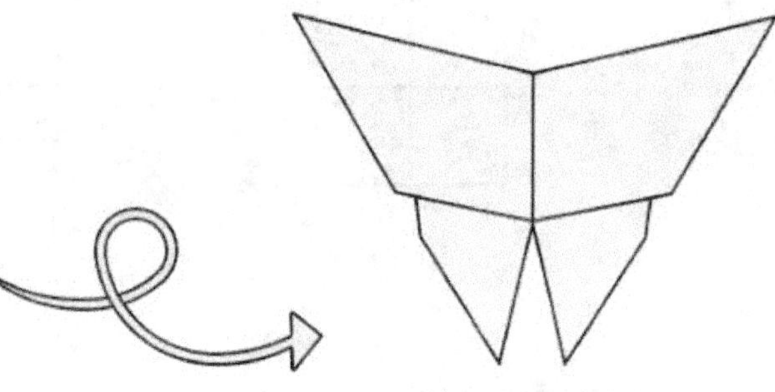

Chauve-souris

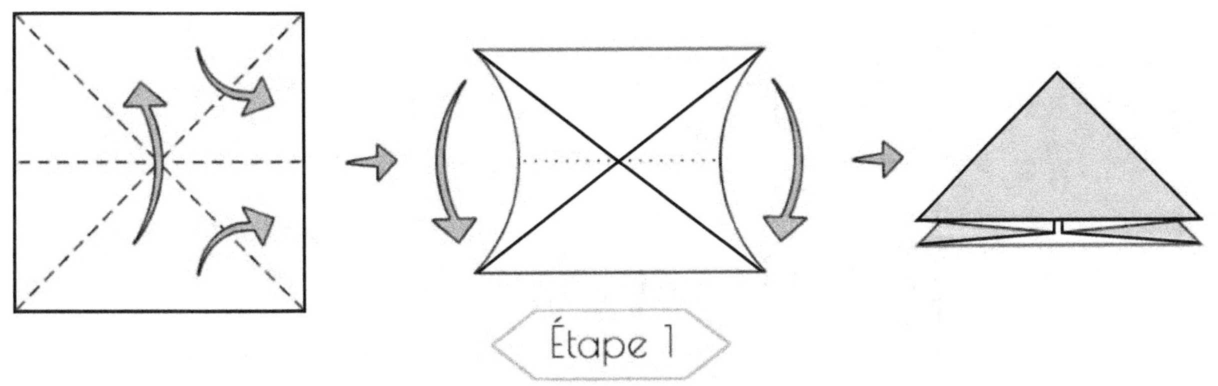

Étape 1

Plie la feuille en deux à l'horizontale et dans le sens des
deux diagonales, et déplie-la. Ensuite, rabats les côtés
vers le centre et aplatis la structure pour obtenir un triangle.

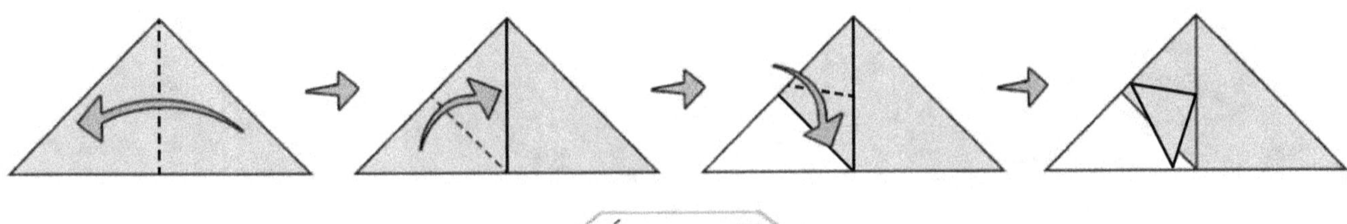

Étape 2

Plie le côté droit de la couche supérieure vers la gauche
et replie-la à nouveau en deux vers le haut. Ensuite,
rabats-le en biais de sorte que seule son extrémité dépasse.

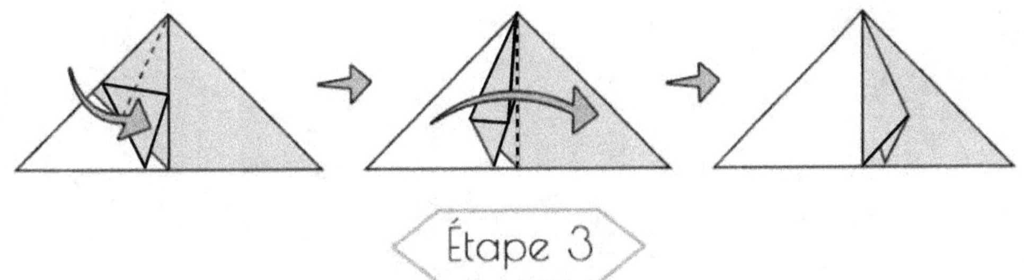

Étape 3

Rabats le côté gauche vers le centre, puis plie-le entièrement vers la droite de
manière à ce que la couche supérieure droite revienne à sa position initiale.

Chauve-souris

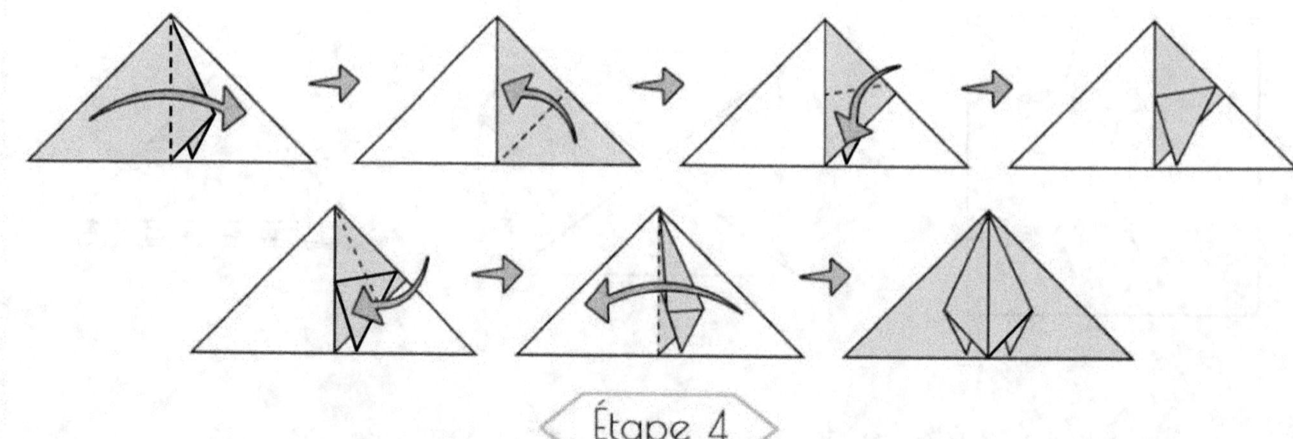

Étape 4

Répète les étapes 2 et 3 avec le côté gauche.

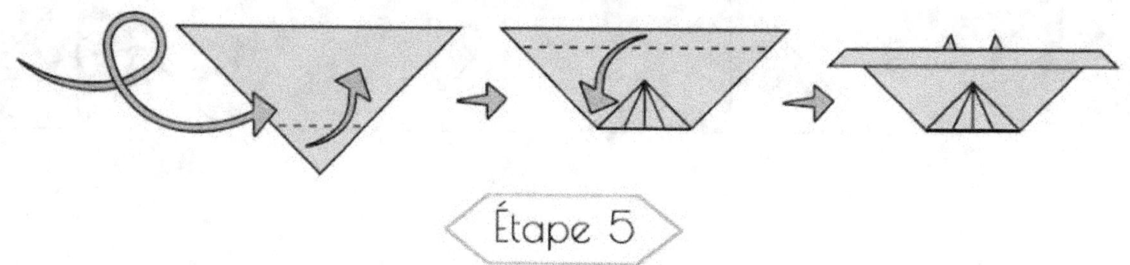

Étape 5

Retourne la base et plie le coin inférieur vers le haut. Ensuite, plie le bord supérieur vers le bas (sauf les deux petites pointes).

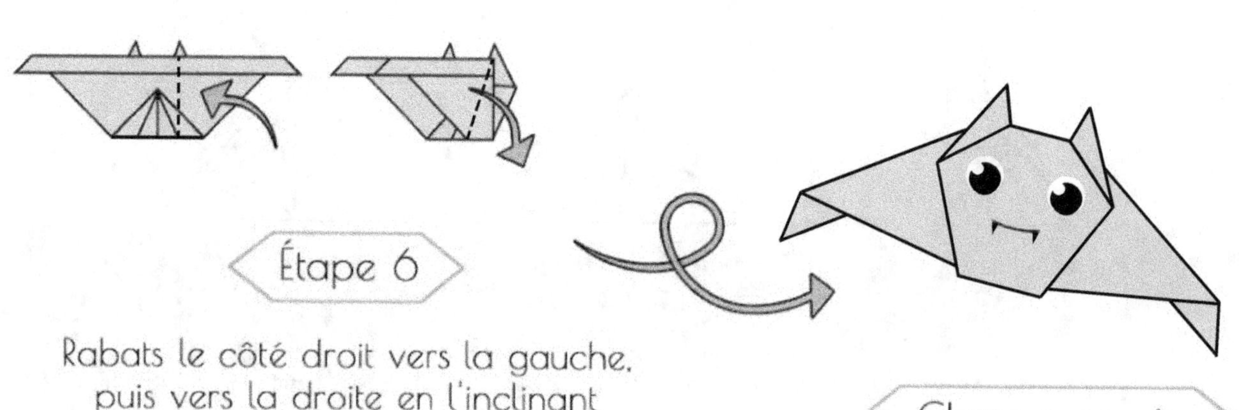

Étape 6

Rabats le côté droit vers la gauche, puis vers la droite en l'inclinant légèrement. Fais de même avec le côté gauche, puis retourne l'origami.

Chauve-souris

Marque-page

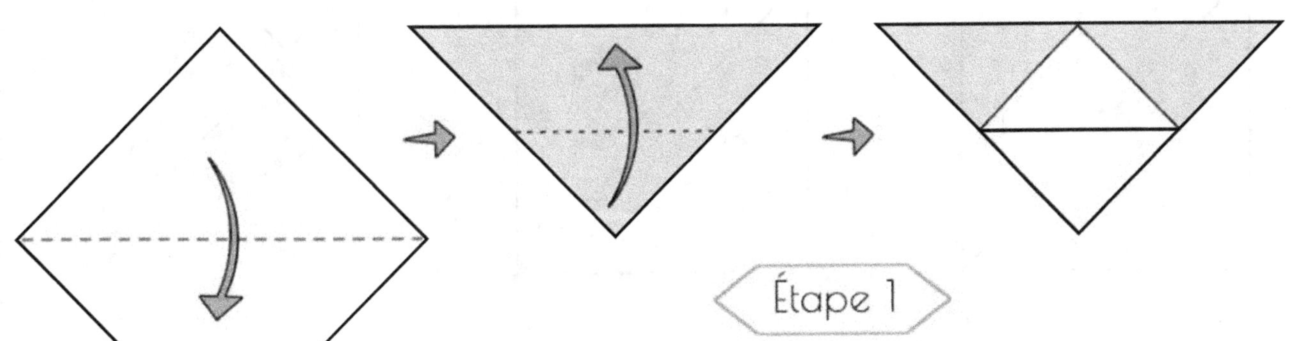

Plie la feuille en deux le long de sa diagonale vers le haut. Ensuite, replie l'extrémité inférieure de la couche supérieure jusqu'au bord.

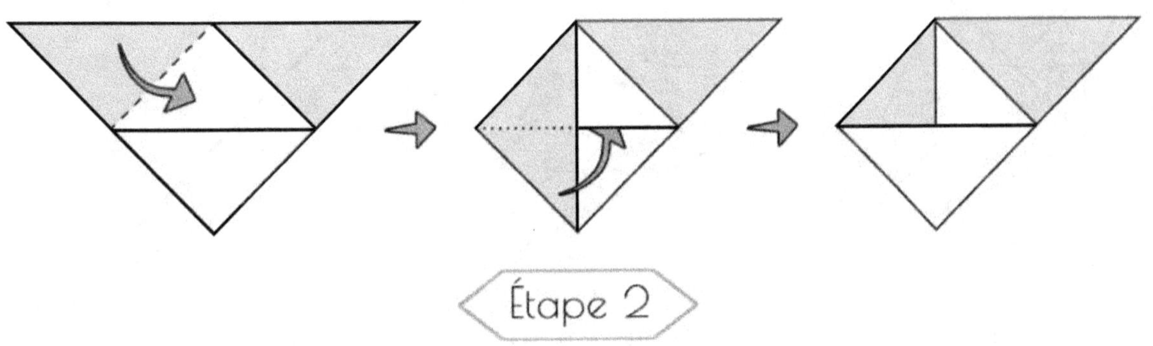

Plie le coin gauche vers le bas jusqu'au centre. Ensuite, plie-le vers le haut et insère-le derrière le rabat créé à l'étape précédente.

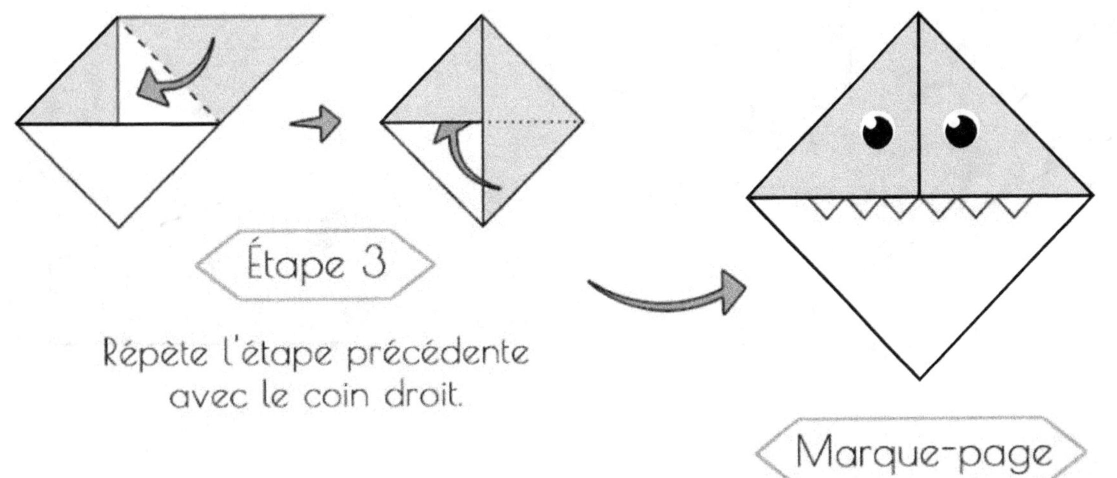

Répète l'étape précédente avec le coin droit.

Baleine

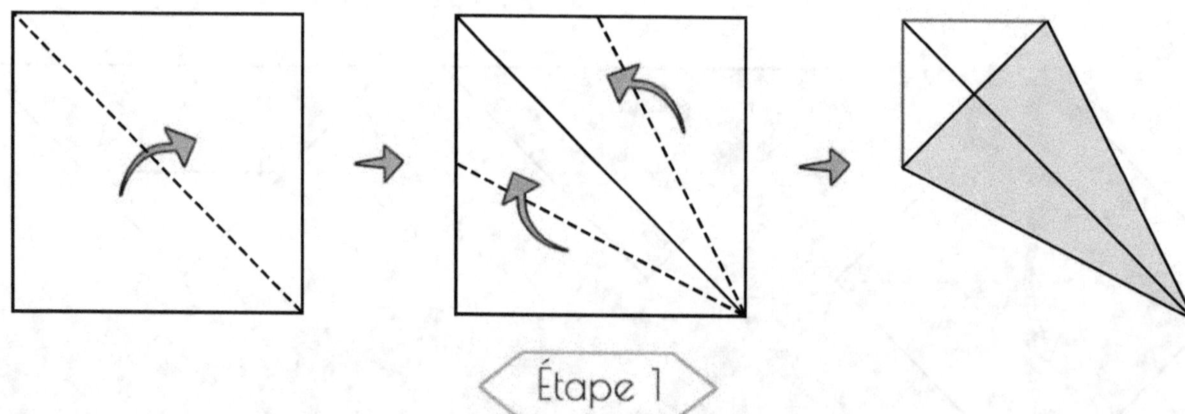

Plie la feuille le long de la diagonale, déplie, puis rabats les coins supérieur droit et inférieur gauche vers l'avant jusqu'au centre de la diagonale.

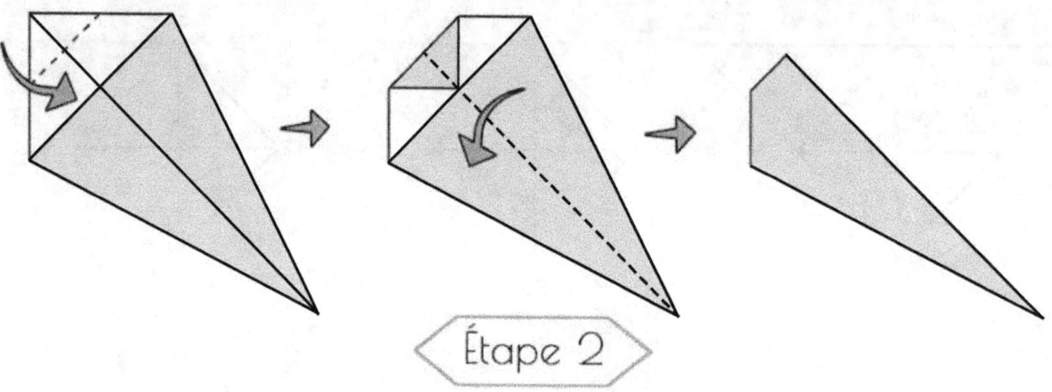

Plie le coin supérieur gauche vers l'avant jusqu'au bord des rabats créés lors de l'étape précédente, puis plie la feuille en deux.

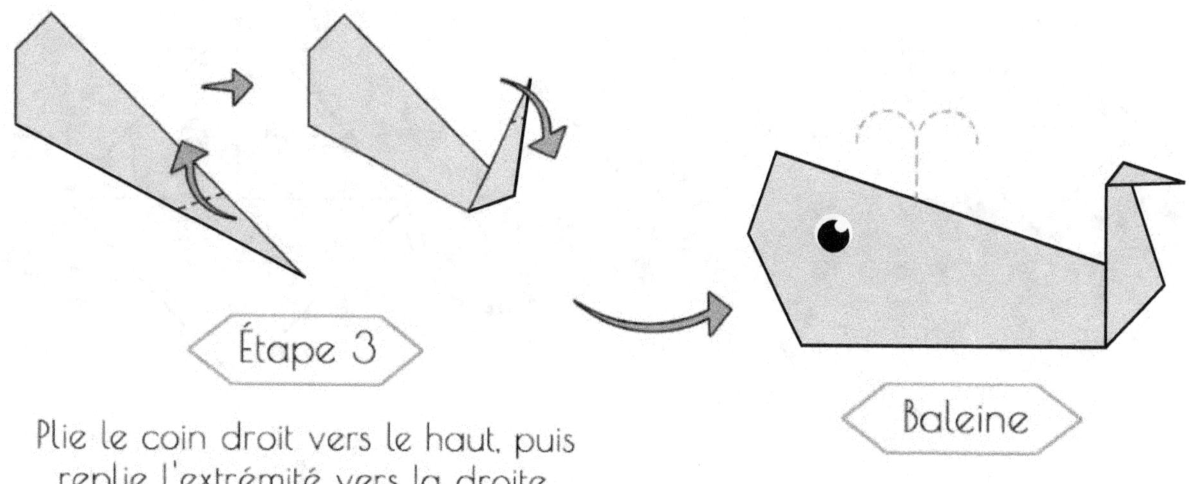

Plie le coin droit vers le haut, puis replie l'extrémité vers la droite.

Dauphin

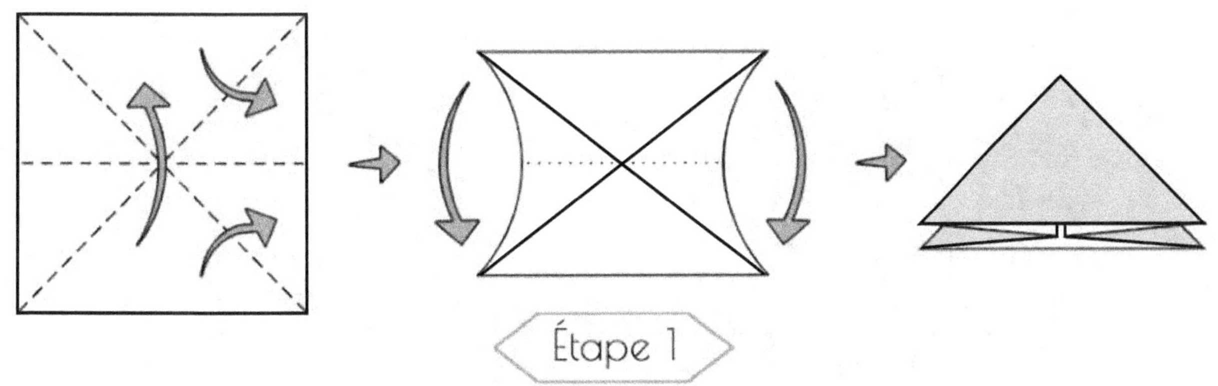

Plie la feuille en deux à l'horizontale et dans le sens des deux diagonales, et déplie-la. Ensuite, rabats les côtés vers le centre et aplatis la structure pour obtenir un triangle.

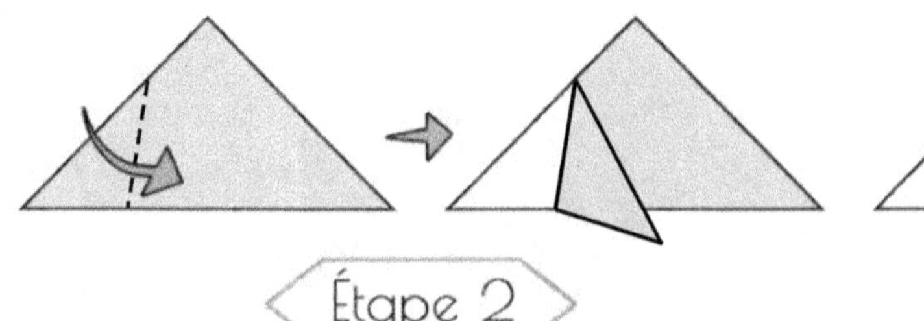

Plie le coin gauche vers l'intérieur en biais, de sorte que la pointe dépasse du bord inférieur.

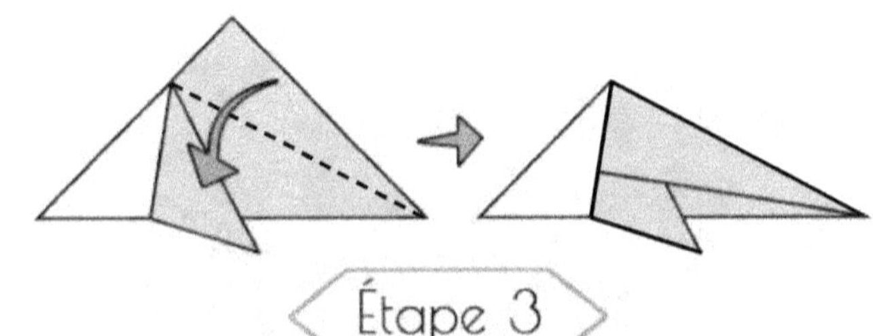

Plie la partie supérieure droite vers le bas jusqu'au rabat que tu viens de faire.

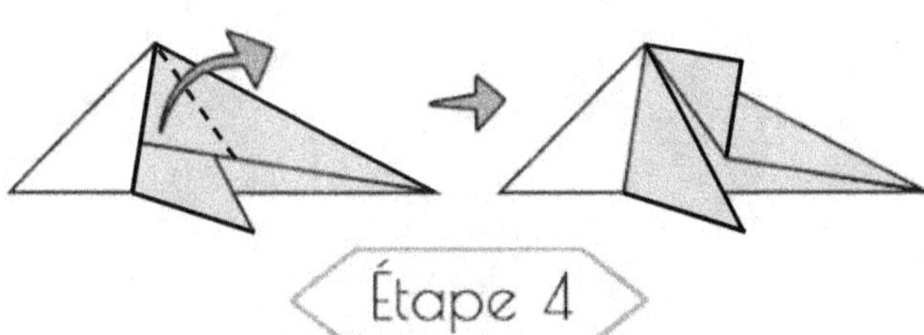

Replie le côté gauche du rabat que tu as plié à l'étape précédente de manière à ce que son sommet dépasse.

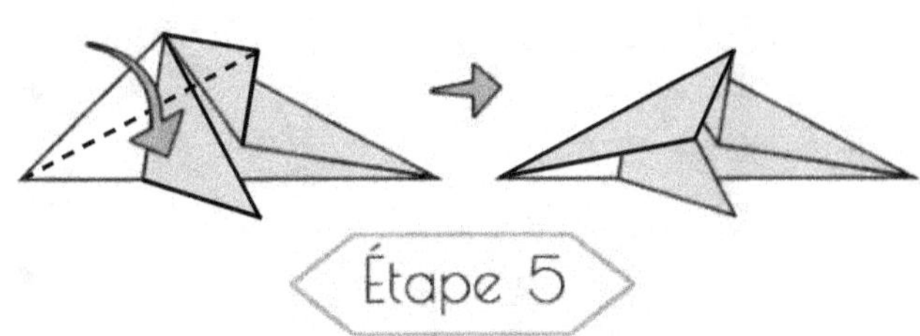

Plie la partie supérieure gauche vers le bas afin qu'elle rejoigne le coin gauche et la pointe du rabat que tu viens de plier.

Dauphin

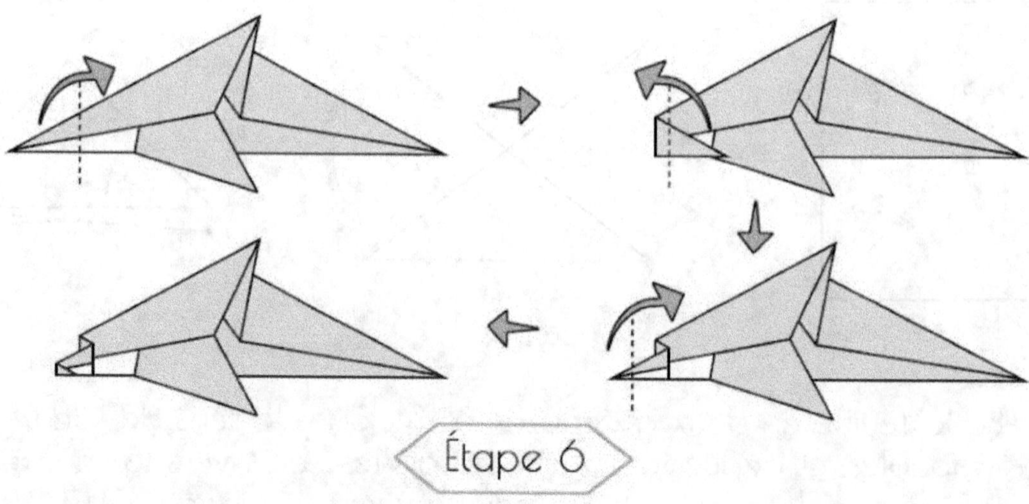

Plie le coin gauche vers l'intérieur, puis vers l'extérieur et une fois encore vers l'intérieur pour faire le nez du dauphin.

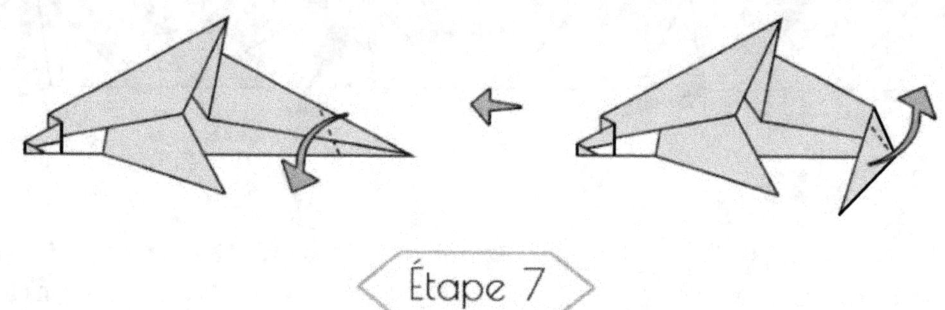

Plie le coin droit vers le bas en biais de sorte que la pointe dépasse du bord inférieur. Maintenant, place à la partie délicate : dans cette pointe il y a deux couches de papier qui se chevauchent, laisse la couche intérieure dans cette position et ne plie que la couche supérieure vers le haut en biais, puis retourne le dauphin.

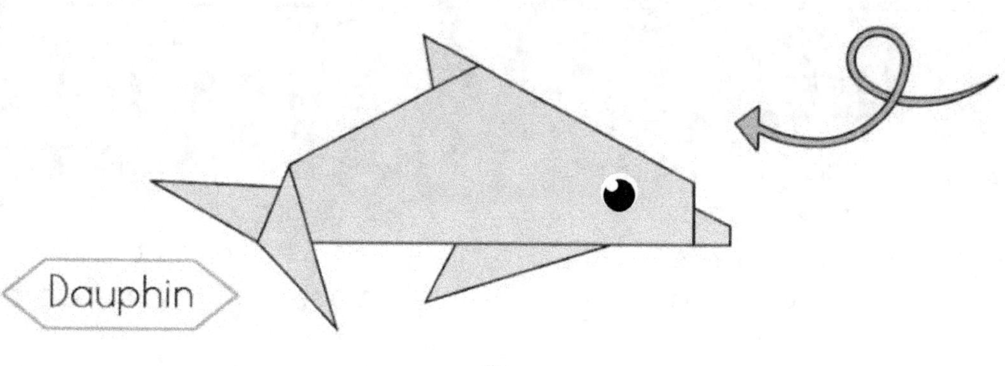

Oiseau

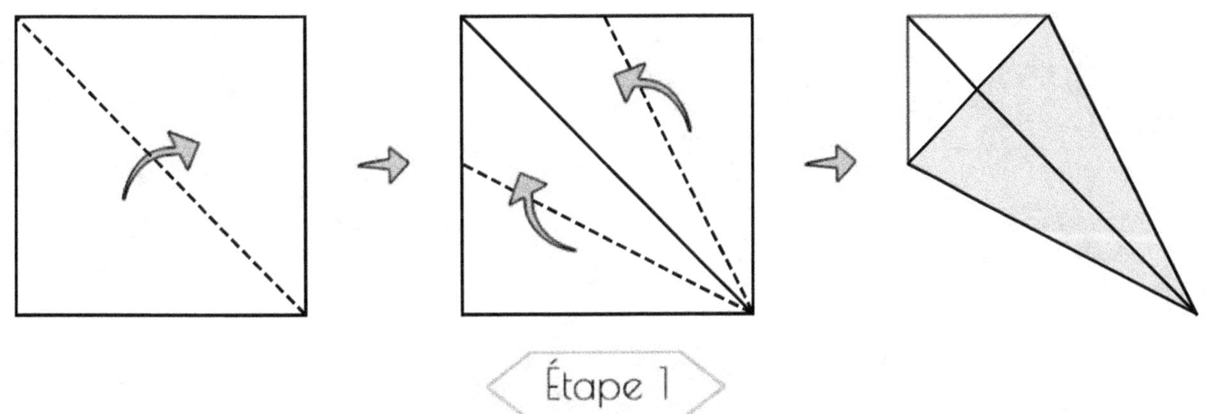

Plie la feuille le long de la diagonale, déplie, puis rabats les coins supérieur droit et inférieur gauche vers l'avant jusqu'au centre de la diagonale.

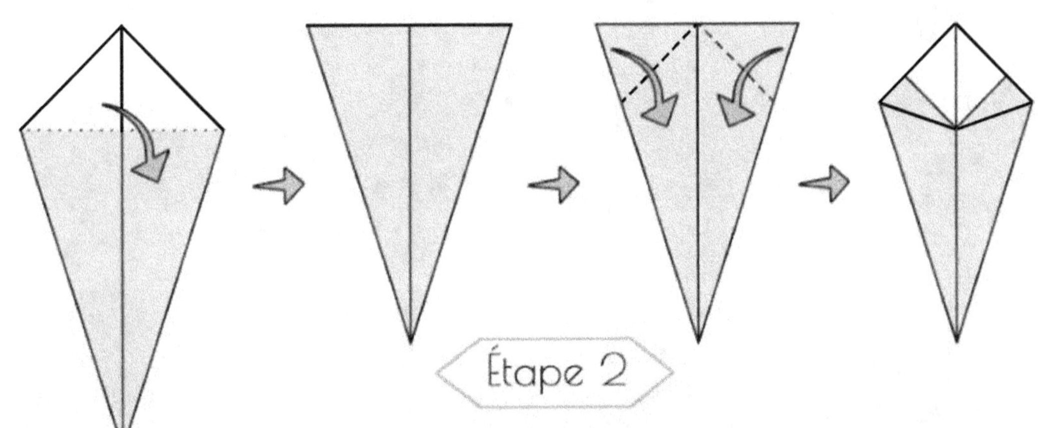

Replie le coin supérieur vers l'arrière, puis les deux coins latéraux vers l'avant, en direction du centre de la feuille.

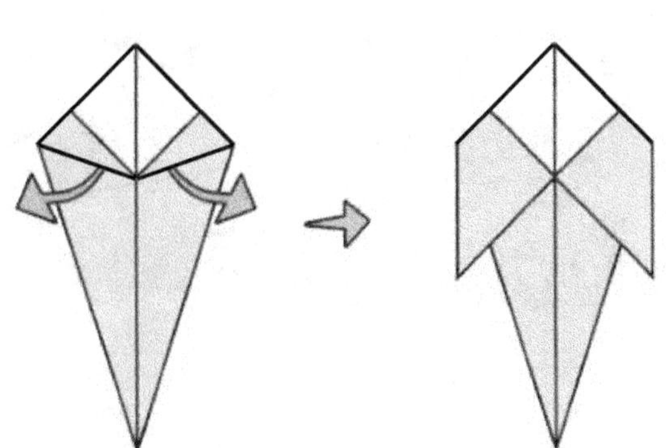

Les plis de l'étape 1 sont juste en dessous de ceux de l'étape 2. Déplie-les en diagonale afin qu'ils sortent et pointent vers le bas.

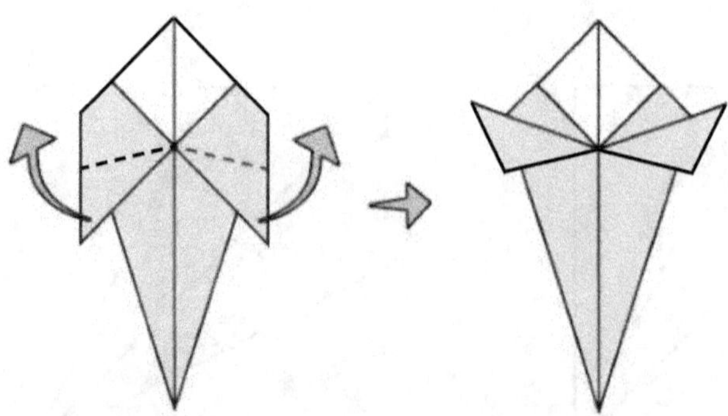

Plie les extrémités inférieures des côtés vers le haut.

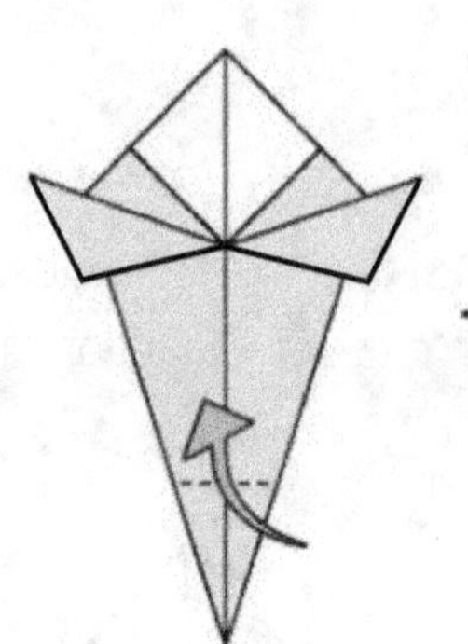 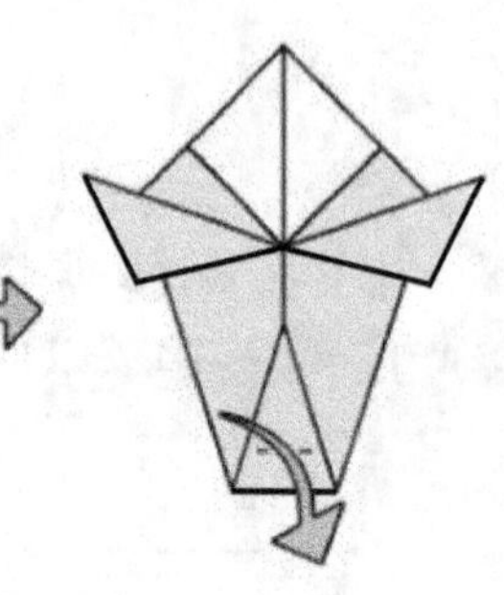 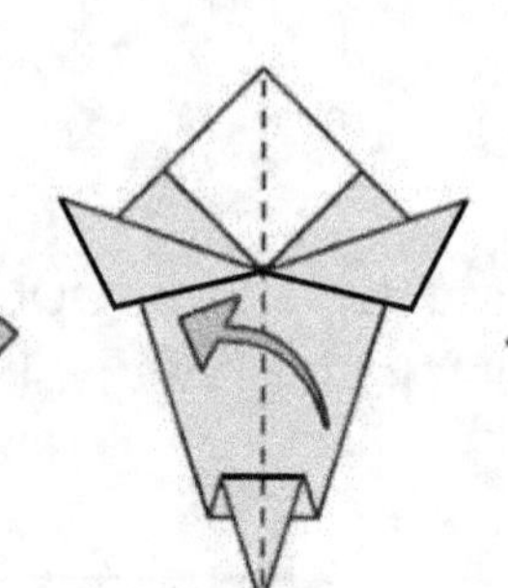 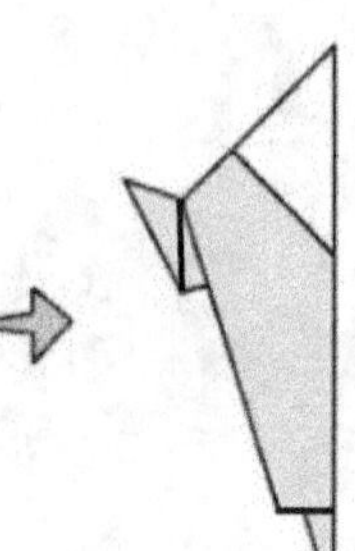

Plie à nouveau le coin inférieur vers le haut et vers le bas. Ensuite, plie toute la base en deux.

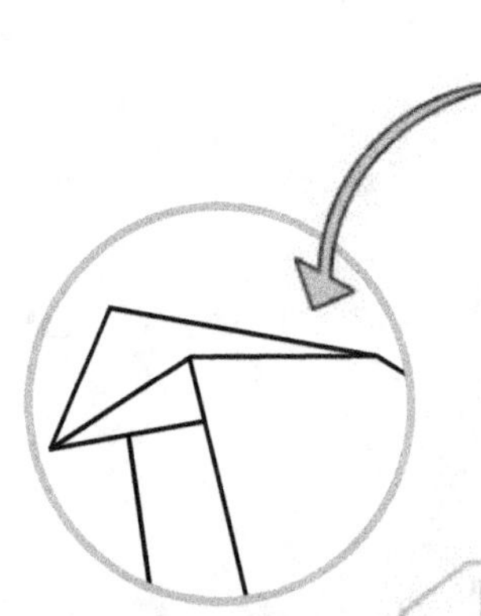 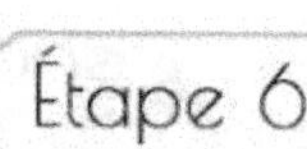 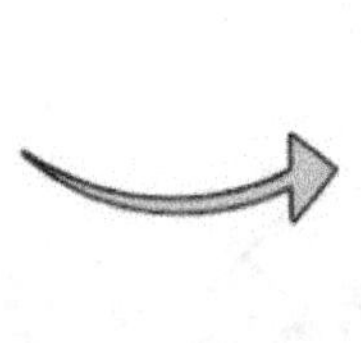 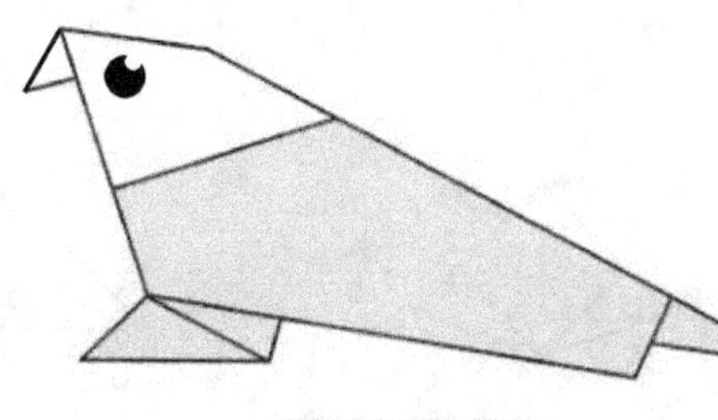

Fais un pli montagne dans le coin supérieur, puis sépare les deux couches de papier et appuie sur la pointe en allant vers le bas afin de la positionner entre elles. On appelle ce pli un pli inversé intérieur.

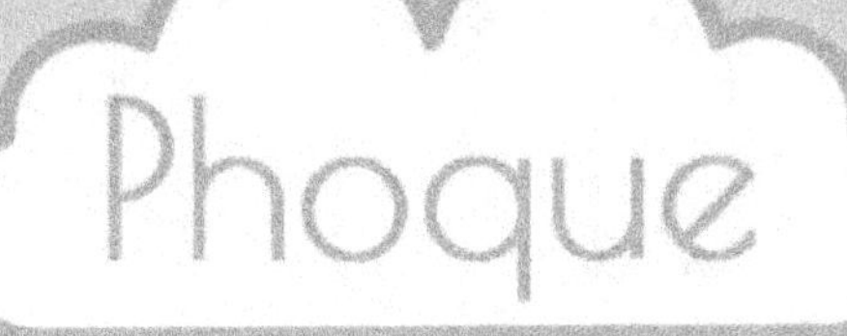

Phoque

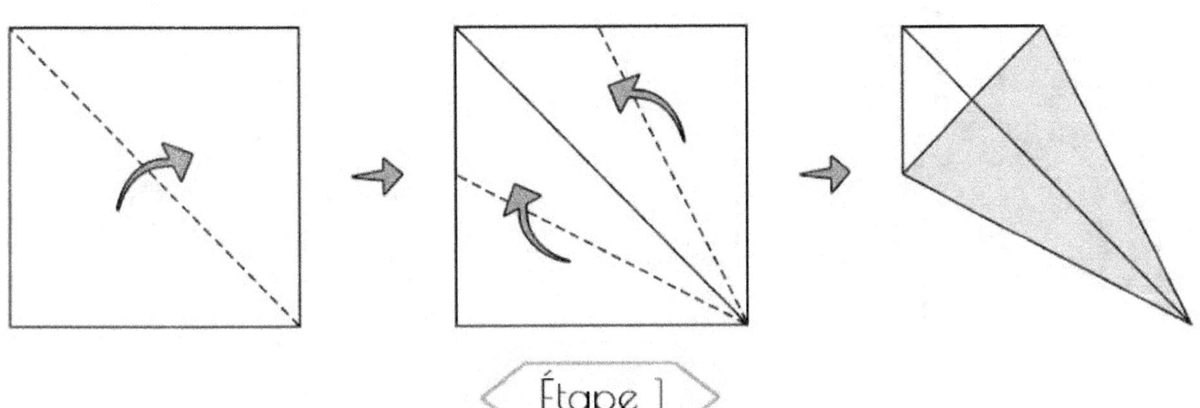

Plie la feuille le long de la diagonale, déplie, puis rabats les coins supérieur droit et inférieur gauche vers l'avant jusqu'au centre de la diagonale.

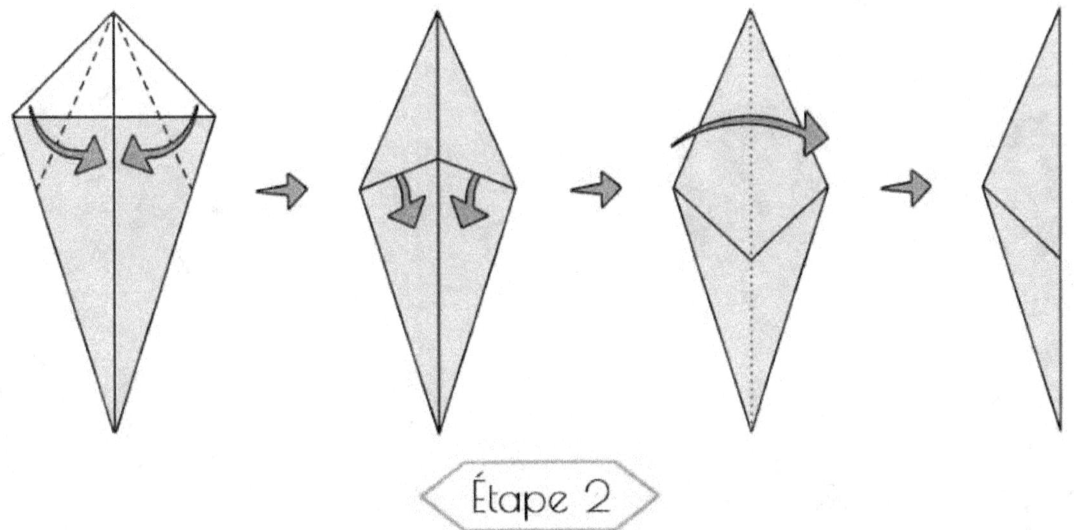

Plie les côtés vers le bas, en direction du centre. Ensuite, déplie les rabats de l'étape précédente qui se trouvent en dessous, de sorte qu'ils soient également parallèles à la ligne du milieu. Enfin, plie toute la base en deux.

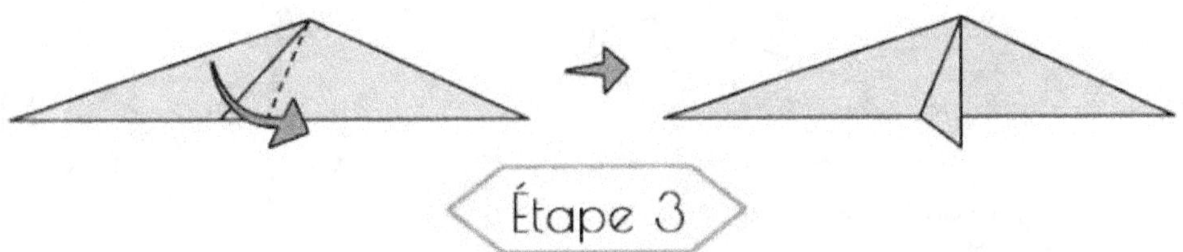

Plie les rabats situés des deux côtés de la feuille jusqu'à ce que leur bord soit vertical.

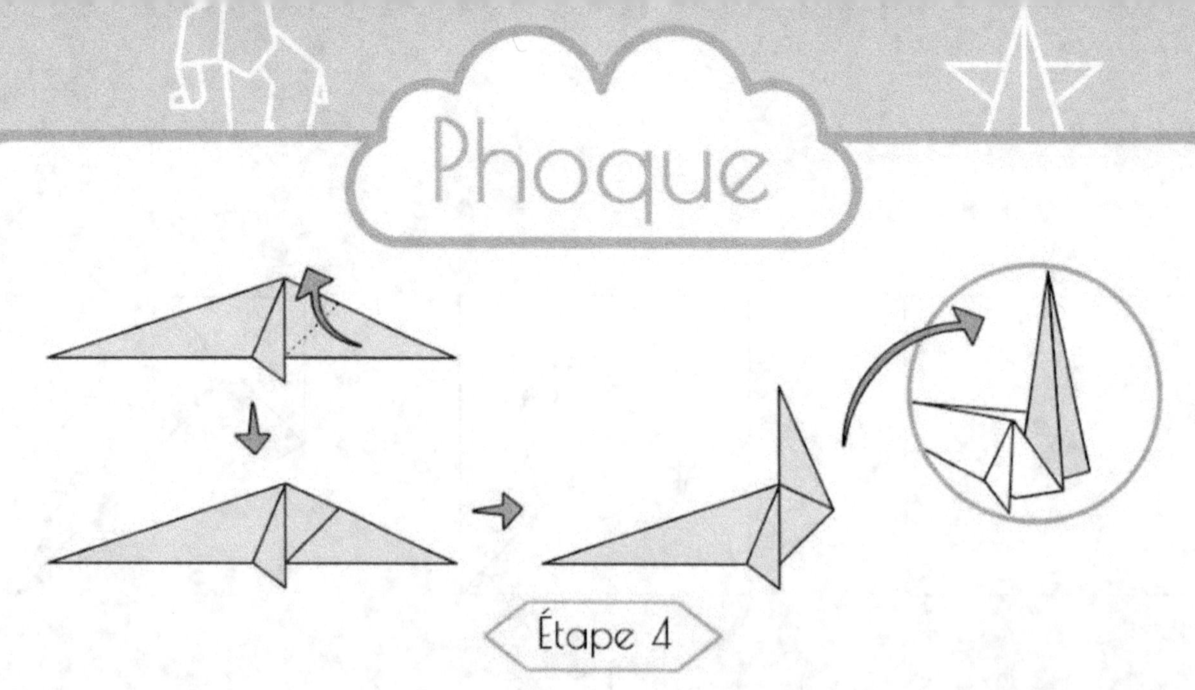

Plie le côté droit vers le haut, déplie-le, puis suis la marque de ce pli afin de faire un pli inversé intérieur (le pli se retrouve entre les deux côtés de la feuille).

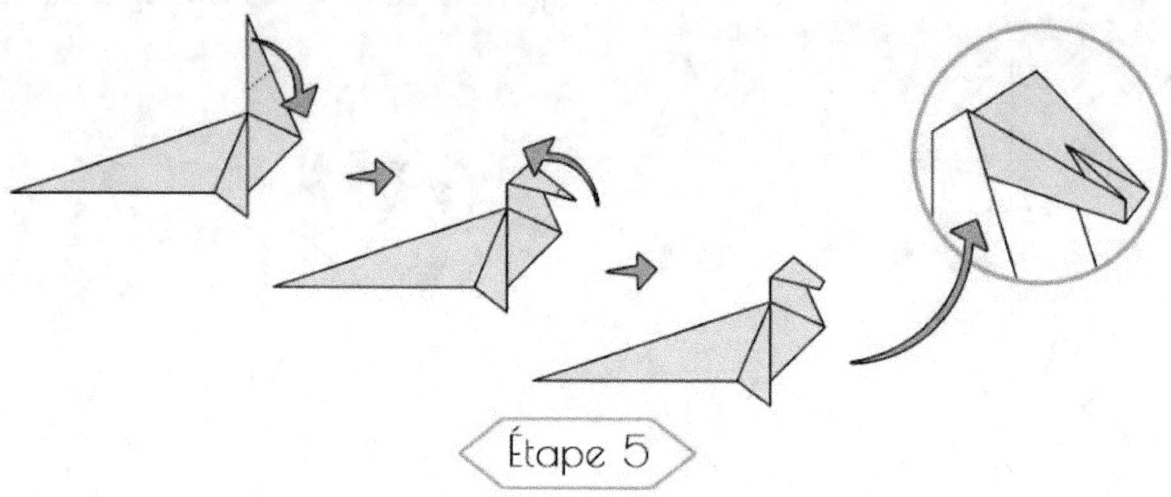

Plie cette extrémité vers le bas et déplie-la, puis fais un autre pli inversé intérieur le long de la marque du pli. Répète la même étape pour la pointe.

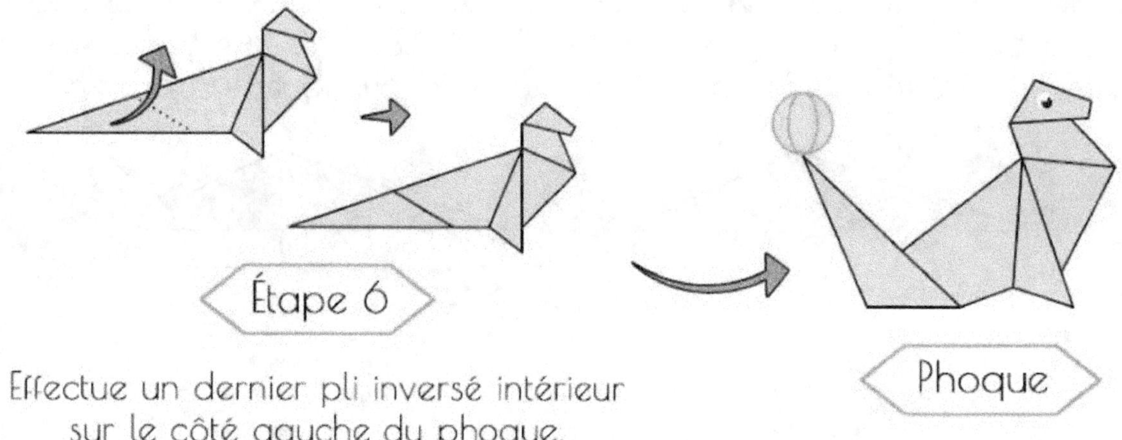

Effectue un dernier pli inversé intérieur sur le côté gauche du phoque.

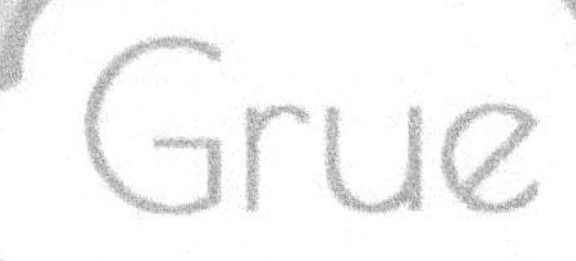

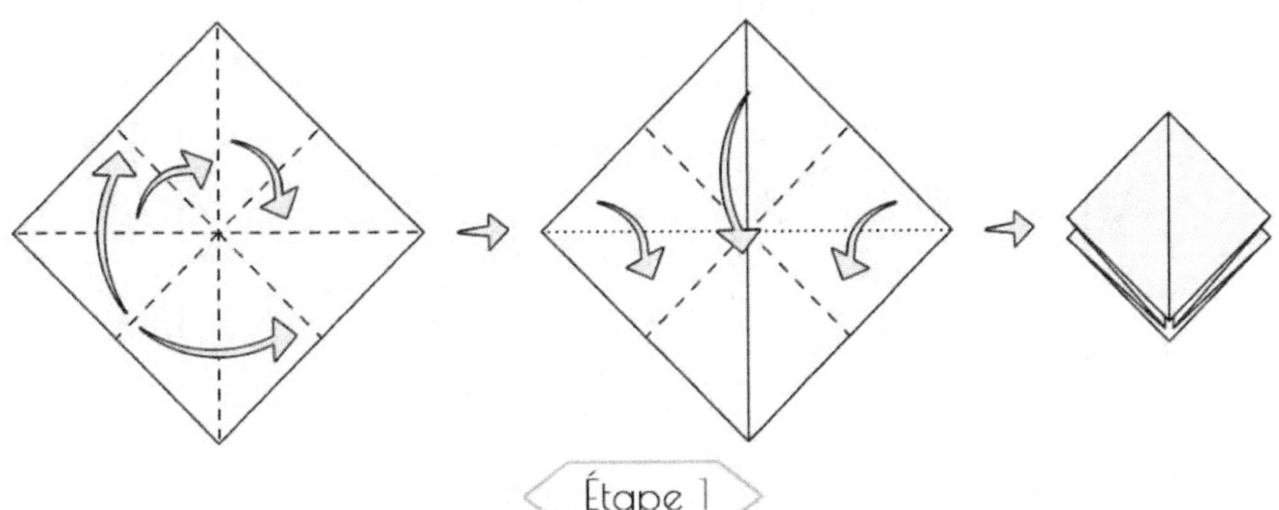

Plie la feuille à l'horizontale, à la verticale et le long des deux diagonales, puis déplie-la. Plie ensuite les coins supérieur et latéraux vers le bas et vers le coin inférieur, de sorte que la feuille devienne un carré plus petit.

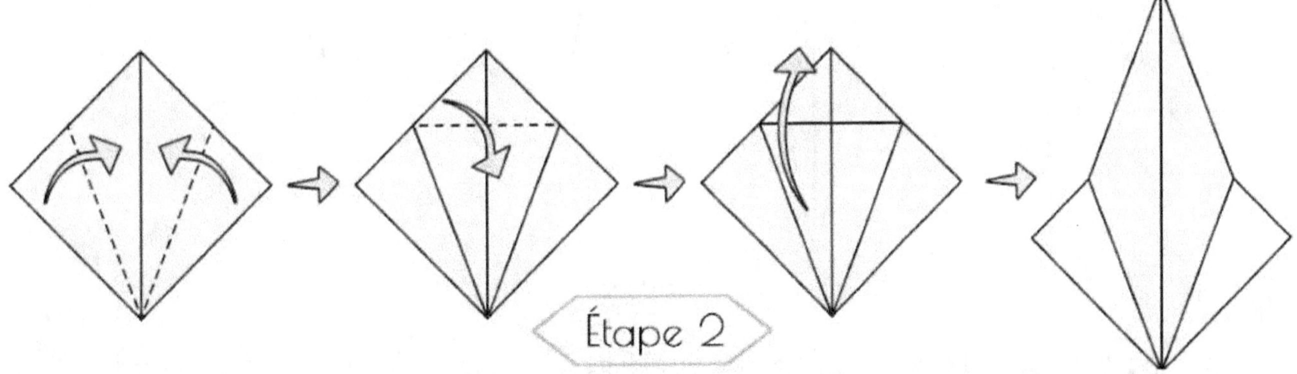

Plie les côtés vers la ligne médiane, le coin supérieur vers le bas, et déplie-les. Ensuite, tire le coin inférieur vers le haut tout en suivant la marque du pli.

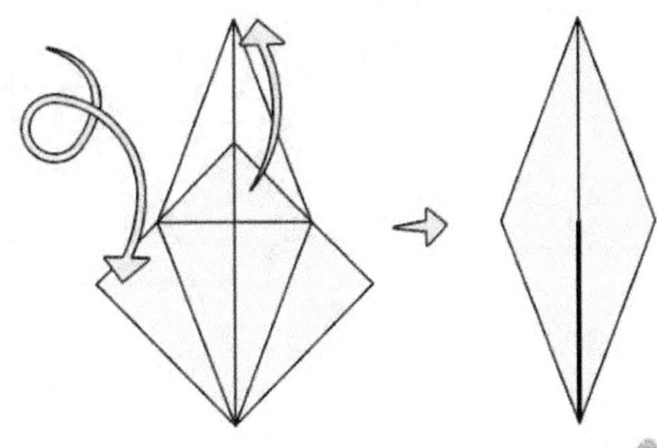

Retourne la base et répète l'étape précédente de l'autre côté en suivant les mêmes marques.
Remarque : il y a une ouverture au niveau de la moitié inférieure de la ligne médiane.

Grue

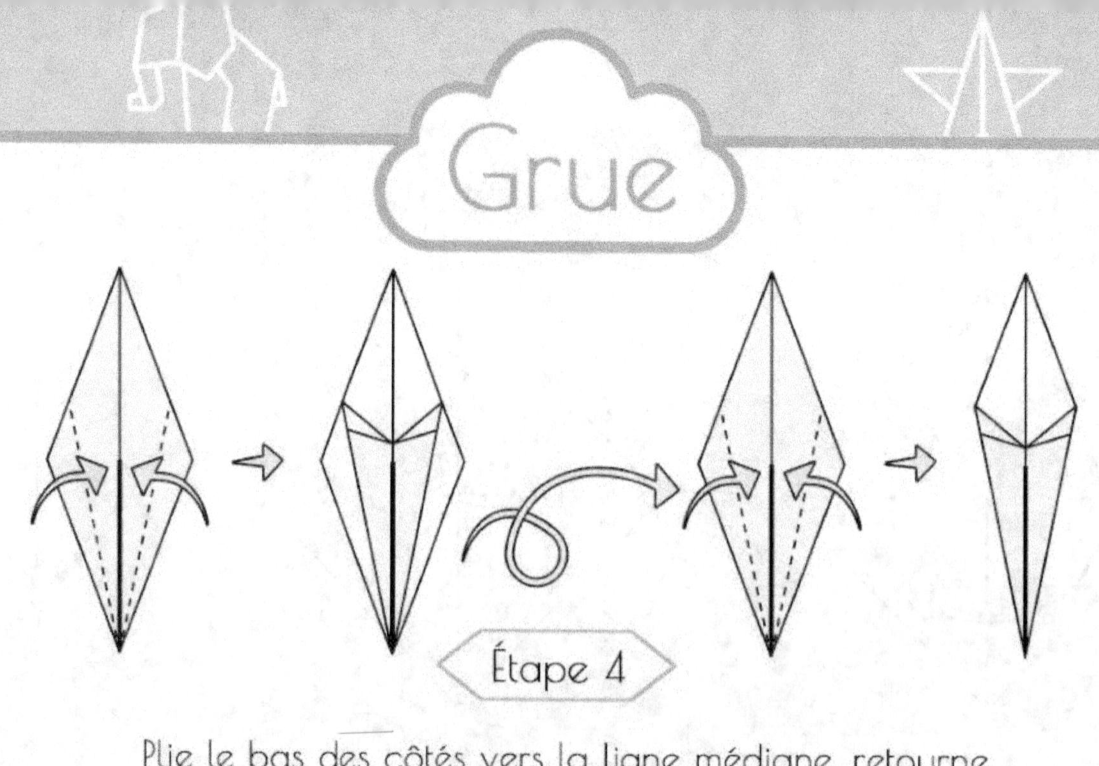

Plie le bas des côtés vers la ligne médiane, retourne
la base, et répète l'opération de l'autre côté.

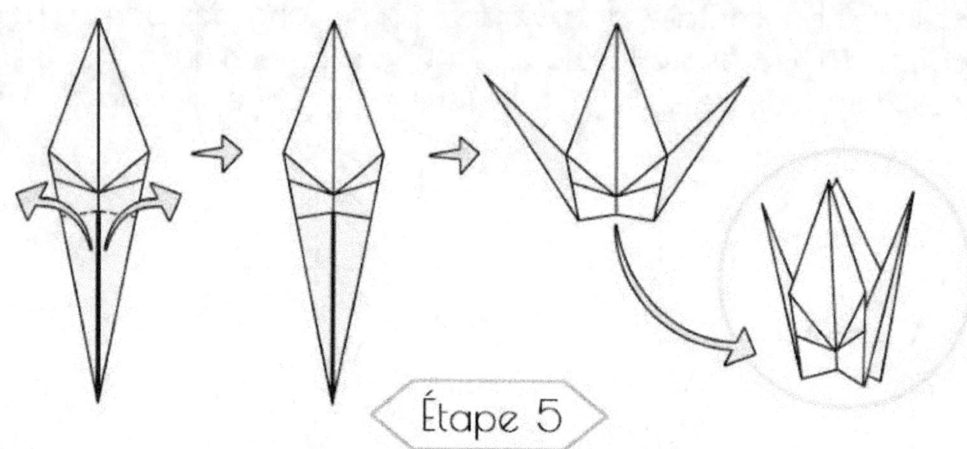

Plie les parties des deux côtés de l'ouverture légèrement en biais et déplie-les.
Ensuite, applique-leur un pli inversé intérieur, de sorte qu'ils se retrouvent à
pointer vers le haut.

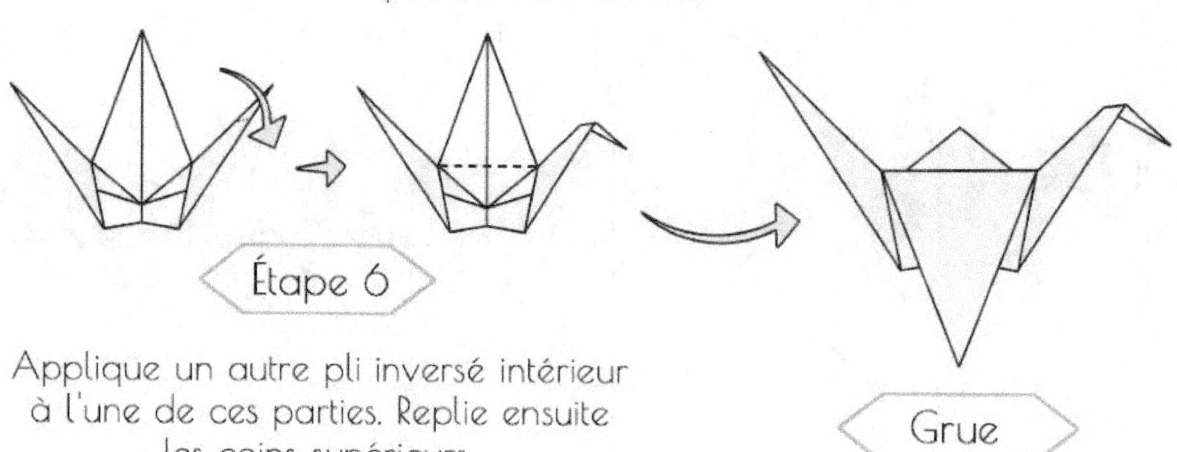

Applique un autre pli inversé intérieur
à l'une de ces parties. Replie ensuite
les coins supérieurs.

Hippocampe

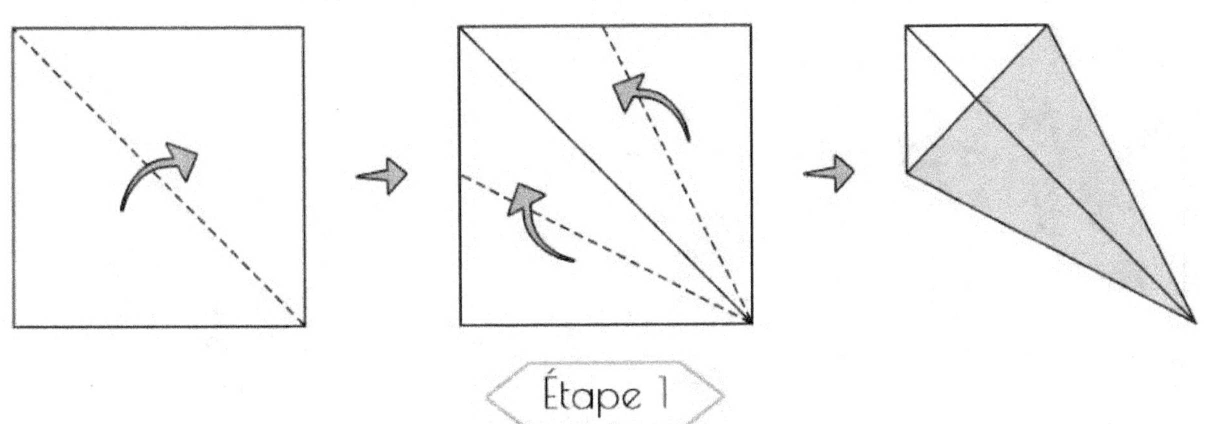

Plie la feuille le long de la diagonale, déplie-la, puis rabats les coins supérieur droit et inférieur gauche vers l'avant jusqu'au centre de la diagonale.

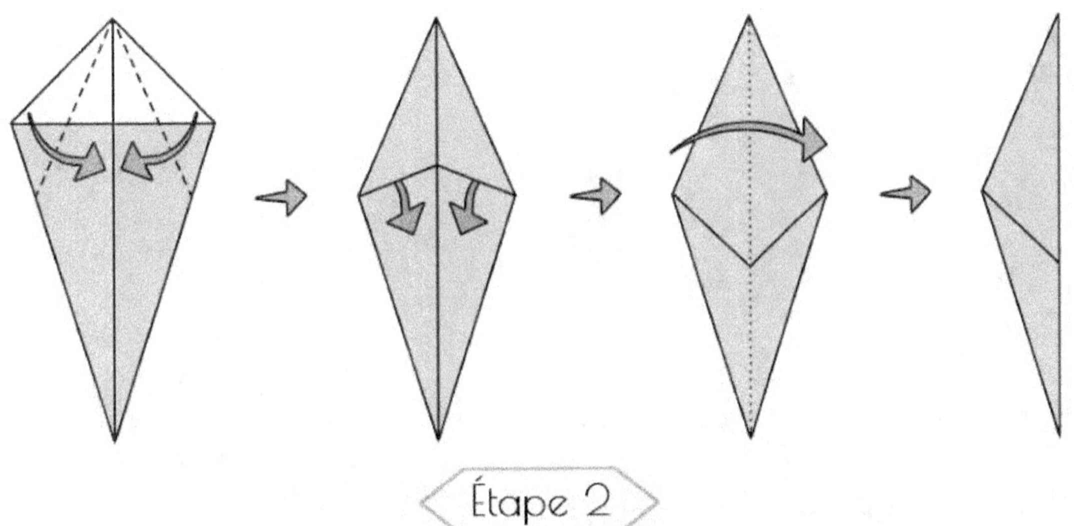

Plie les côtés vers le bas, en direction du centre. Ensuite, déplie les rabats de l'étape précédente qui se trouvent en dessous, de sorte qu'ils soient également parallèles à la ligne du milieu. Enfin, plie toute la base en deux.

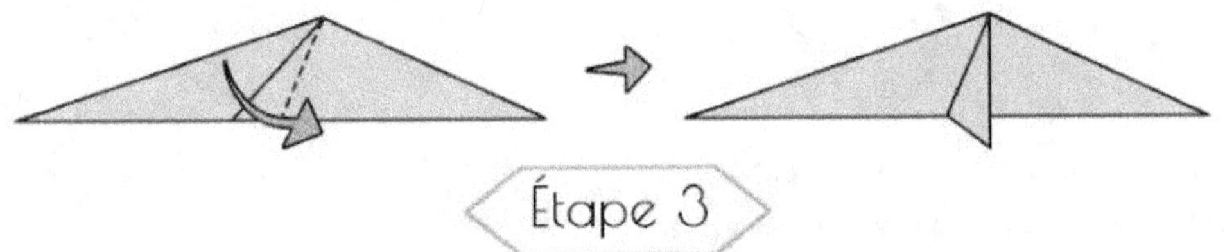

Plie les rabats situés des deux côtés de la feuille jusqu'à ce que leur bord soit vertical.

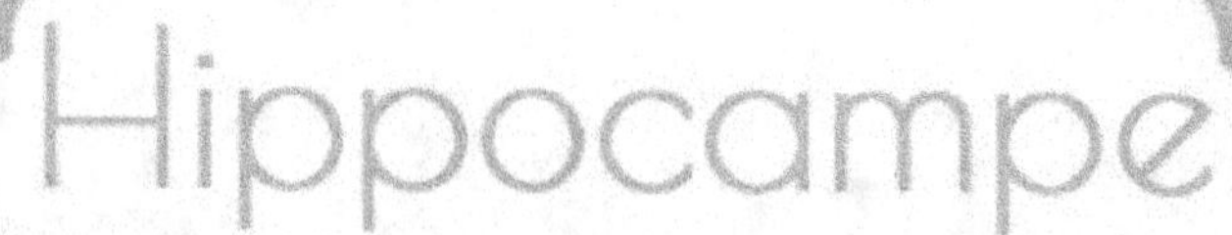

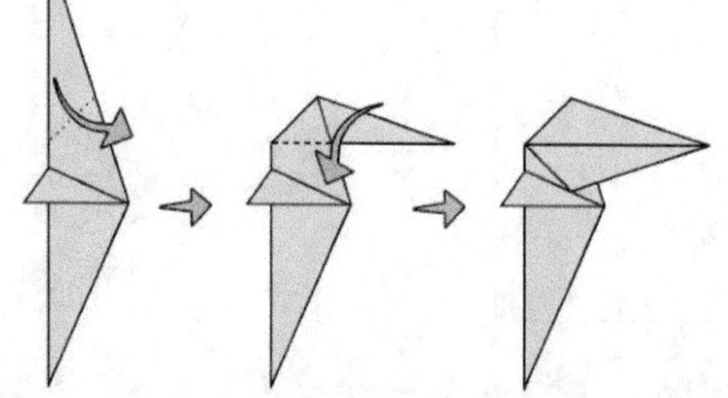

Fais un pli inversé intérieur
à mi-hauteur de la base,
puis plie la couche supérieure
vers le bas pour l'ouvrir.

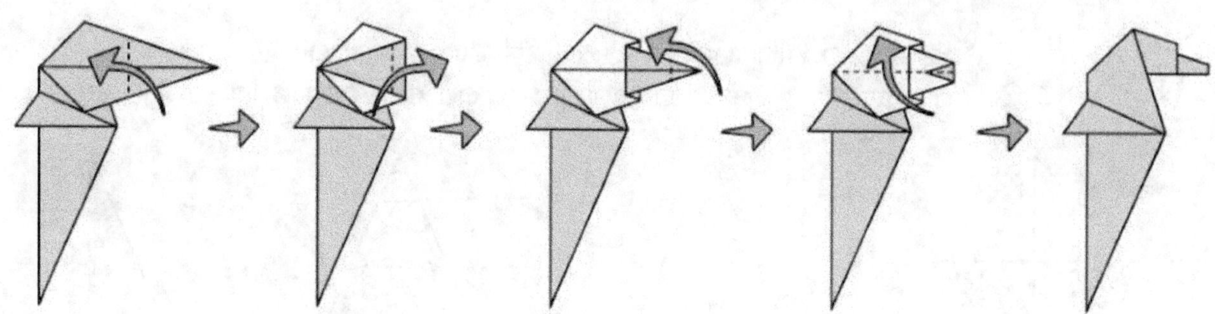

Plie le rabat que tu as ouvert à l'étape précédente en deux vers la gauche.
Maintenant, laisse un petit espace avant de le replier vers la droite, puis un autre
quand tu le replie vers la gauche. Ferme le pli inversé en le repliant vers le haut.

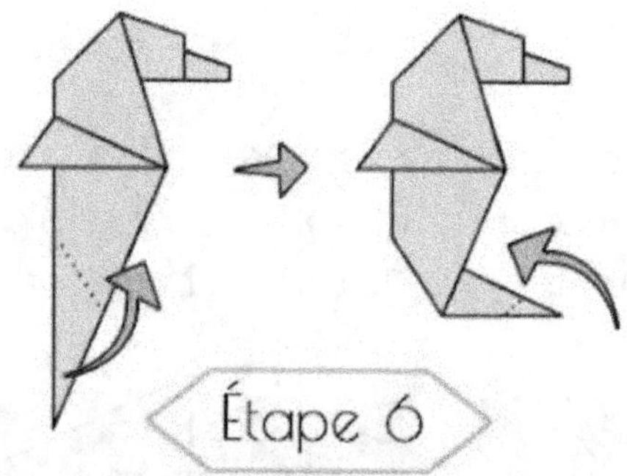

Applique un pli inversé intérieur à la moitié située en
bas de l'hippocampe. Ensuite, applique un pli vallée à la
pointe et déplie-le pour faire une marque, sépare
légèrement les couches de papier et plie-les vers
l'arrière en suivant la marque. C'est ce qu'on appelle
un pli inversé extérieur.

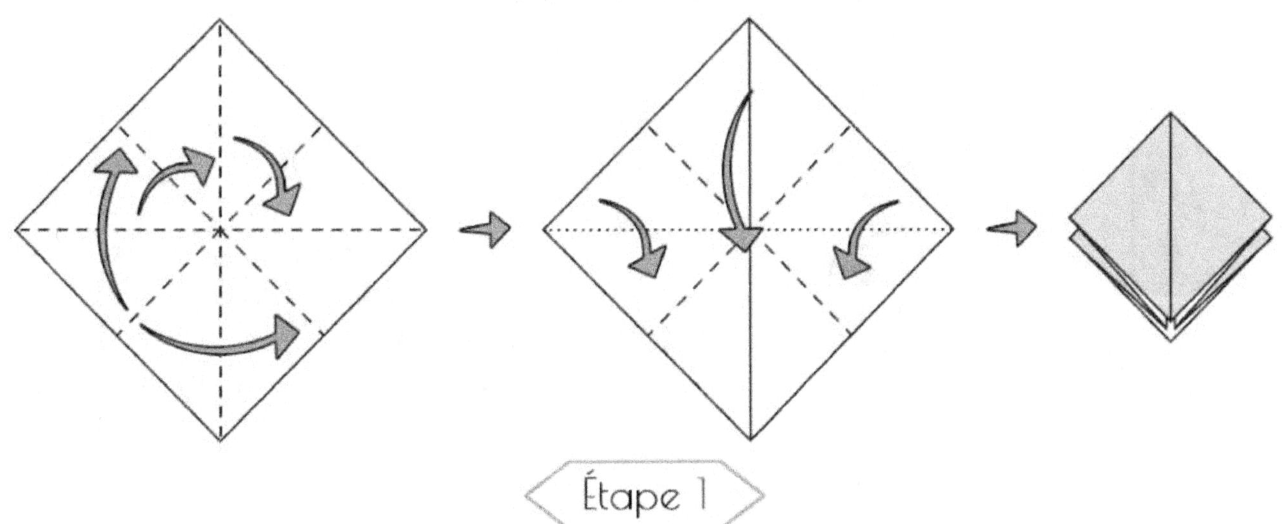

Plie la feuille à l'horizontale, à la verticale et le long des deux diagonales, puis déplie-la. Plie ensuite les coins supérieur et latéraux vers le bas et vers le coin inférieur, de sorte que la feuille devienne un carré plus petit.

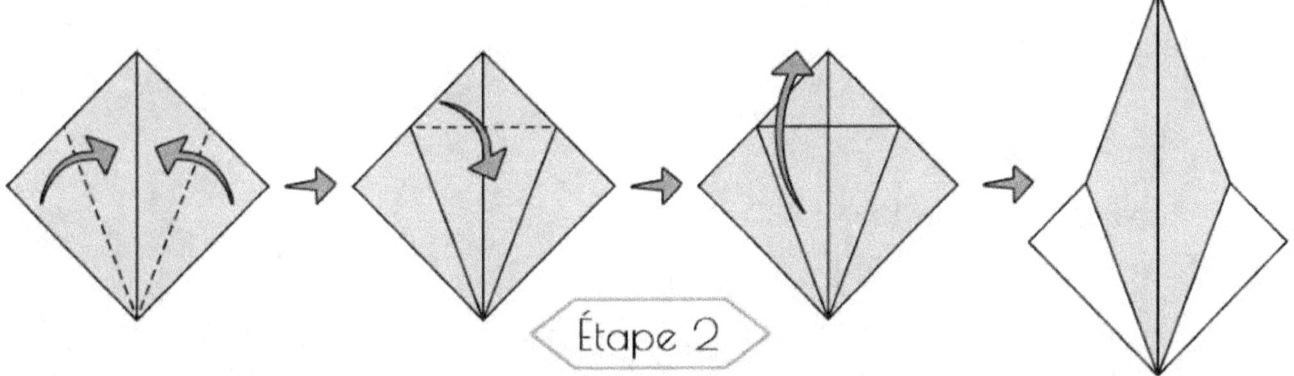

Plie les côtés vers la ligne médiane, le coin supérieur vers le bas, et déplie-les. Ensuite, tire le coin inférieur vers le haut tout en suivant la marque du pli.

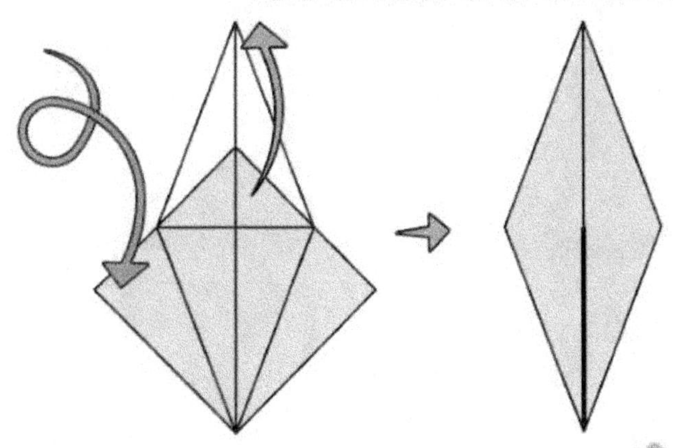

Retourne la base et répète l'étape précédente de l'autre côté en suivant les mêmes marques. Remarque : il y a une ouverture au niveau de la moitié inférieure de la ligne médiane.

Colibri

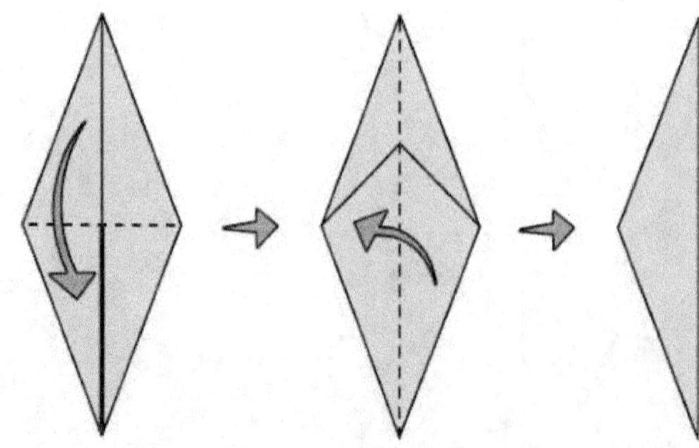

Ramène la couche supérieure vers le bas. Ensuite, plie la base toute entière en deux, dans le sens de la longueur.

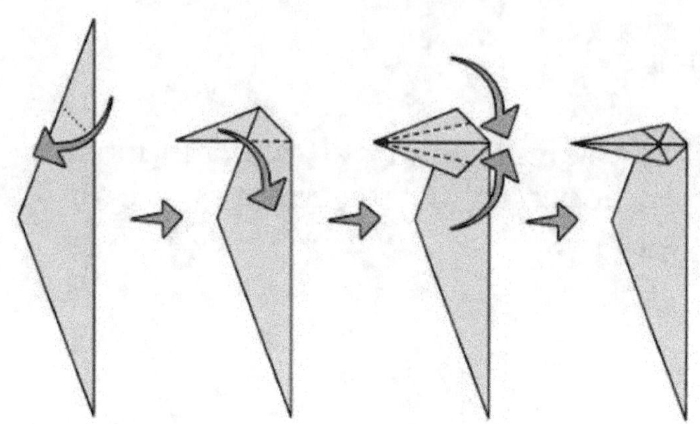

Fais un pli inversé intérieur à mi-hauteur de la base, puis plie la couche supérieure vers le bas pour l'ouvrir. Plie ensuite chaque côté en deux.

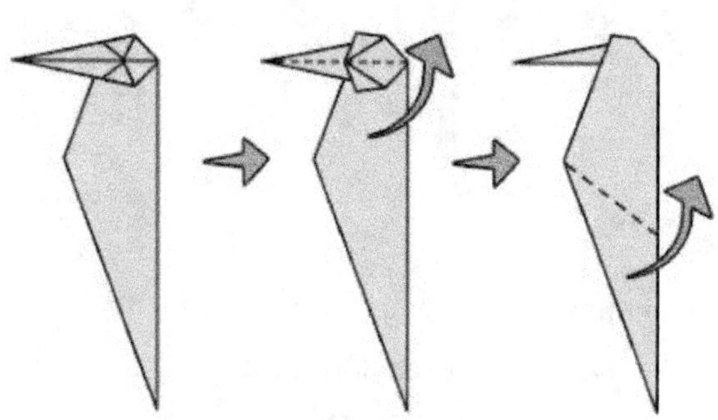

Colibri

Lorsque tu plies en deux lors de l'étape précédente, tu vas voir deux ailettes se former sur le côté droit. Tire-les pour qu'elles dépassent légèrement en haut et en bas. Ensuite, applique de nouveau un pli inversé intérieur, et plie les rabats de chaque côté au niveau de la moitié inférieure du colibri vers la droite.

Fleur de Lotus

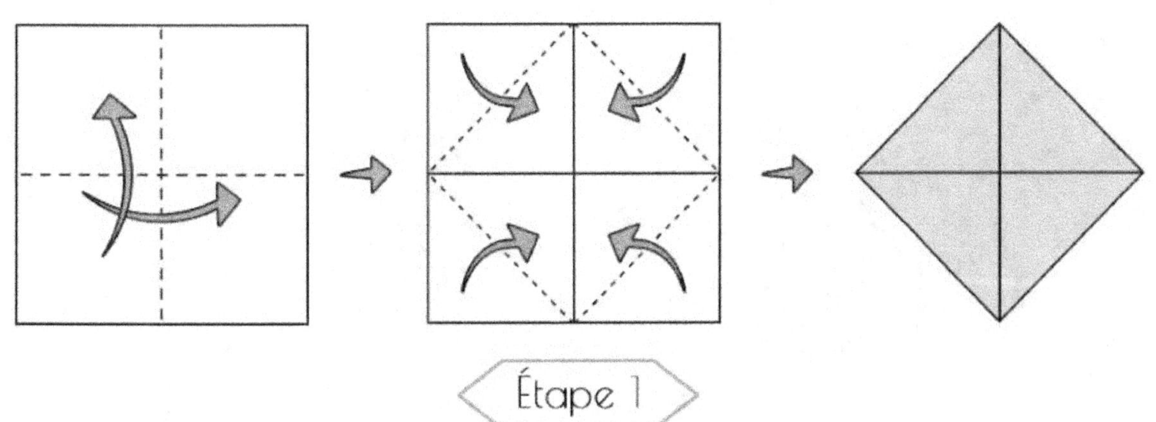

Plie la feuille en deux à l'horizontale et à la verticale, puis déplie-la. Ensuite, plie tous les coins vers le centre de la feuille.

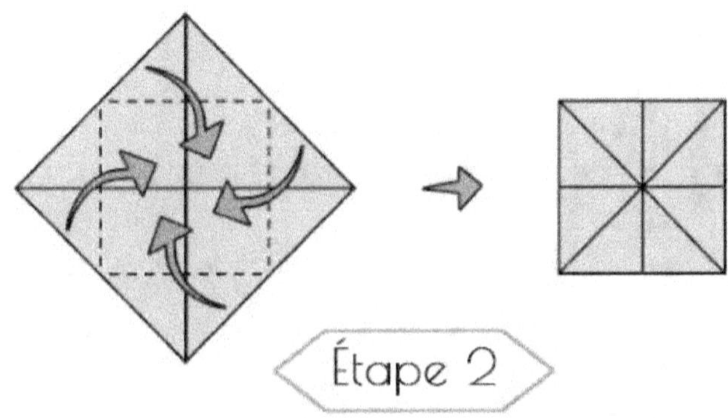

Plie de nouveau tous les coins vers le centre de la feuille.

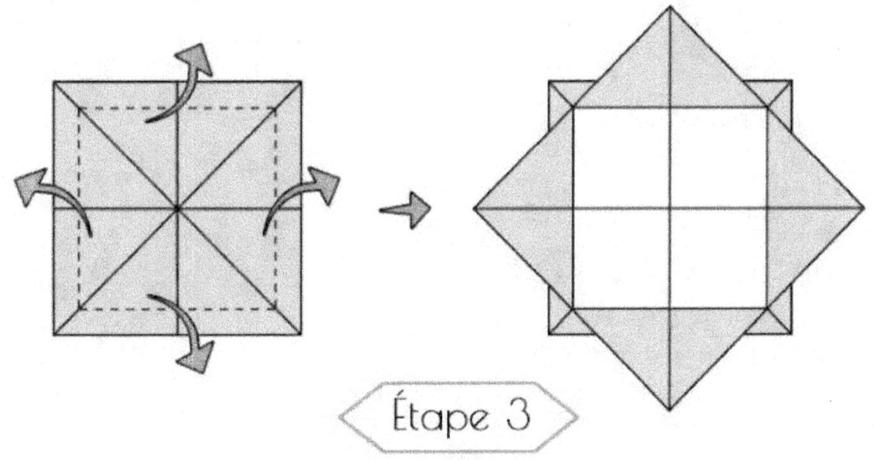

Plie les sommets des coins vers l'extérieur de manière à ce qu'ils dépassent légèrement sur les côtés.

Fleur de Lotus

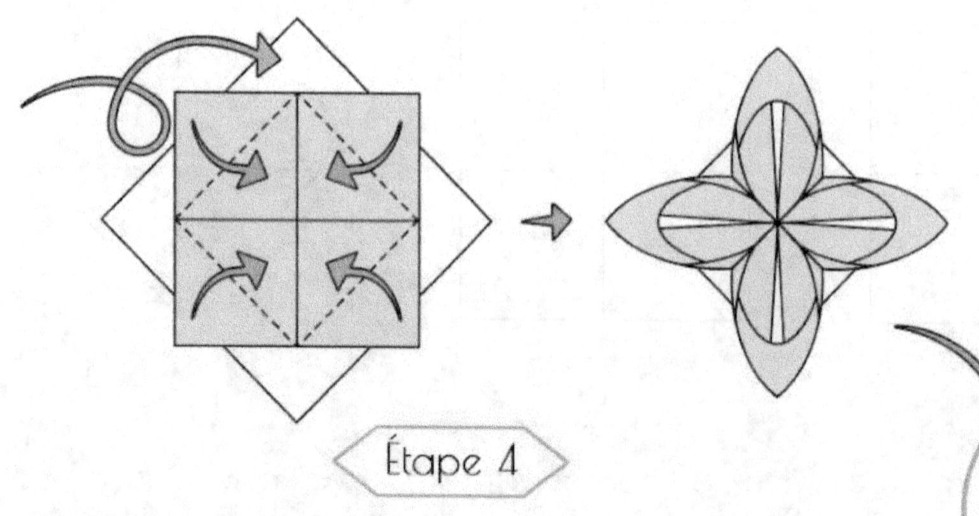

Retourne la base et plie les coins de ce qui est dorénavant la couche supérieure vers le centre de cette dernière. En les pliant, tu verras que les pointes que tu as pliées à l'étape précédente se relèvent ; une fois à la verticale, donne-leur une forme arrondie pour qu'elles ressemblent à des pétales.

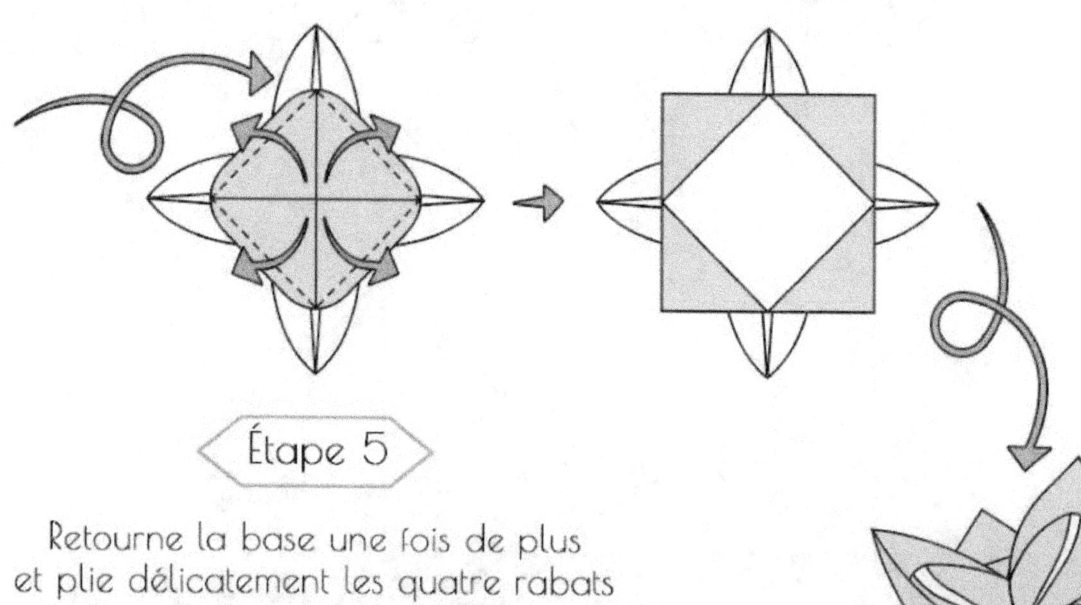

Retourne la base une fois de plus et plie délicatement les quatre rabats vers les pétales que tu viens de faire.

Brachiosaure

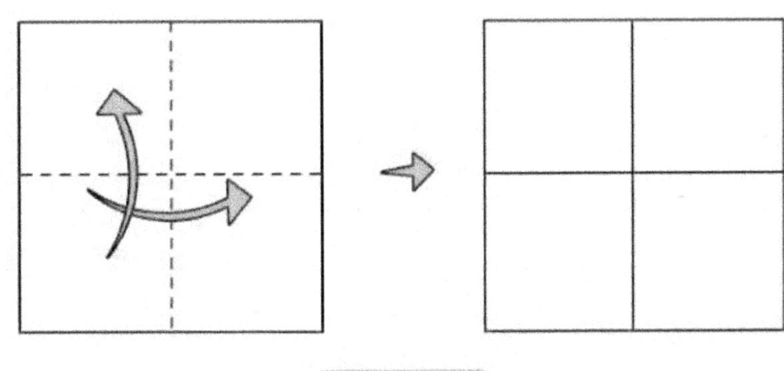

Étape 1

Plie la feuille en deux à l'horizontale et à la verticale, puis déplie-la.

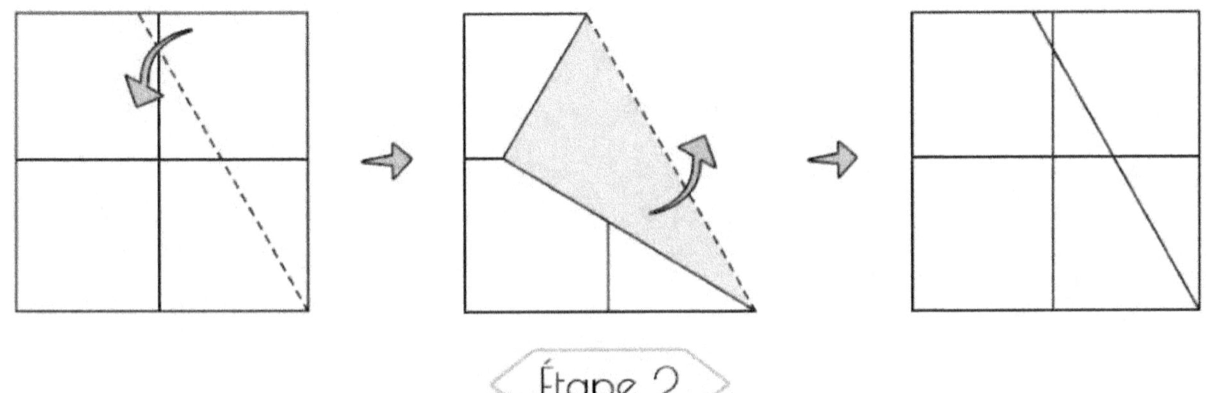

Étape 2

Ramène le coin supérieur droit vers le côté gauche du pli horizontal et déplie-le.

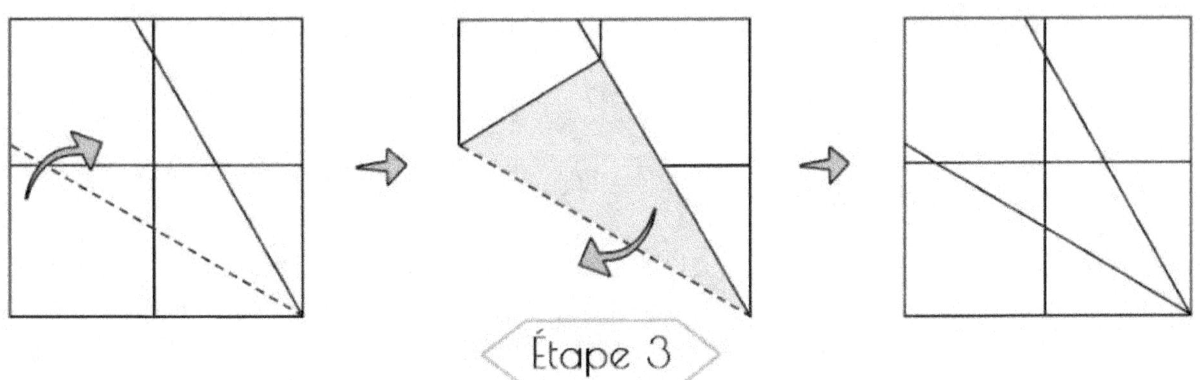

Étape 3

Ramène le coin inférieur gauche vers le côté supérieur du pli vertical et déplie-le.

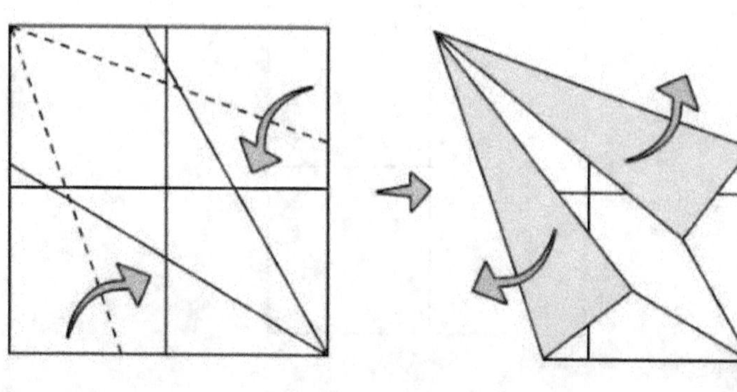

Étape 4

À partir du coin supérieur gauche, rabats les coins supérieur droit et inférieur gauche vers les plis réalisés lors des étapes 2 et 3, puis déplie-les.

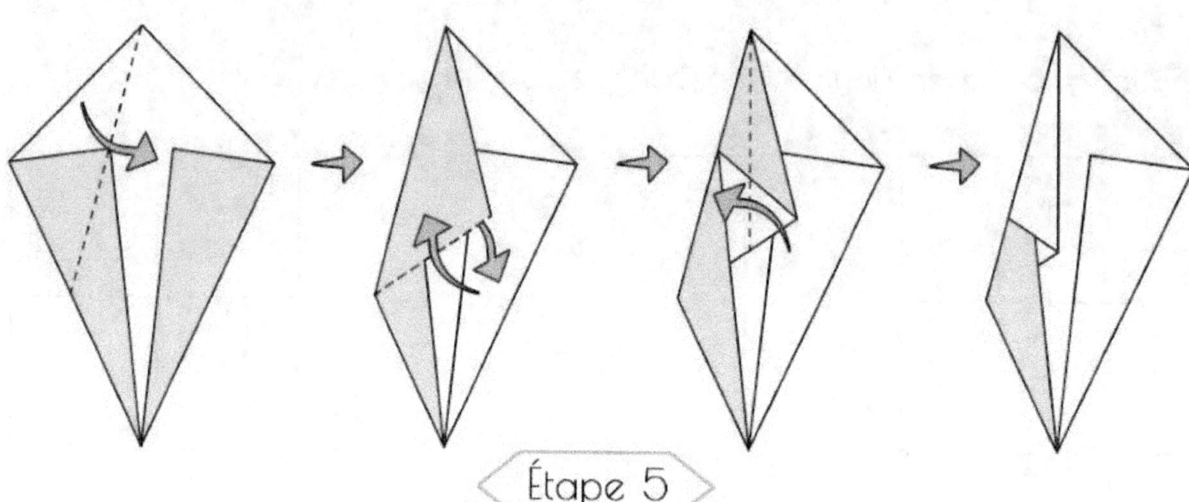

Étape 5

Tourne légèrement la base et plie le côté supérieur gauche vers l'intérieur, le long du pli réalisé lors de l'étape 2. Ensuite, déplie la couche qui se trouve juste en dessous et plie-la vers le haut en suivant le bord que tu viens de faire. Enfin, plie toute cette partie en deux vers l'extérieur.

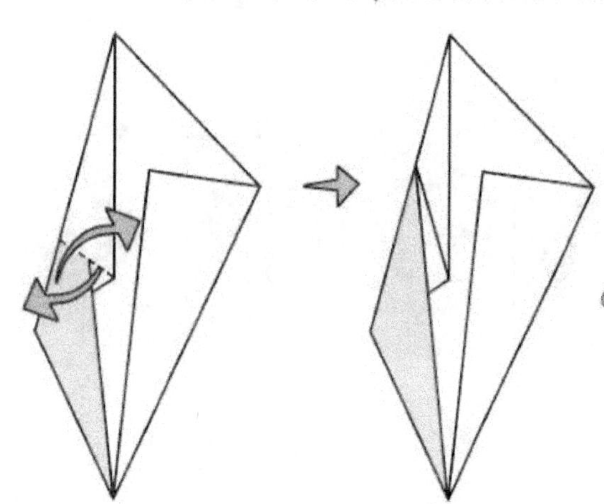

Étape 6

Une fois encore, déplie la couche juste en dessous et replie-la vers le haut vers le bord de la couche supérieure, de sorte que la pointe se trouve maintenant sur le dessus, mais toujours dans la même position.

Brachiosaure

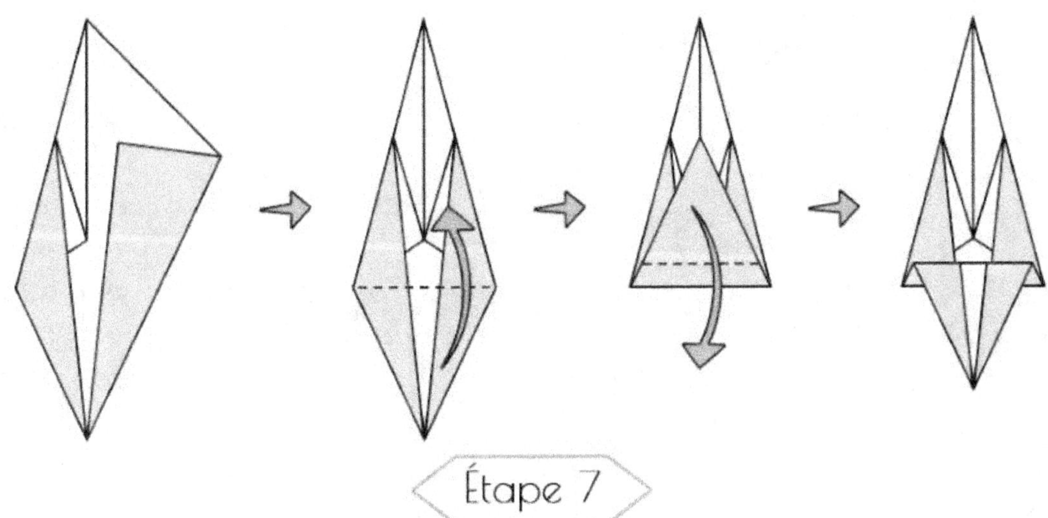

Répète les étapes 5-6 sur le côté droit de la base. Ensuite, replie le coin inférieur vers le haut et vers le bas, en laissant un petit espace entre les deux plis.

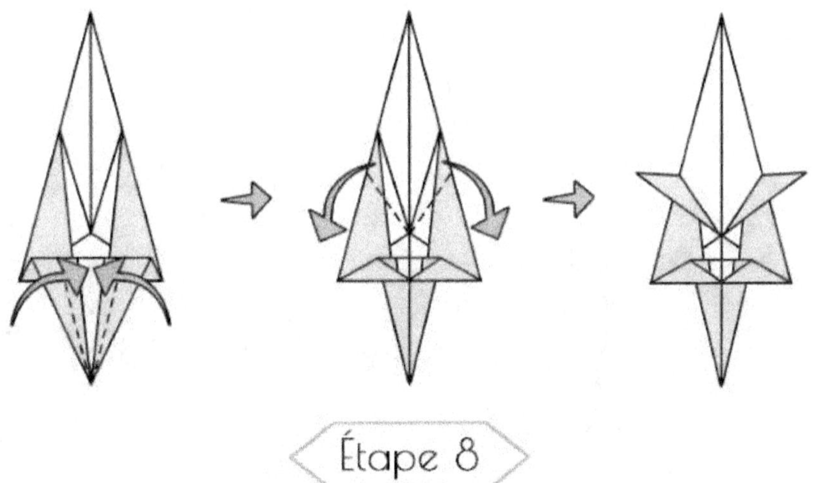

Plie les côtés de la partie inférieure vers le centre. De cette manière, tu verras que les coins se séparent de la couche inférieure : aplatis-les en forme de triangle. Plie les rabats latéraux vers l'extérieur de manière à ce qu'ils dépassent des côtés.

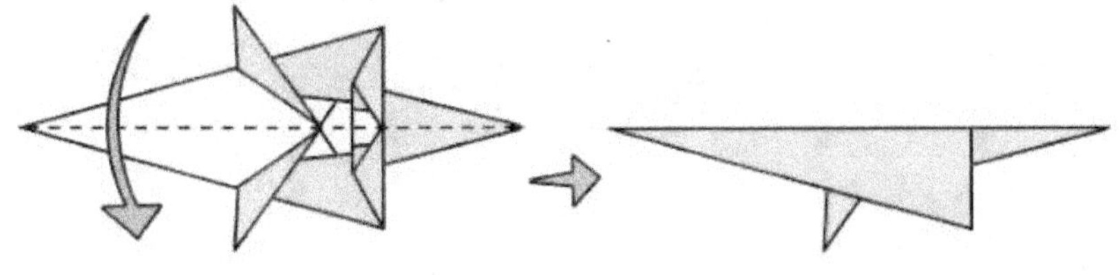

Fais pivoter la base vers la gauche et plie-la en deux.

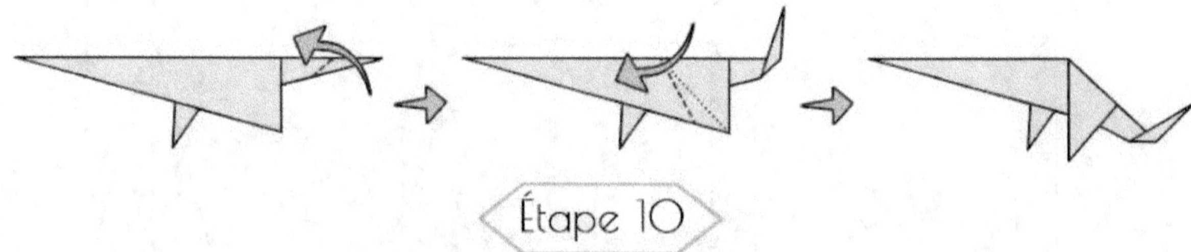

Étape 10

À l'extrémité droite, fais un pli inversé extérieur. Ensuite, ramène les deux pointes inférieures vers la gauche à l'aide d'un pli vallée et montagne, de sorte qu'elles chevauchent le reste de la base et que leur bord se retrouve à la verticale.

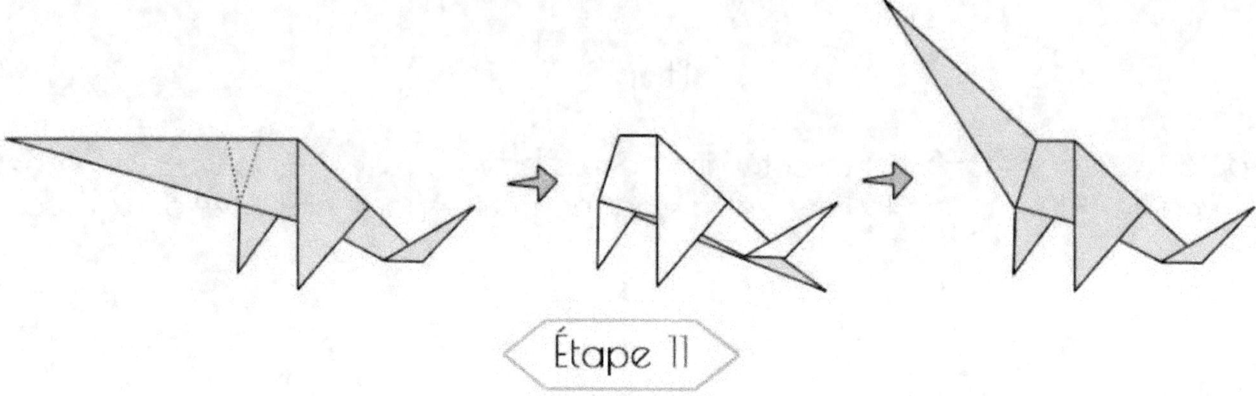

Étape 11

Fais deux plis inversés intérieurs à la suite : le premier (la ligne de droite en pointillés) fera que l'extrémité gauche du visage du brachiosaure se retrouve entre les deux couches de papier ; le second (la ligne de gauche en pointillés, invisible sur le schéma central) fera que cette extrémité pointe en biais vers le haut à gauche.

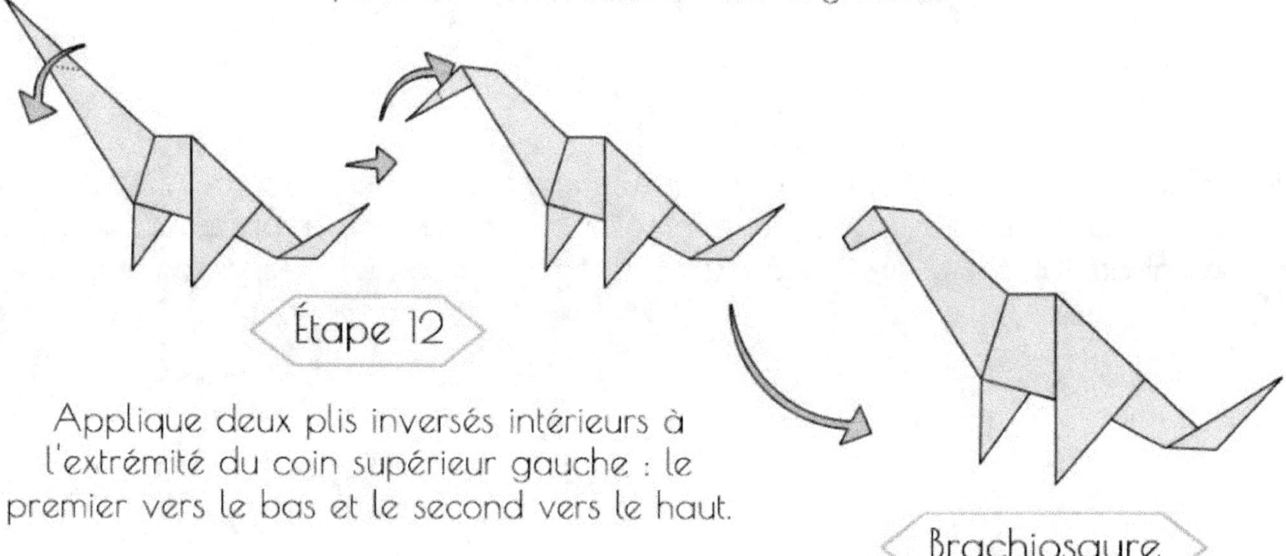

Étape 12

Applique deux plis inversés intérieurs à l'extrémité du coin supérieur gauche : le premier vers le bas et le second vers le haut.

Brachiosaure

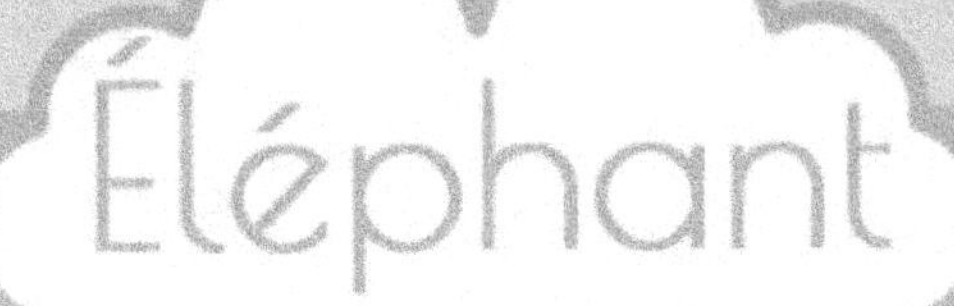

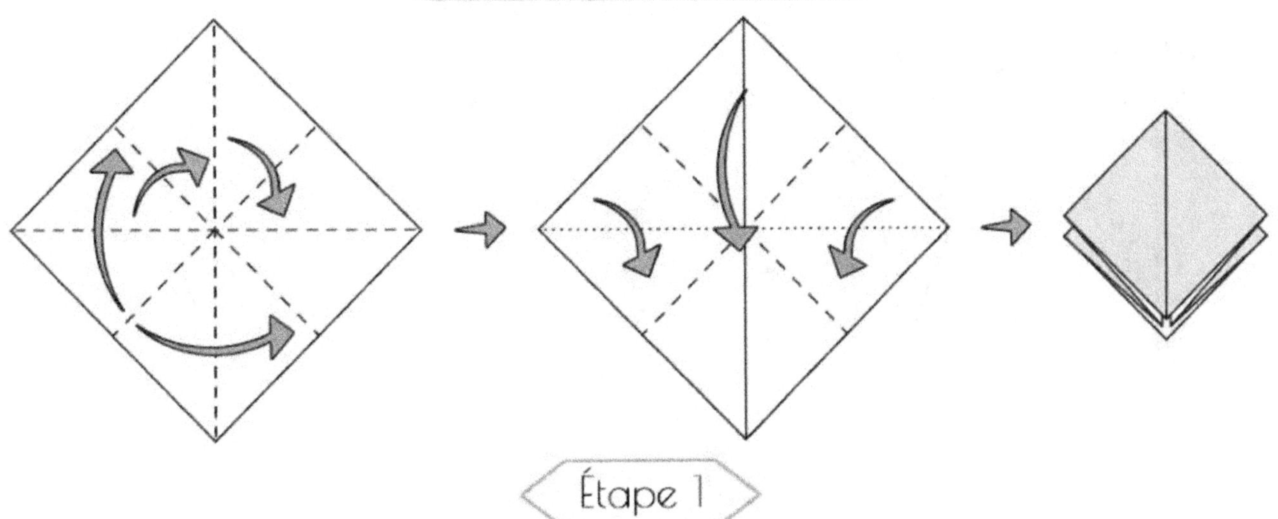

Plie la feuille à l'horizontale, à la verticale et le long des deux diagonales, puis déplie-la. Plie ensuite les coins supérieur et latéraux vers le bas et vers le coin inférieur, de sorte que la feuille devienne un carré plus petit.

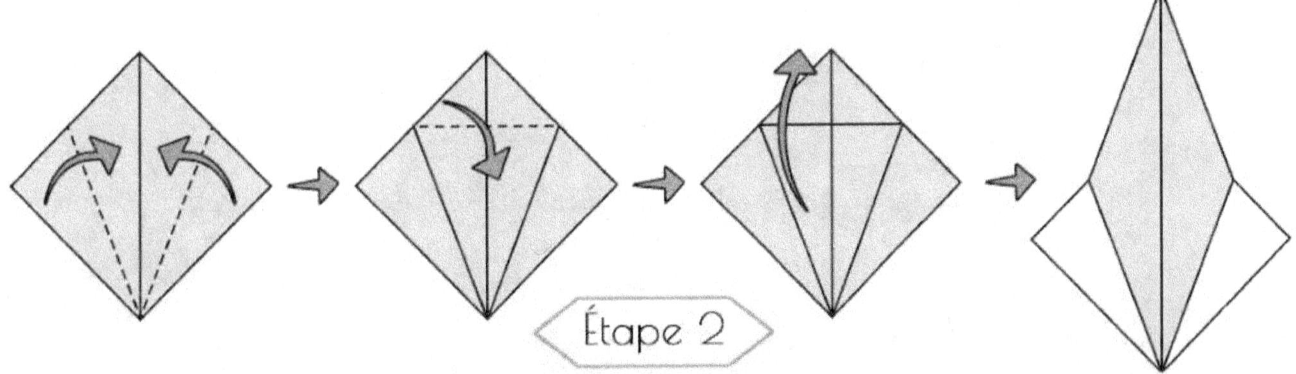

Plie les côtés vers la ligne médiane, le coin supérieur vers le bas, et déplie-les. Ensuite, tire le coin inférieur vers le haut tout en suivant la marque du pli.

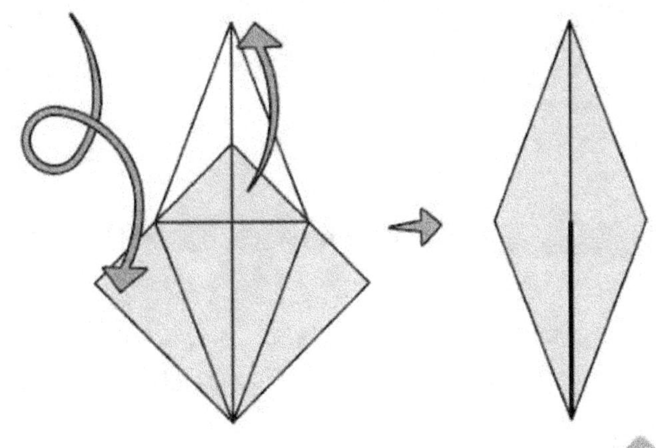

Retourne la base et répète l'étape précédente de l'autre côté en suivant les mêmes marques. Remarque : il y a une ouverture au niveau de la moitié inférieure de la ligne médiane.

Éléphant

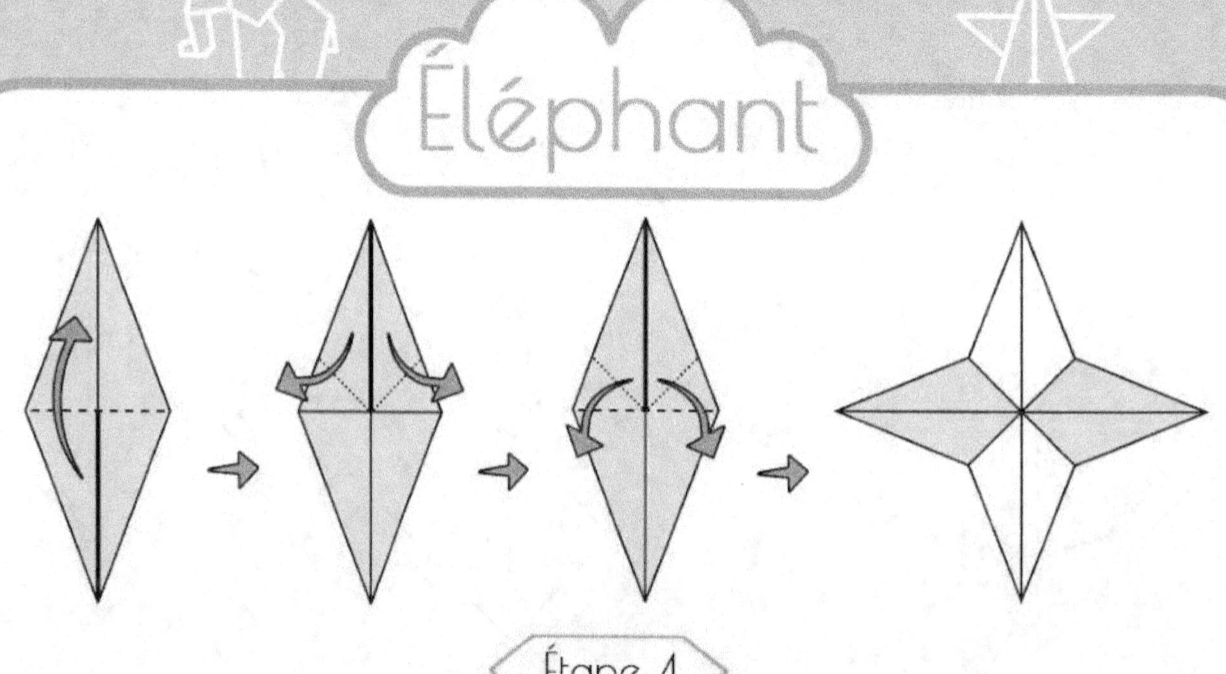

Plie la partie inférieure avec l'ouverture vers le haut, puis plie chaque côté en diagonale vers l'extérieur, et déplie-les. Chaque partie latérale possède deux couches de papier : utilise les marques des plis que tu viens de faire pour les déplier, puis appuie dessus.

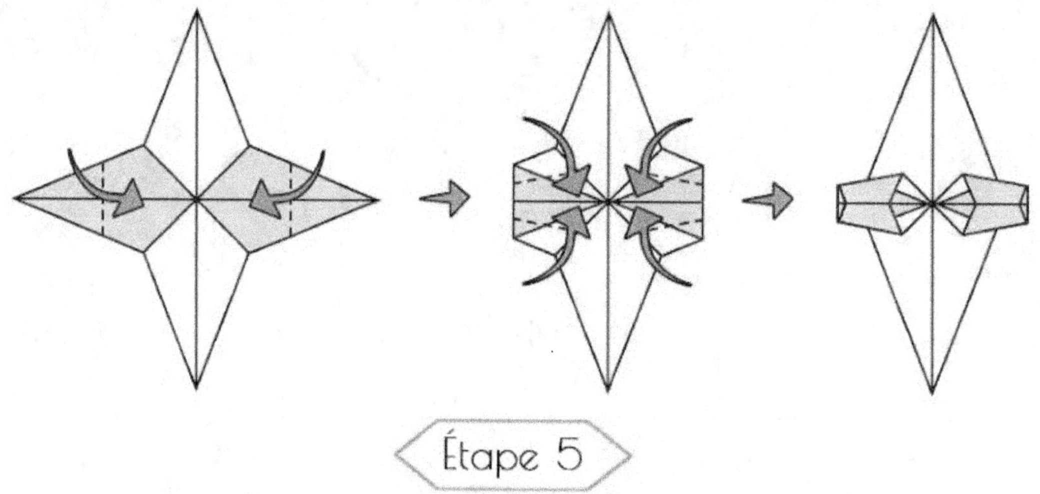

Plie les côtés en deux vers le centre, puis rabats leur bord sur la ligne médiane.

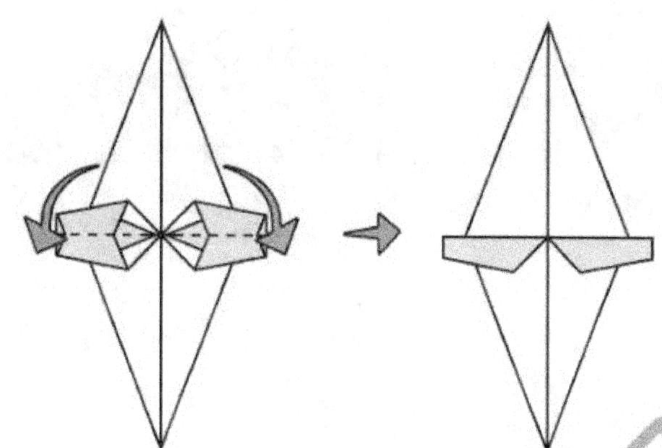

Plie les deux parties latérales en deux vers le bas. Ce sont les pattes avant.

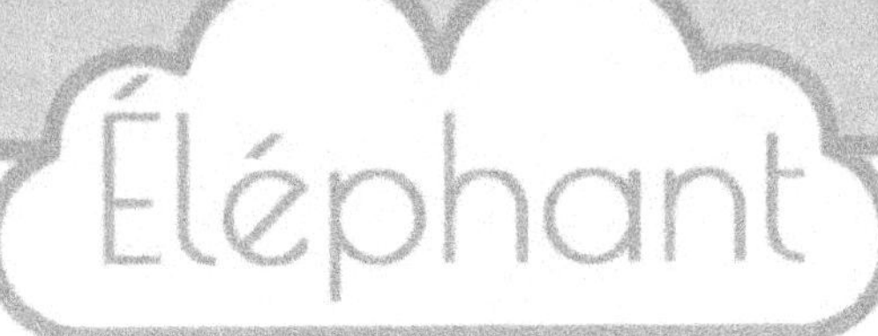

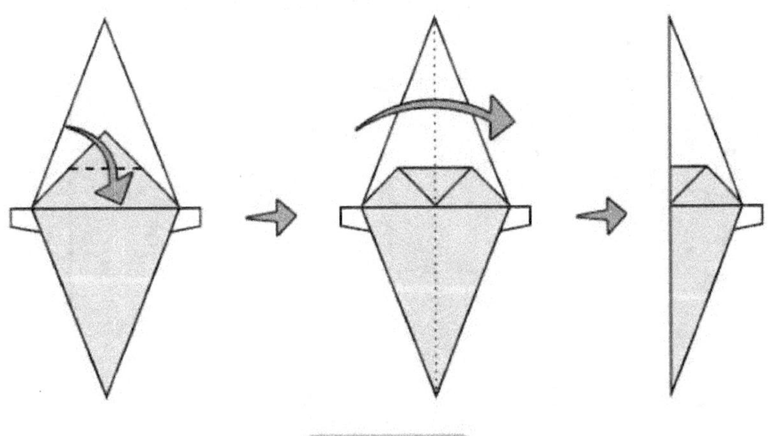

Étape 7

Retourne la base et plie en deux la pointe en son centre
vers le bas. Ensuite, plie la base toute entière en deux.

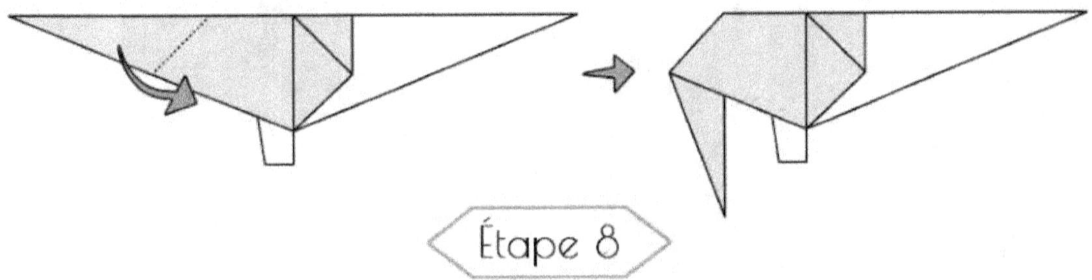

Étape 8

Fais pivoter la base vers la droite. Fais un pli inversé intérieur à l'extrémité
gauche, de sorte que son bord droit se retrouve à la verticale.

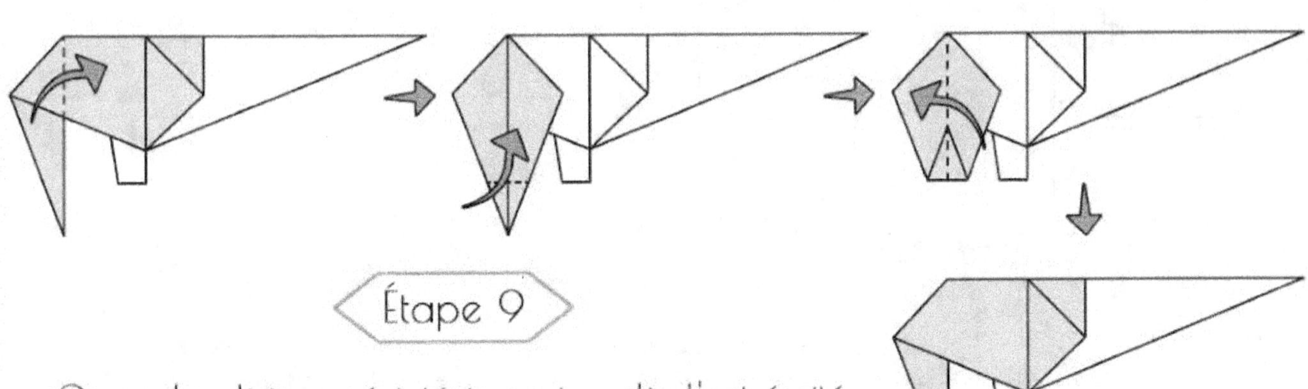

Étape 9

Ouvre le pli inversé intérieur et replie l'extrémité
inférieure vers le haut de manière à
obtenir la même taille que celle des pattes
avant. Ensuite, rabats de nouveau le pli.

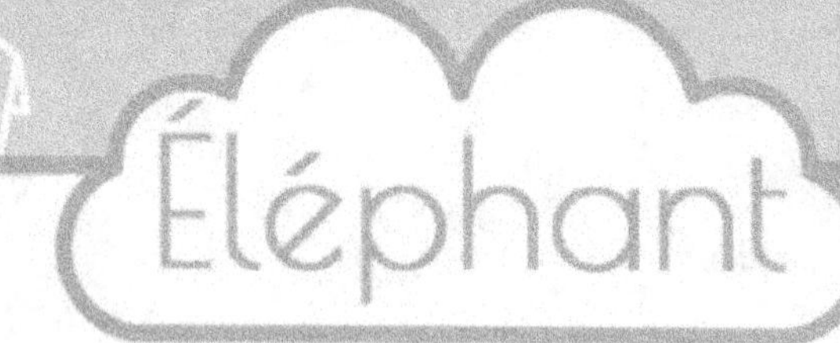

Éléphant

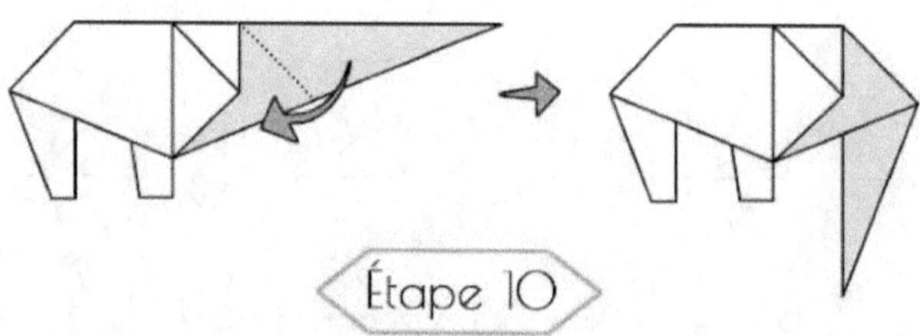

Fais un pli inversé intérieur à l'extrémité droite, de sorte
que son bord gauche se retrouve à la verticale.

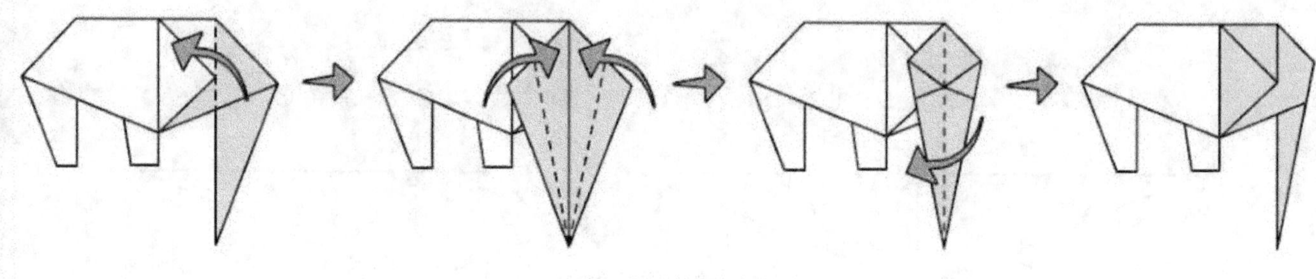

Ouvre le pli inversé intérieur et plie son bord latéral vers le milieu.
Ensuite, rabats de nouveau le pli : c'est la trompe de l'éléphant.

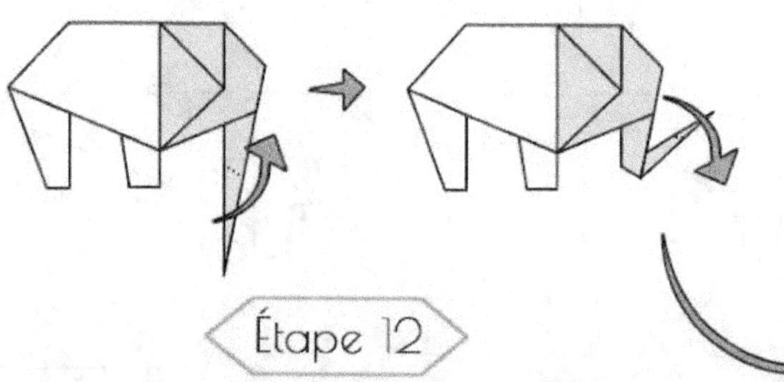

Applique un pli inversé intérieur au centre
de la trompe de façon à ce qu'elle soit
dirigée vers le haut. Ensuite, applique un
autre pli inversé intérieur presque à
l'extrémité de sorte qu'il pointe vers le bas.

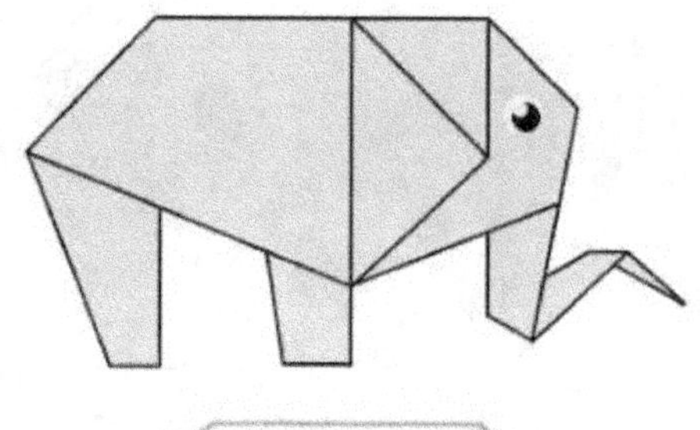

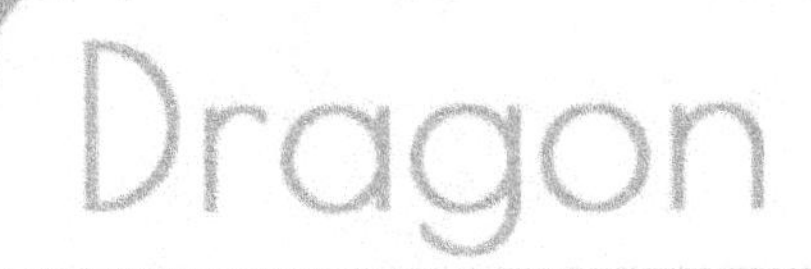

Dragon

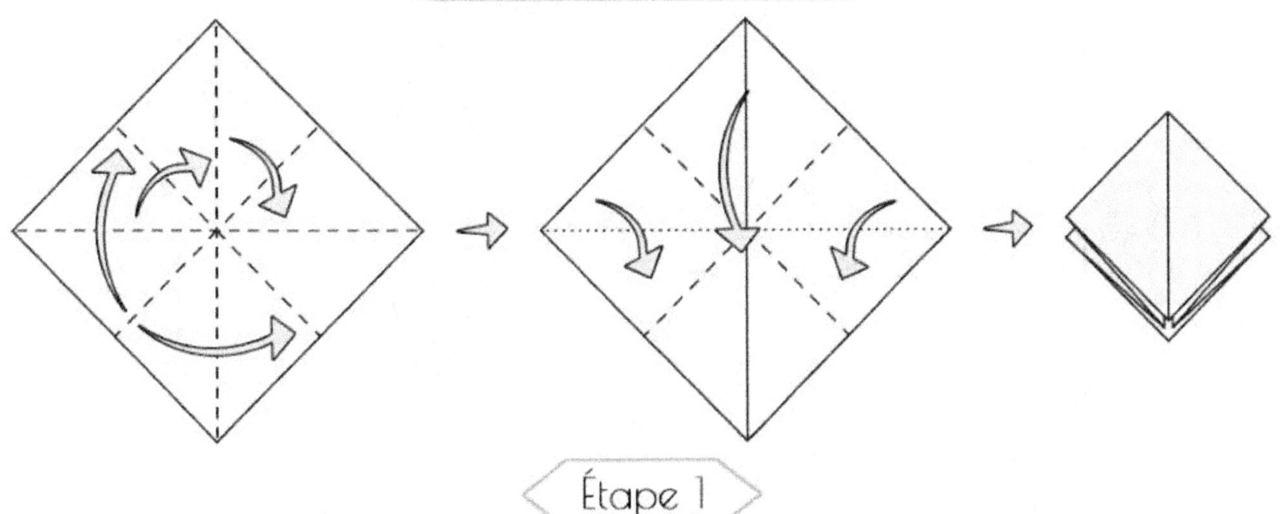

Plie la feuille à l'horizontale, à la verticale et le long des deux diagonales, puis déplie-la. Plie ensuite les coins supérieur et latéraux vers le bas et vers le coin inférieur, de sorte que la feuille devienne un carré plus petit.

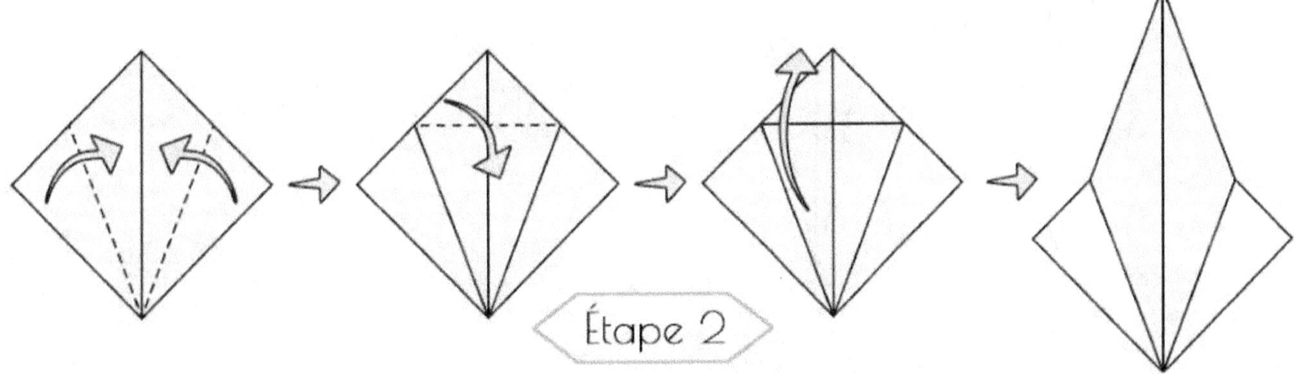

Plie les côtés vers la ligne du milieu, le coin supérieur vers le bas, et déplie-les. Ensuite, tire le coin inférieur vers le haut tout en suivant la marque du pli.

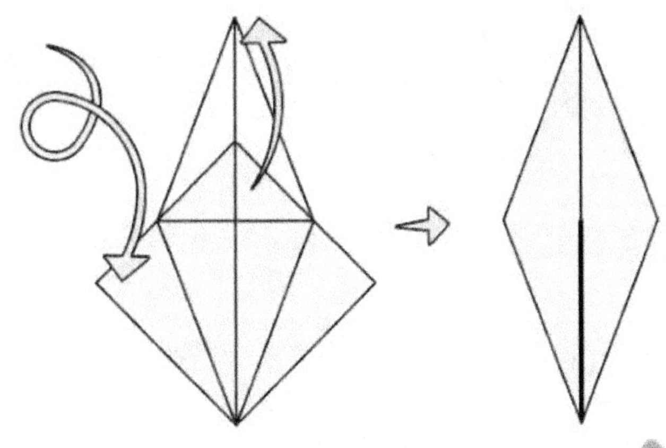

Retourne la base et répète l'étape précédente de l'autre côté en suivant les mêmes marques. Remarque : il y a ne ouverture au niveau de la moitié inférieure de la ligne médiane.

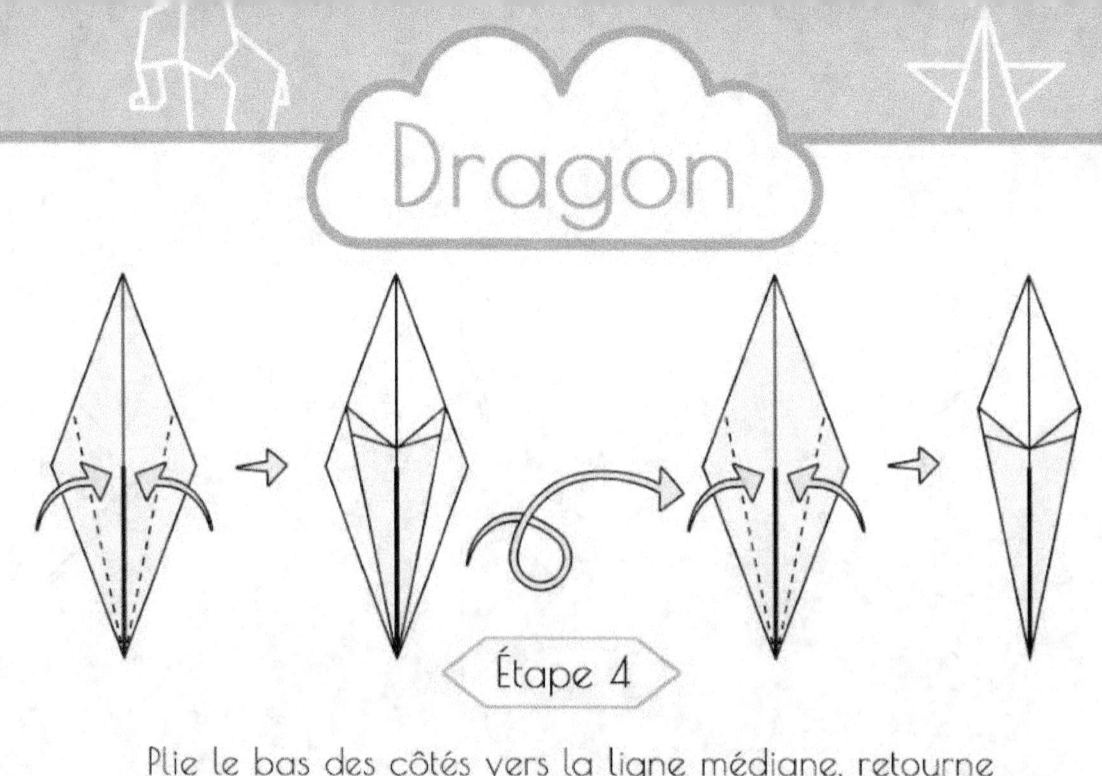

Plie le bas des côtés vers la ligne médiane, retourne
la base, et répète l'opération de l'autre côté.

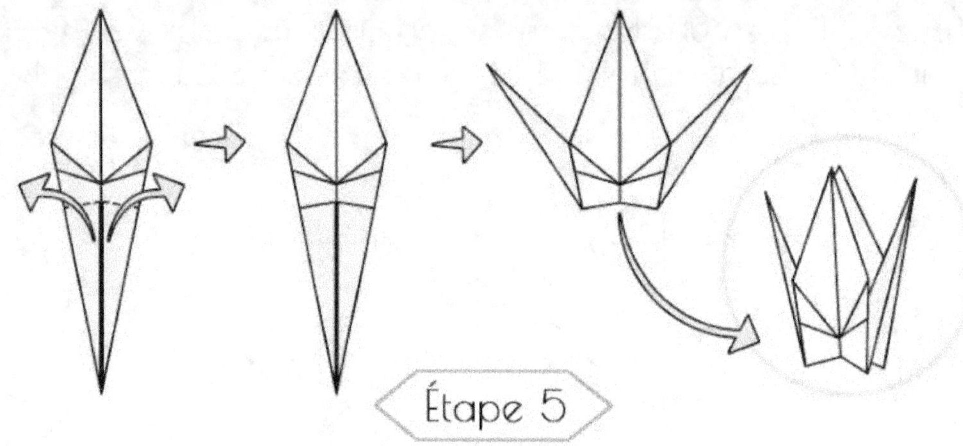

Plie les parties des deux côtés de l'ouverture légèrement en biais et déplie-les.
Ensuite, applique-leur un pli inversé intérieur, de sorte qu'ils se retrouvent à
pointer vers le haut.

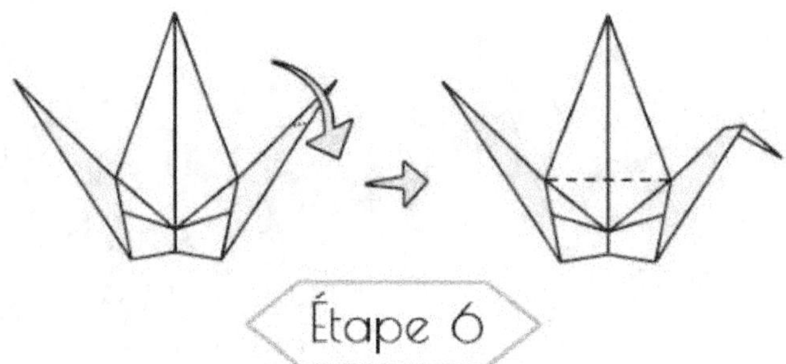

Applique un pli inversé intérieur à l'une de ces parties.

Drago

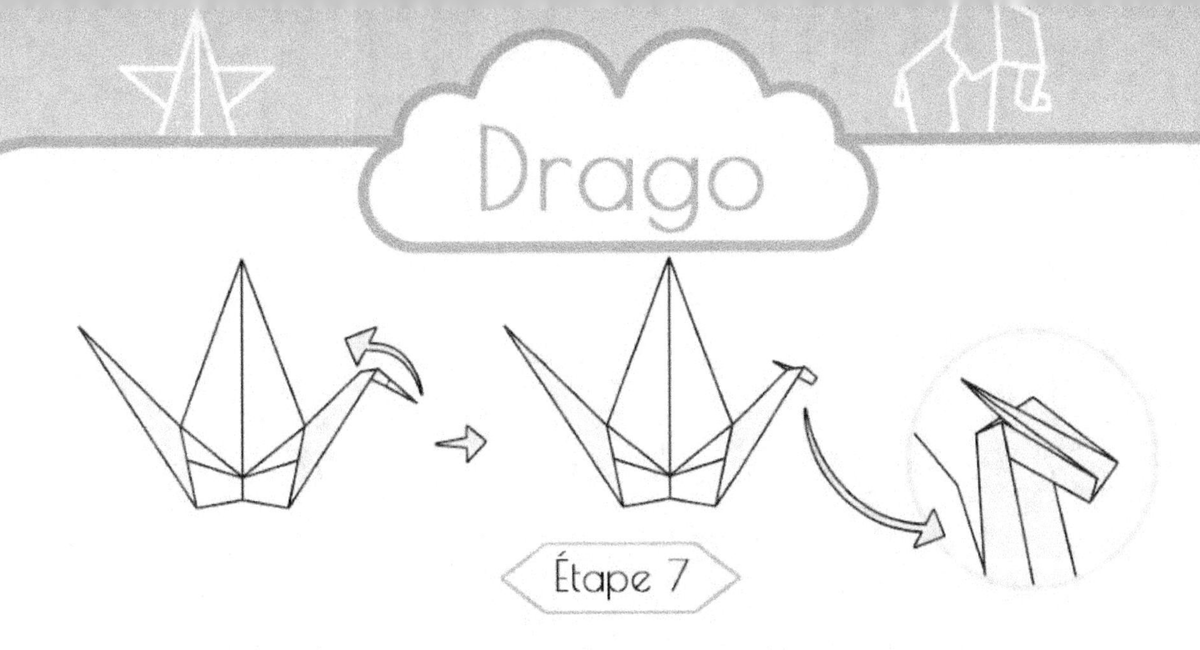

Étape 7

Applique un autre pli inversé intérieur à cette
extrémité de sorte qu'elle dépasse vers le haut.

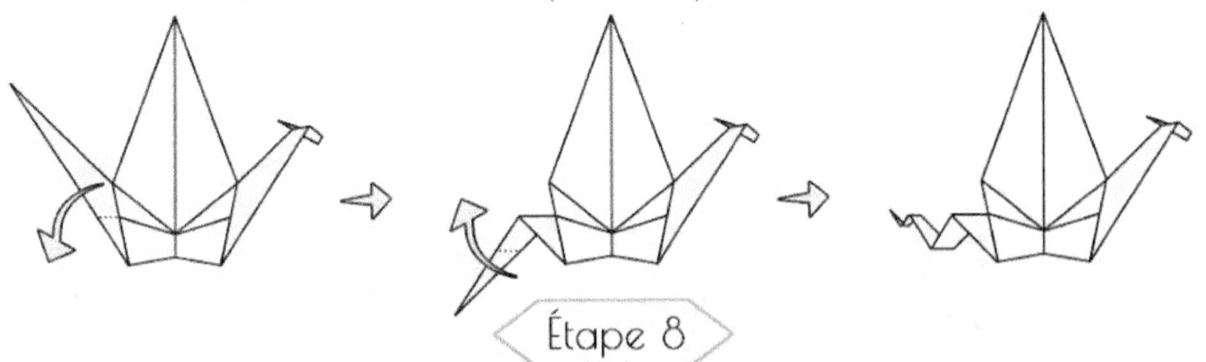

Étape 8

Applique un pli inversé intérieur à la partie opposée de manière à ce qu'elle
soit orientée vers le bas. Ensuite, applique un autre pli inversé intérieur de sorte
qu'elle soit orientée vers le haut, et continue de répéter ce mouvement jusqu'à
ce que la partie entière soit pliée.

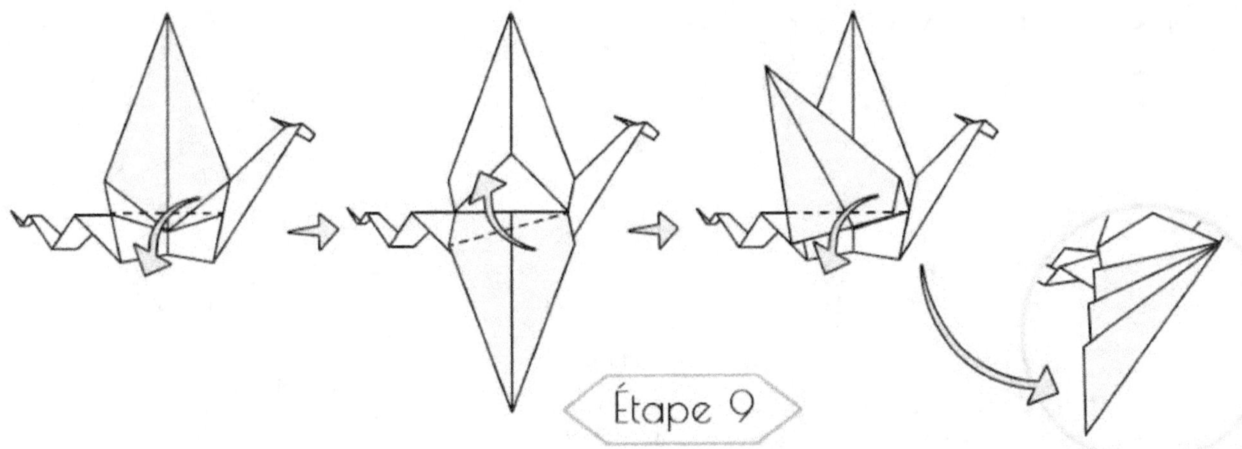

Étape 9

Plie le coin supérieur horizontalement vers le bas, puis vers le haut en biais et
vers le bas à l'horizontale. Continue de plier vers le haut et vers le bas de cette
manière jusqu'à ce que la partie entière soit pliée.

Dragon

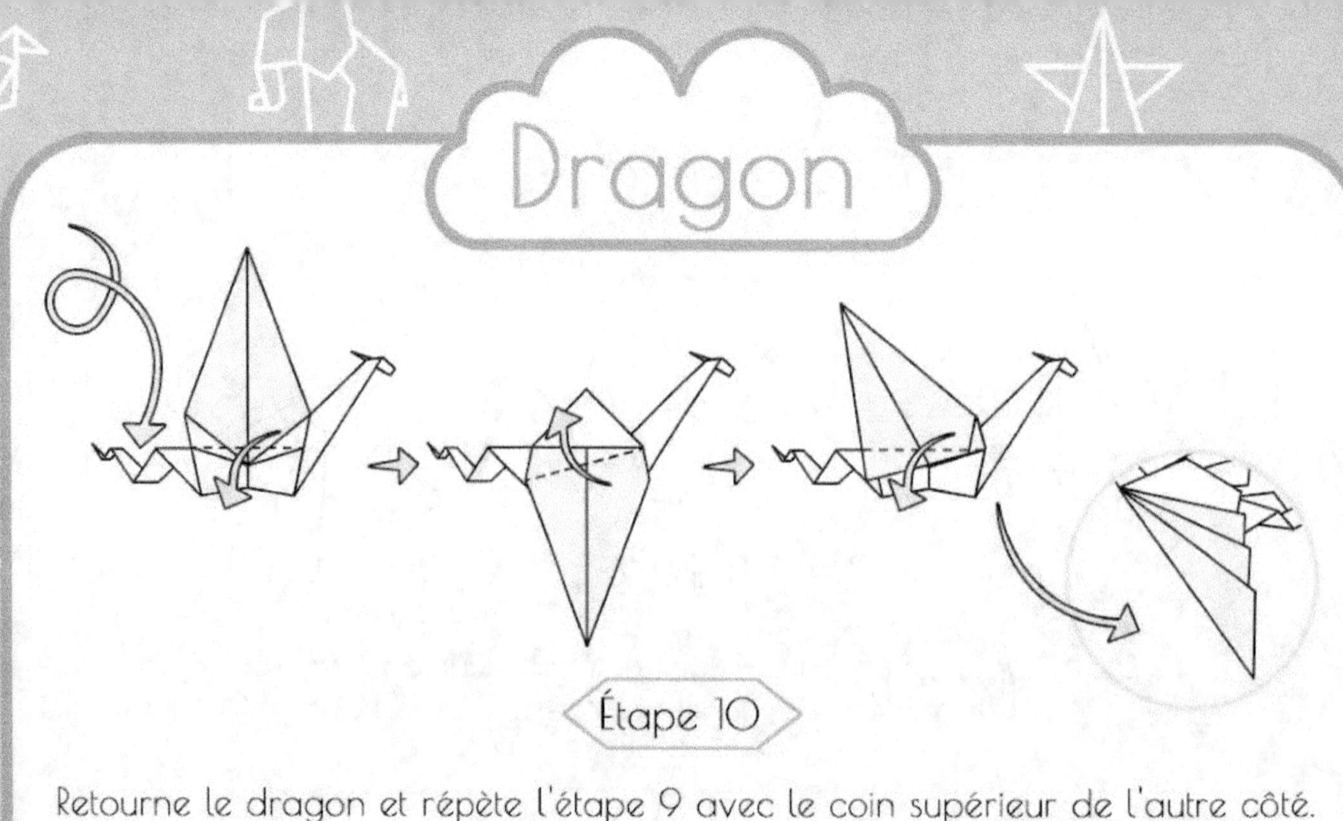

Retourne le dragon et répète l'étape 9 avec le coin supérieur de l'autre côté.

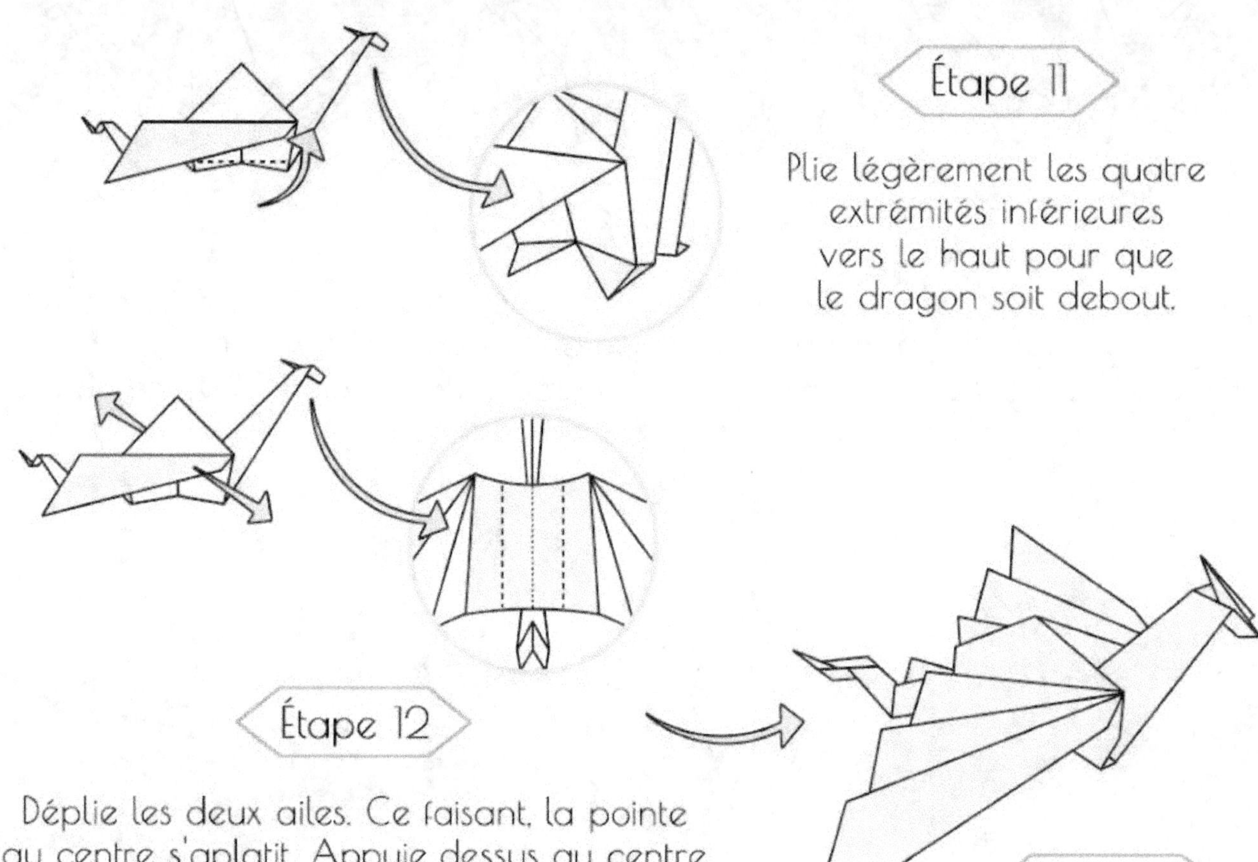

Plie légèrement les quatre
extrémités inférieures
vers le haut pour que
le dragon soit debout.

Déplie les deux ailes. Ce faisant, la pointe
au centre s'aplatit. Appuie dessus au centre
pour que deux plis vallée se forment des
deux côtés et ne dépassent pas trop de ces
derniers (voir le schéma en vue du dessus).

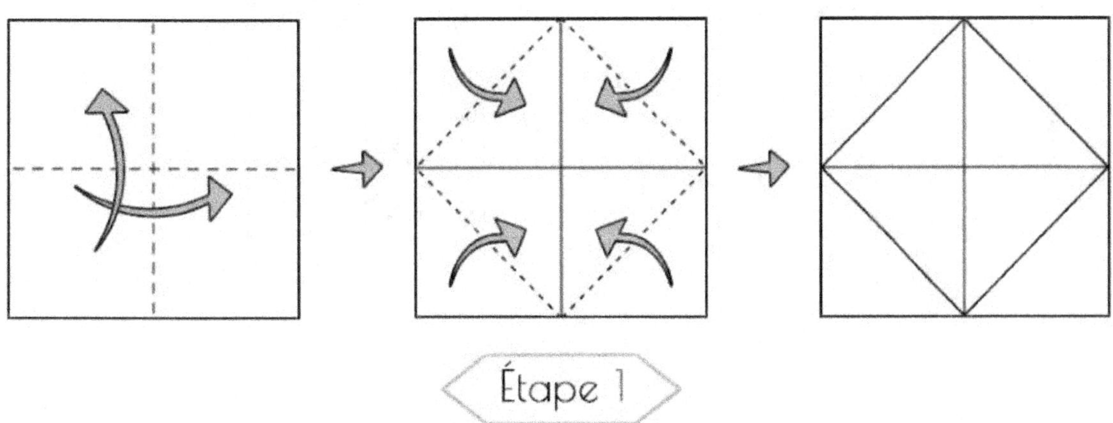

Étape 1

Plie la feuille en deux à l'horizontale et à la verticale, puis déplie-la. Ensuite, plie tous les coins vers le centre de la feuille, et déplie-les à nouveau.

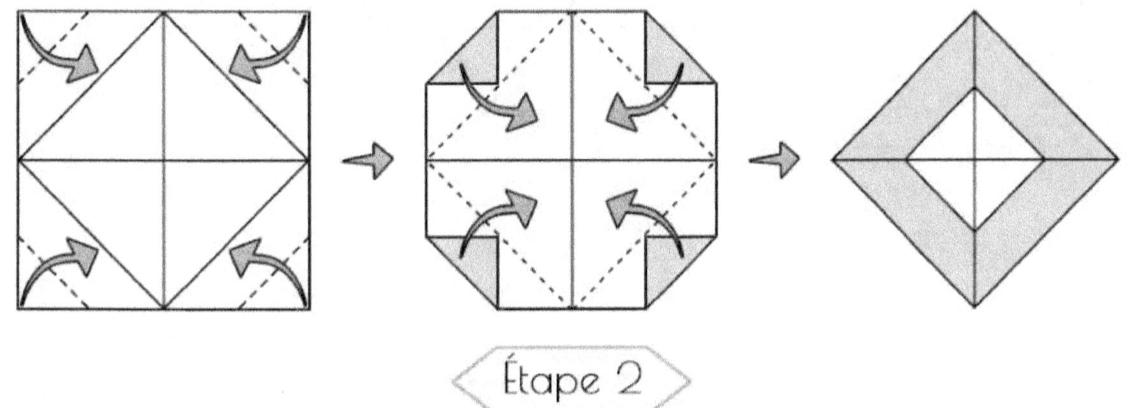

Étape 2

Plie les coins vers l'intérieur, vers les marques diagonales faites à l'étape précédente. Puis plie de nouveau vers l'intérieur le long de ces marques.

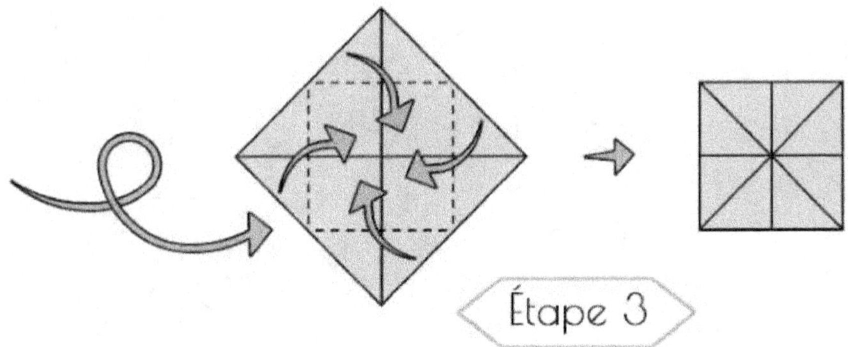

Étape 3

Retourne la base et plie tous les coins vers le centre de la feuille.

Jouet Pop-It

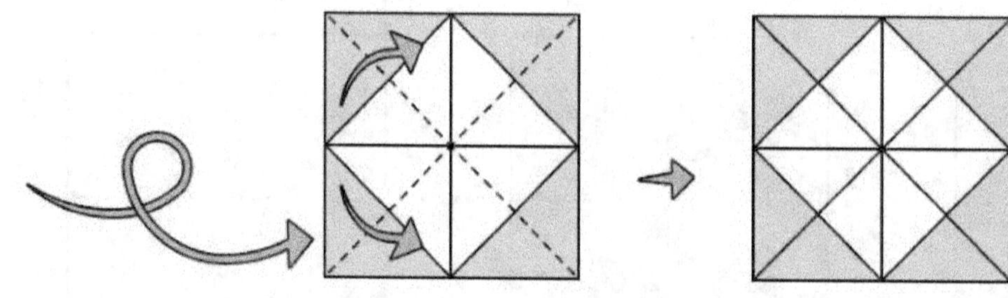

Retourne la base et plie le long des deux diagonales, puis déplie-la.

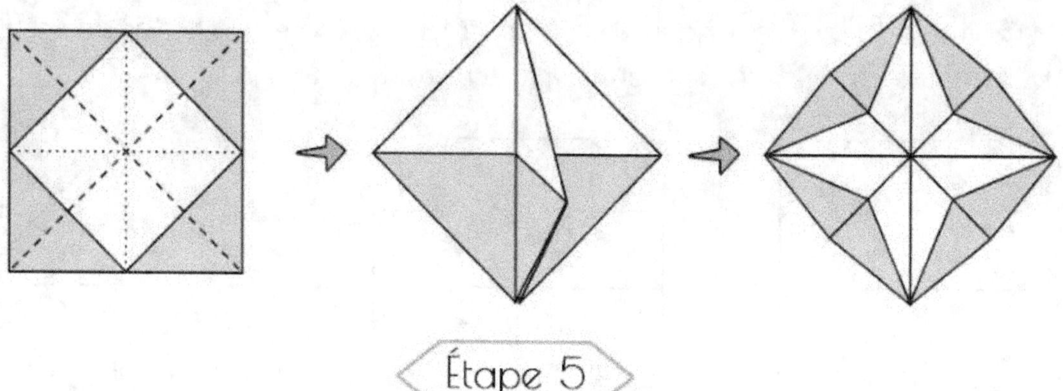

Effectue des plis montagne le long des plis verticaux et horizontaux, et des plis vallée le long des diagonales afin de réduire la base. Ensuite, ouvre légèrement ces plis, mais sans faire revenir la structure dans sa position "plate", afin de lui donner un aspect tridimensionnel.

Appuie au centre pour la faire ressortir, retourne la structure pour appuyer de nouveau et remets-la dans sa position initiale.

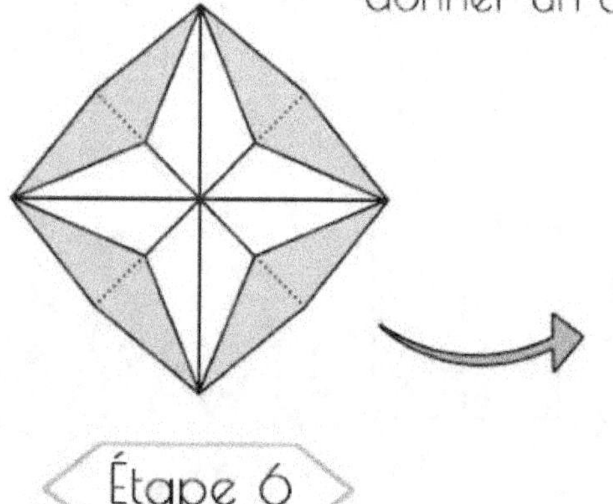

À l'aide d'un pli montagne, plie la couche supérieure le long des diagonales pour former une ailette.

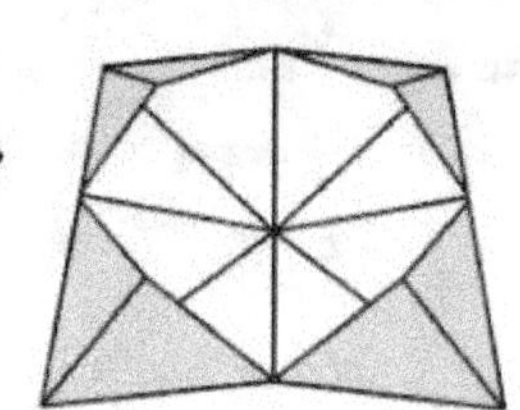

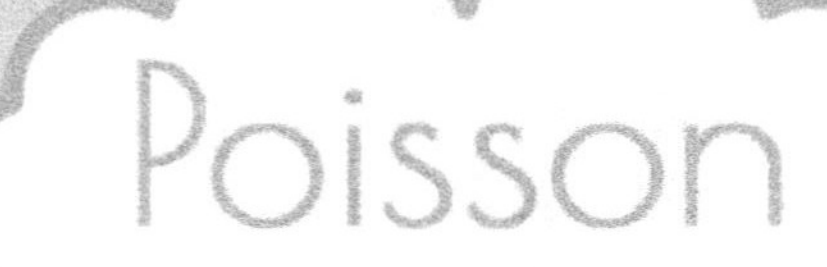

Poisson

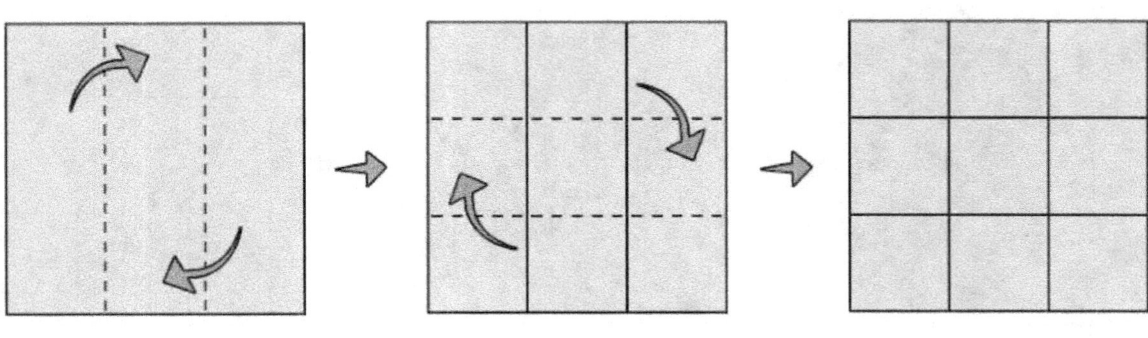

Plie la feuille en trois parties égales à l'horizontale
et à la verticale, puis déplie-la.

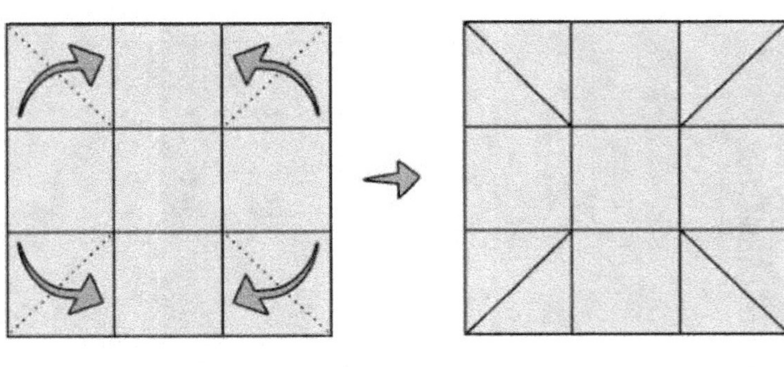

Plie les quatre carrés
d'angle en diagonale,
puis déplie-les.

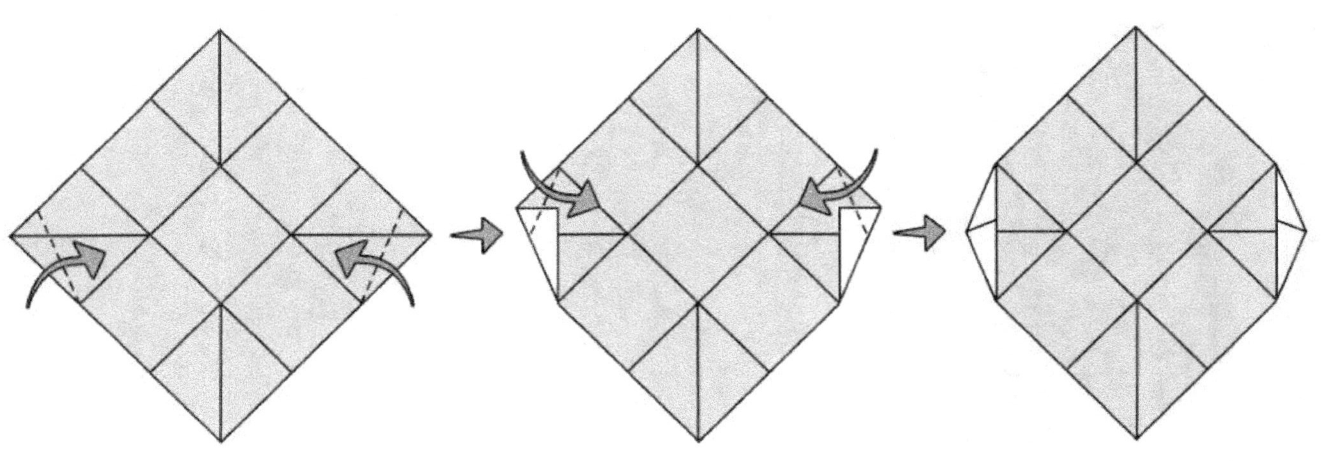

Tourne la feuille sur le côté et plie le bas des coins latéraux
vers le haut jusqu'à ce que leur bord soit vertical. Répète
l'opération avec les coins supérieurs des deux côtés.

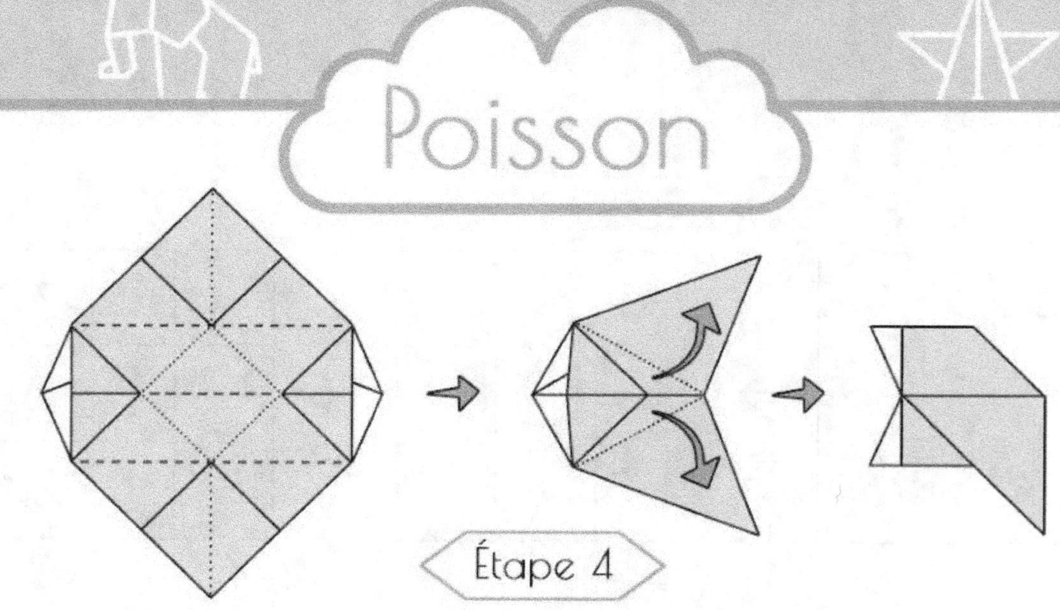

Étape 4

Réalise délicatement des plis montagne et vallée comme indiqué sur le schéma (il n'y a pas de flèches afin de montrer clairement toutes les lignes). Ensuite, plie les rabats qui se forment en haut et en bas, mets la base à la verticale et aplatis-la.

Étape 5

Plie le rabat en deux vers le haut et vers l'intérieur.

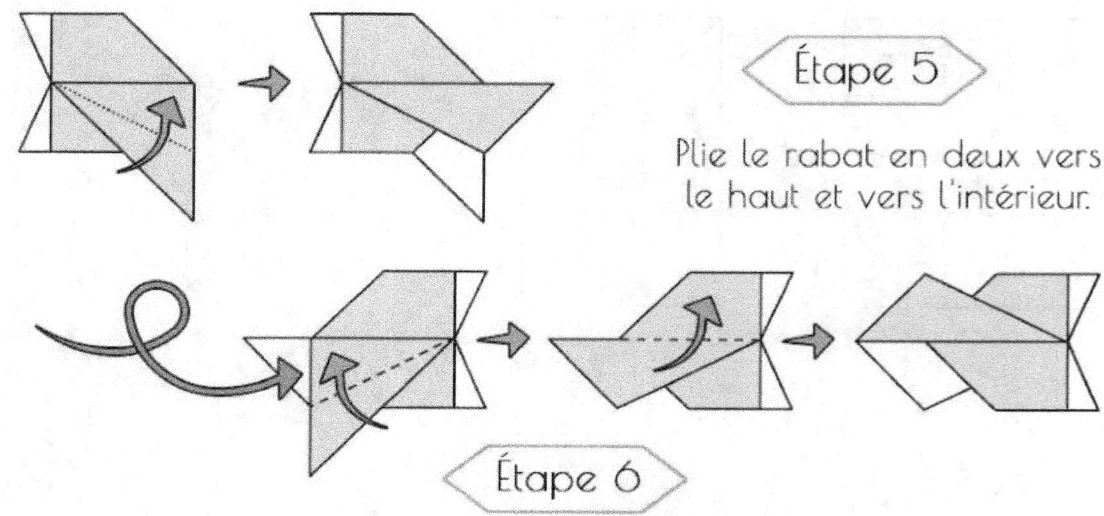

Étape 6

Retourne la structure. Plie en deux le rabat vers le haut, puis une fois encore vers le haut.

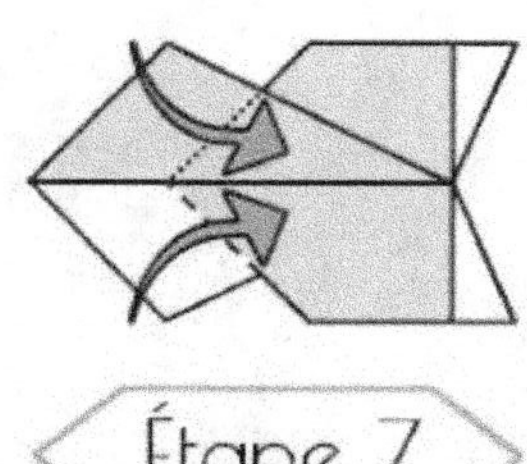

Étape 7

Plie les deux rabats vers l'espace situé entre les deux côtés du papier, de sorte que leurs bords se retrouvent en position verticale.

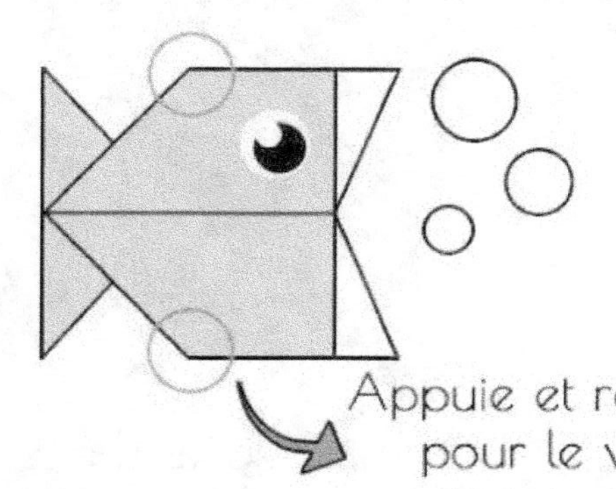

Appuie et relâche pour le voir fermer sa bouche !

Poisson

Paon

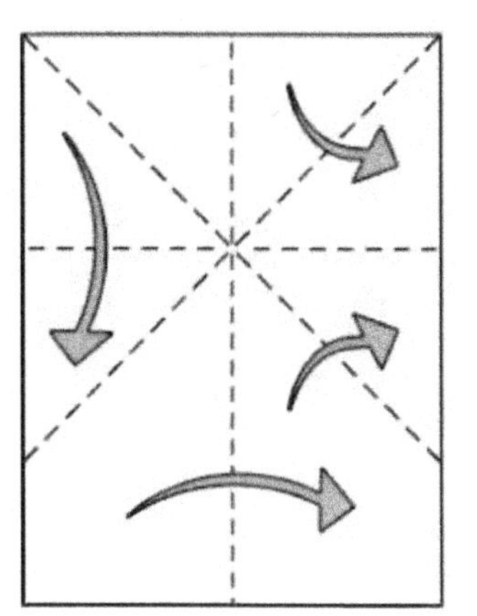 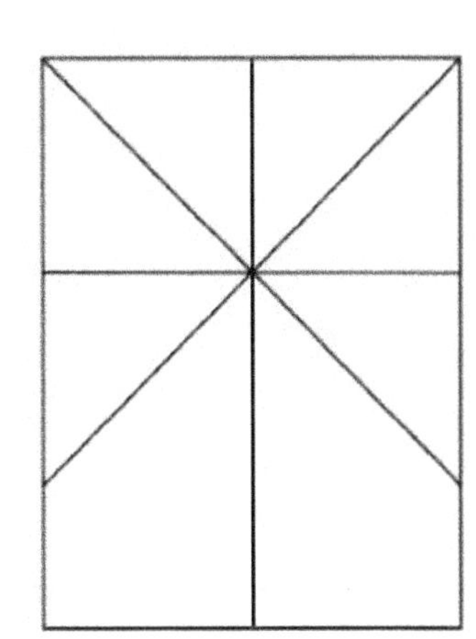

Plie les deux coins supérieurs en diagonale, puis plie verticalement et horizontalement au point de rencontre des plis, et déplie-les.

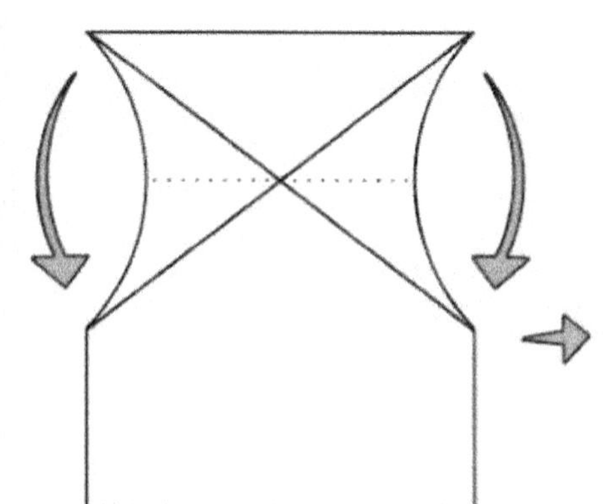 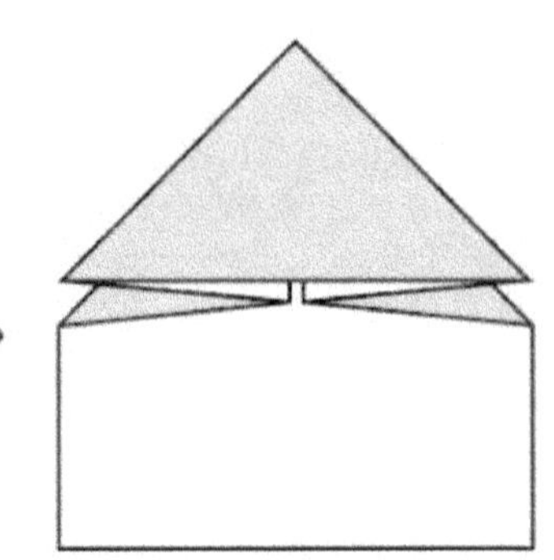

Rabats les côtés vers le centre et aplatis-les pour obtenir un triangle, tout en ayant un morceau de papier qui reste déplié (plus ce morceau est long, plus la queue sera grande).

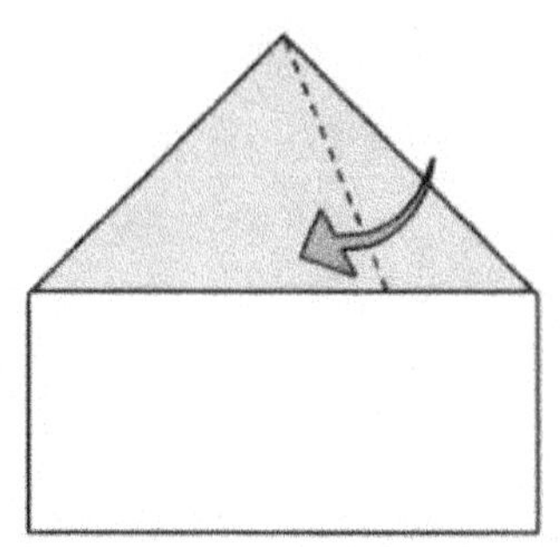 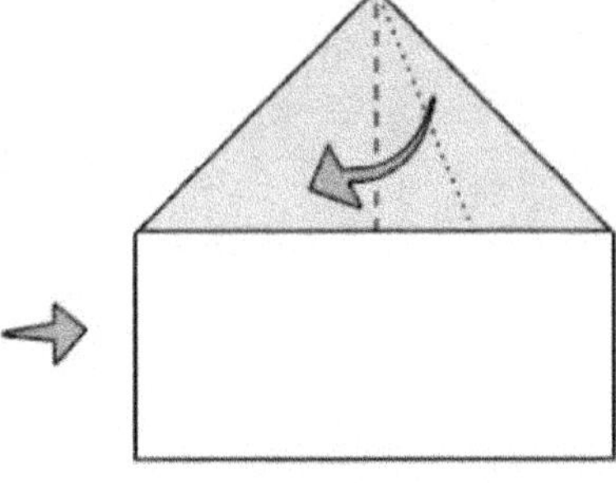 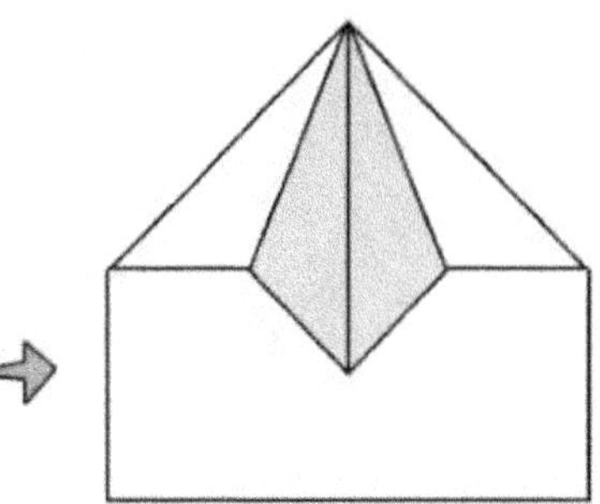

Plie le côté supérieur droit vers le milieu et déplie-le. Ensuite, déplie les deux couches de cette partie en suivant les marques, puis aplatis.

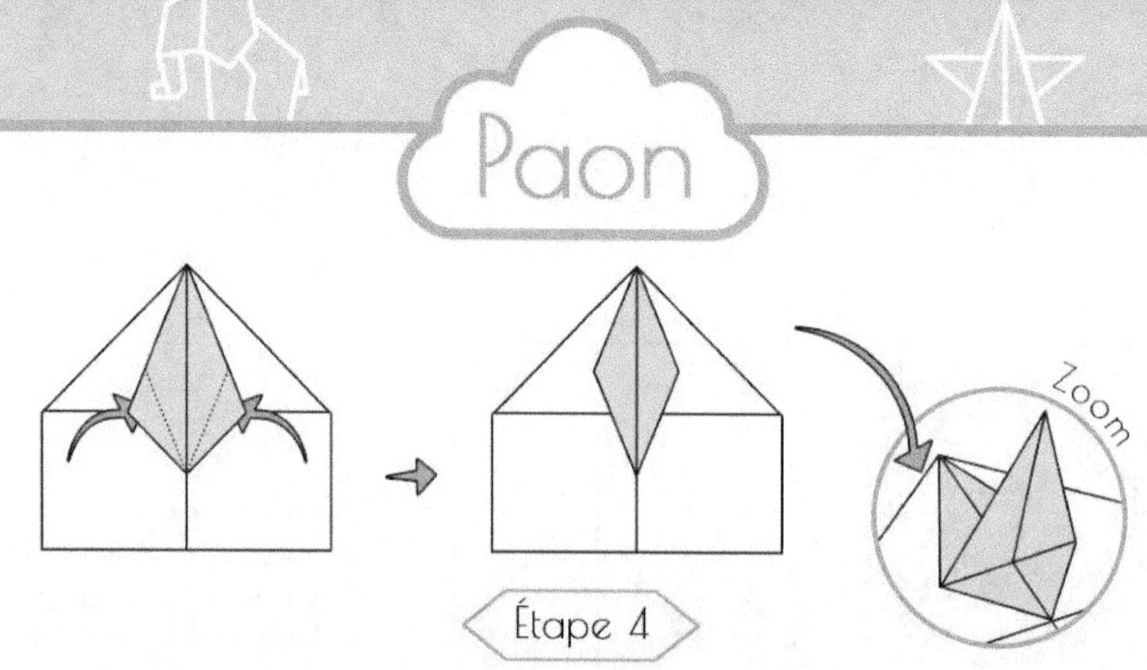

Plie les côtés vers l'intérieur en direction de la ligne médiane, de sorte que le bord supérieur soit à l'horizontale. Jette un œil au schéma en 3D pour voir à quoi ça doit ressembler si tu plies la pointe inférieure vers le haut (mais cela ne fait pas partie du processus).

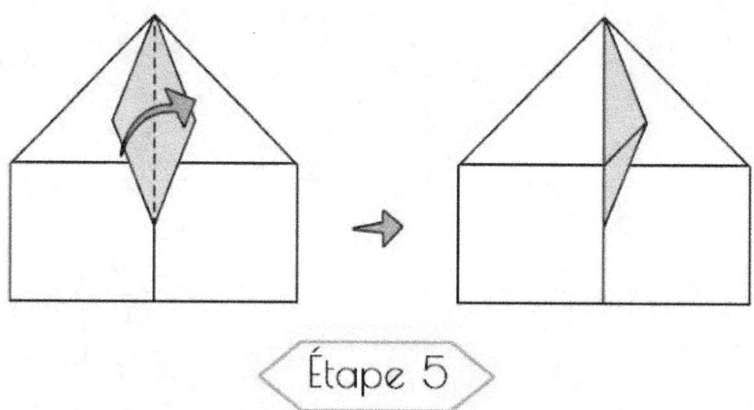

Plie cette partie en deux vers la droite.

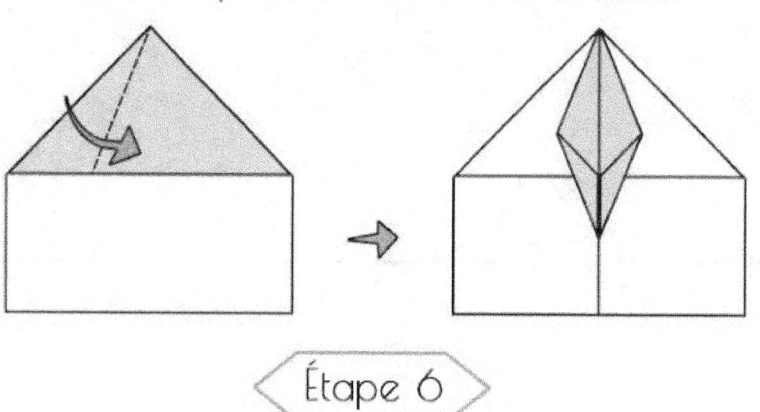

Répète les étapes 3 à 5 en haut à gauche. Remarque : il y a une ouverture entre les parties inférieures.

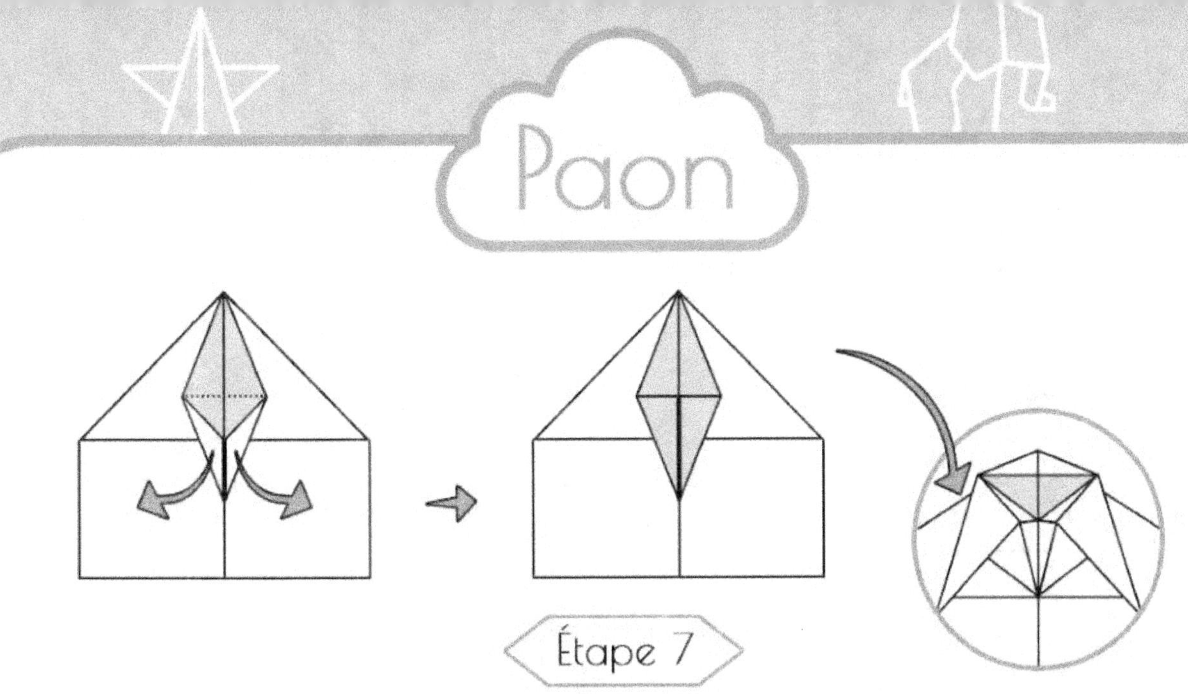

Étape 7

Ramène les parties inférieures sur les côtés afin de créer un espace entre elles et insère la pointe qui se trouve au-dessus de ces dernières, en la dirigeant vers l'intérieur et en l'air.

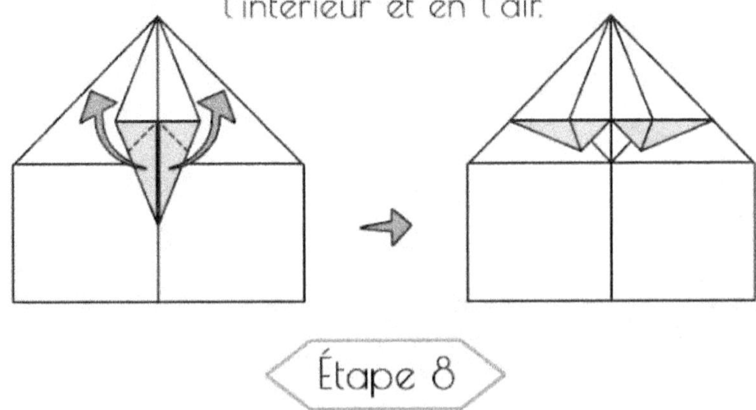

Étape 8

Applique un pli inversé intérieur aux parties inférieures de manière à ce que le bord supérieur se retrouve à l'horizontale.

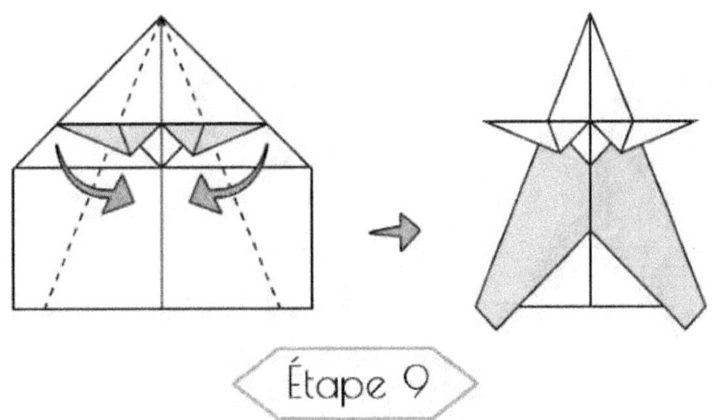

Étape 9

Rabats le haut de la couche inférieure vers le centre, mais derrière la partie que tu as plié jusqu'ici.

Paon

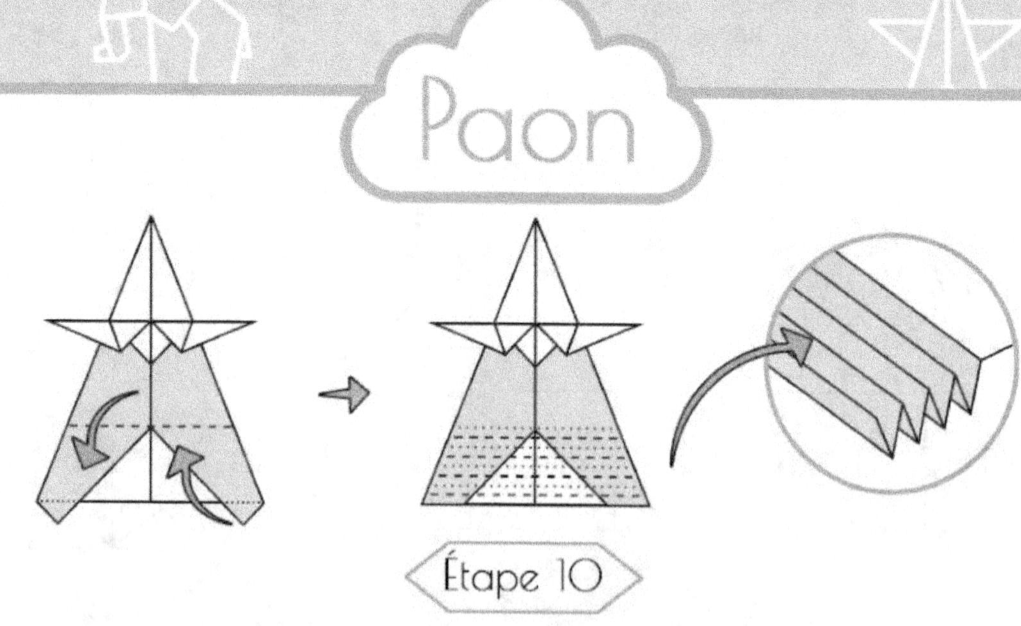

Replie les extrémités qui dépassent du bord inférieur, puis plie horizontalement
la base à l'endroit où les deux rabats se touchent, puis déplie-la.
Avec la marque de ce pli comme limite, plie la partie inférieure
en forme d'accordéon, en alternant les plis vallée et montagne.

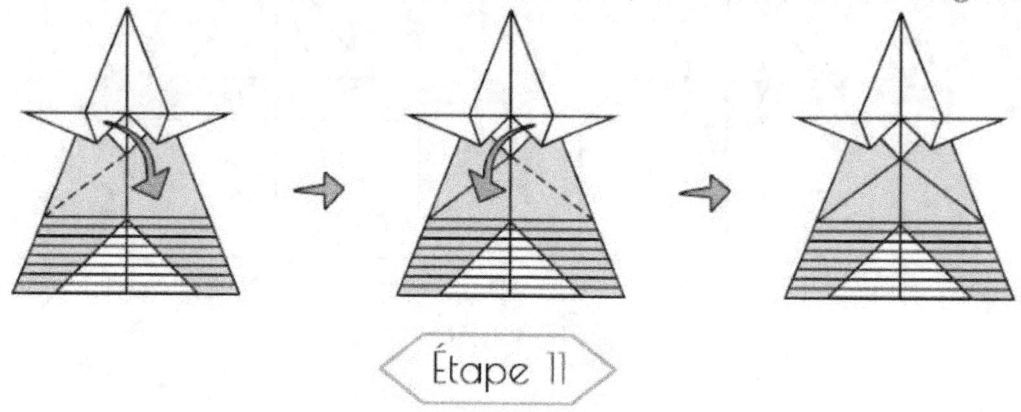

Plie en diagonale le coin supérieur vers la droite, vers la marque du pli de
l'étape 10, puis déplie-le. Répète l'opération pour le côté gauche, et déplie.

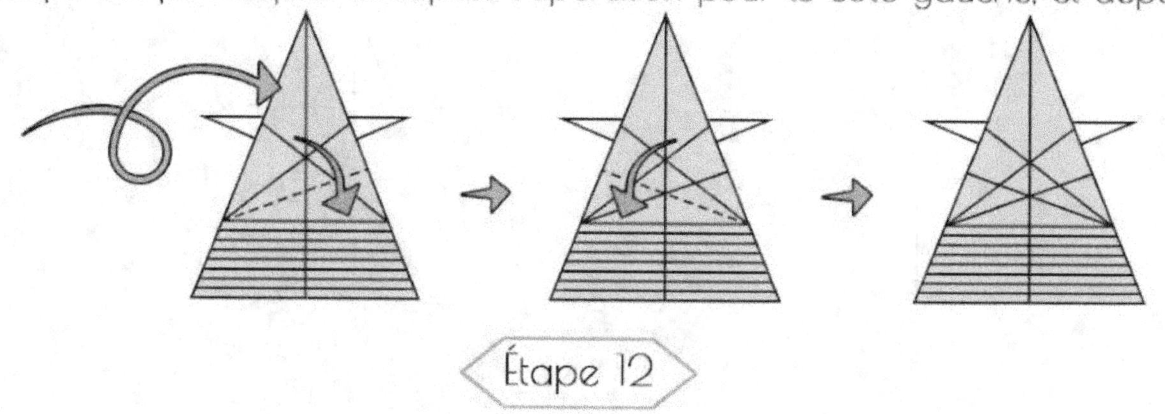

Retourne la base et plie-la comme lors de l'étape précédente,
mais en lui appliquant un angle légèrement plus petit.

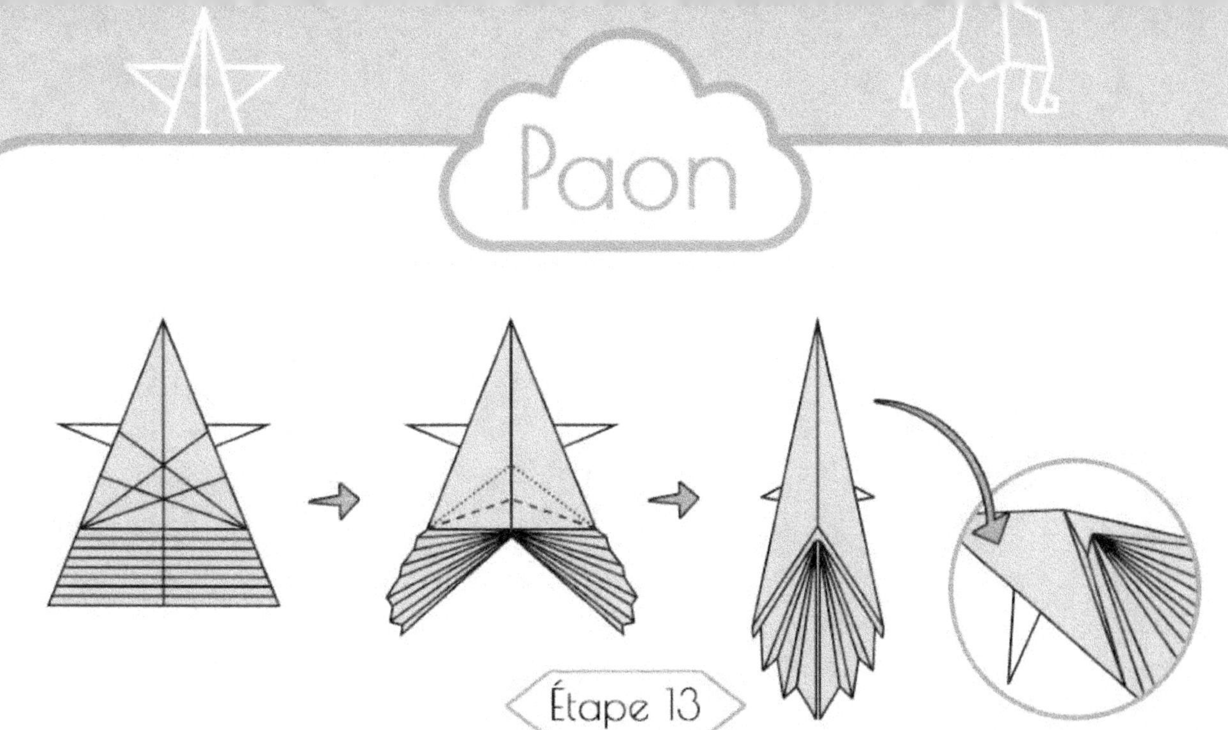

Étape 13

Il s'agit là de l'étape la plus délicate : plie la totalité de l'accordéon en deux, en formant un triangle entre les plis des étapes 11 et 12. Tu verras que la base se plie en deux dans le sens de la longueur à mesure que tu réalises ce triangle. De cette façon, la base de la queue se retrouve cachée entre les deux côtés de la feuille.

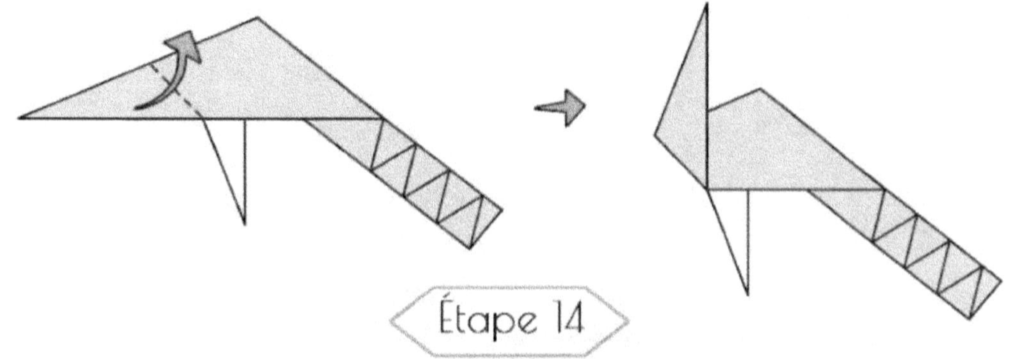

Étape 14

Mets le paon sur le côté et aplatis-le. Ensuite, applique un pli inversé extérieur sur l'extrémité opposée de la queue pour qu'elle se retrouve à la verticale.

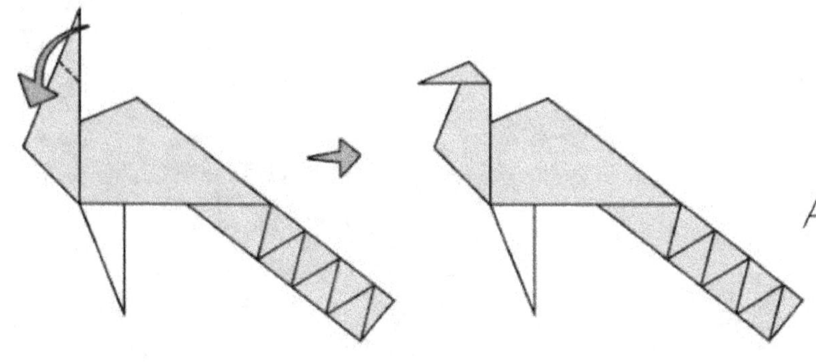

Étape 15

Applique un autre pli inversé extérieur au niveau de l'extrémité de cette partie.

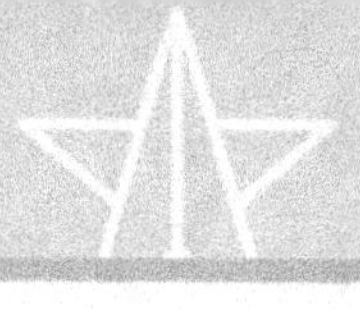

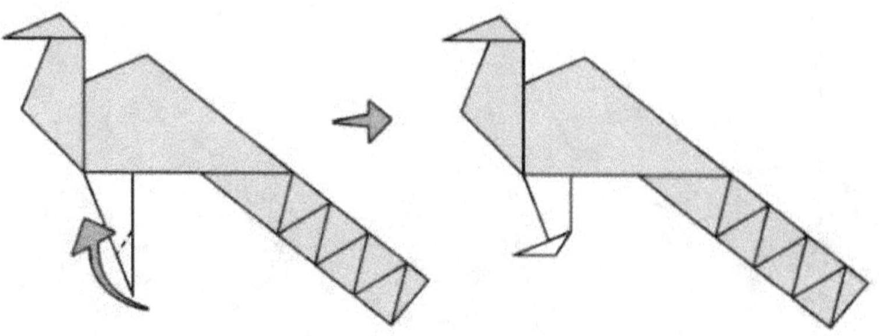

Applique un pli inversé extérieur aux deux parties qui sont orientées vers le bas.

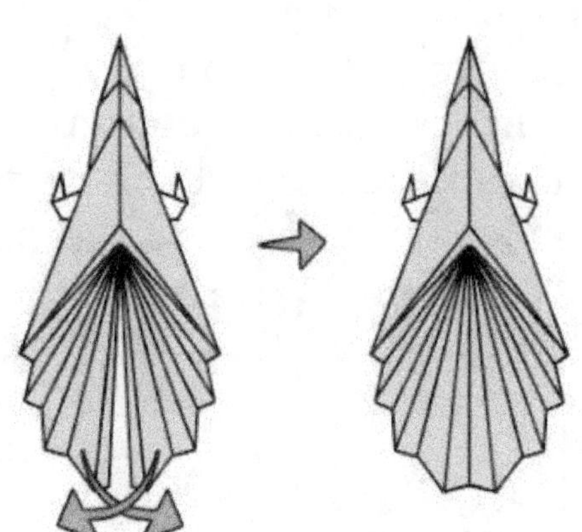

Afin de s'assurer que la queue ne s'ouvre pas le long de son ouverture centrale, place le premier pli sur un côté, sur le premier de l'autre côté, et plie-les en deux le long du dos du paon.

Appuie délicatement ici pour voir la queue du paon se soulever et s'ouvrir.

Paon

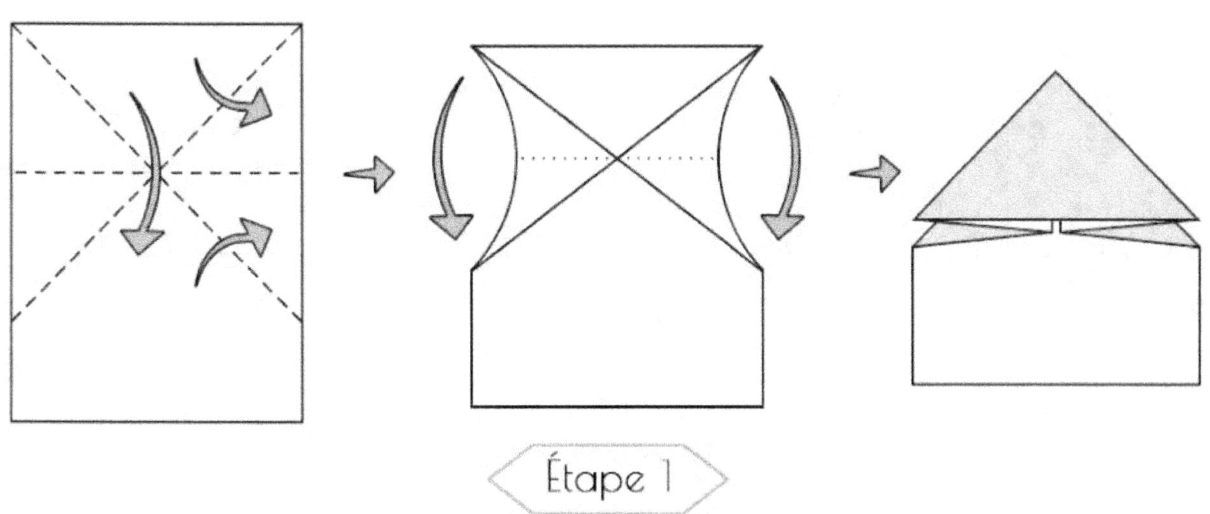

Étape 1

Plie les deux coins supérieurs en diagonale jusqu'à ce qu'ils atteignent le bord opposé de la feuille, puis plie horizontalement là où ces diagonales se rencontrent, puis déplie. Ensuite, rabats les côtés vers le centre et aplatis la structure pour obtenir un triangle, une partie de la feuille restant dépliée.

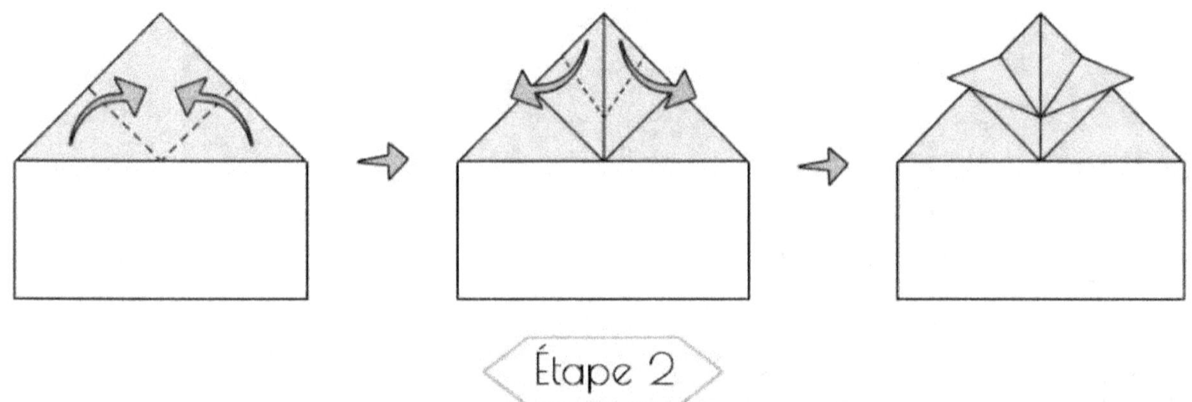

Étape 2

Plie en deux les côtés de la couche supérieure vers le haut. Ensuite, replie-les en les inclinant de sorte que les pointes dépassent des deux côtés de la base.

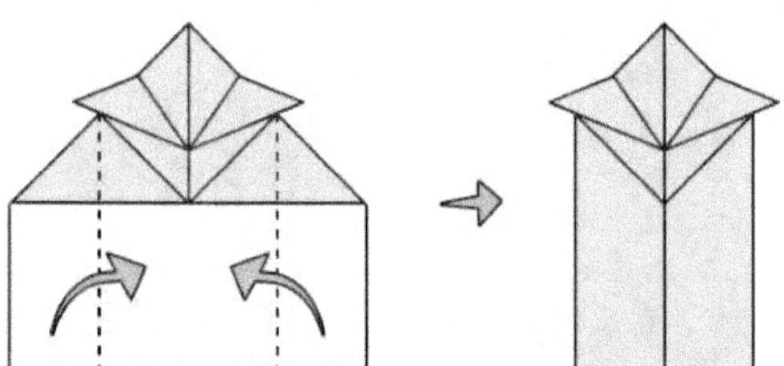

Étape 3

Plie les côtés de la couche inférieure vers le ventre.

Grenouille

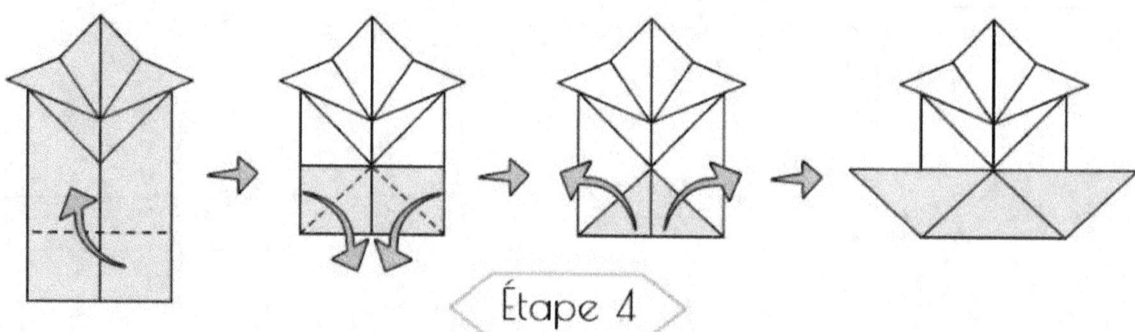

Étape 4

Plie le bas de la base en deux et ses coins vers le bas en diagonale.
Ensuite, rabats-les latéralement pour les déplier et appuie.

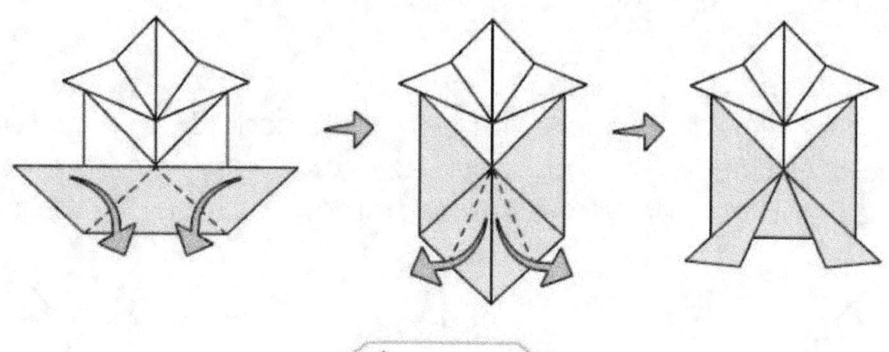

Étape 5

Plie les côtés vers le bas le long des marques faites lors de l'étape précédente.
Ensuite, plie-les légèrement vers le haut de sorte que les extrémités dépassent des
deux côtés de la grenouille.

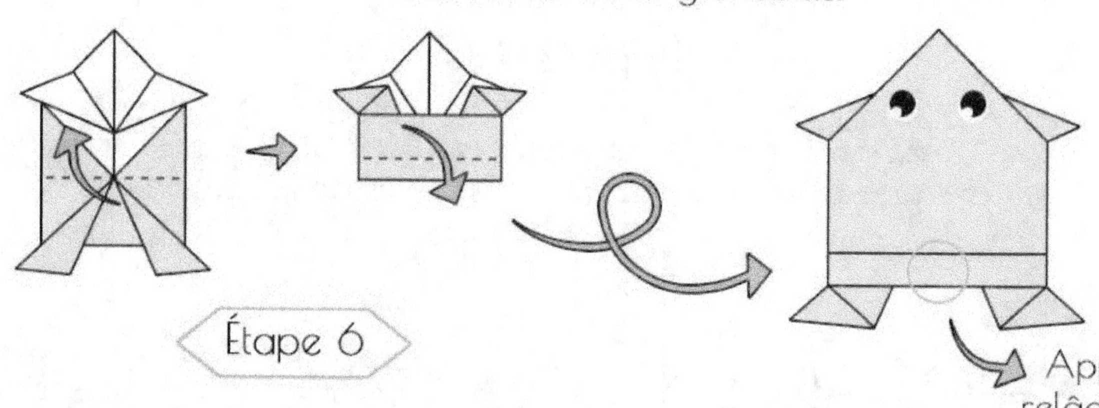

Étape 6

Plie le bas de la base vers le
haut, puis vers le bas, en laissant
un petit espace entre les deux plis.

Appuie et
relâche pour
voir la grenouille
sauter !

Grenouille

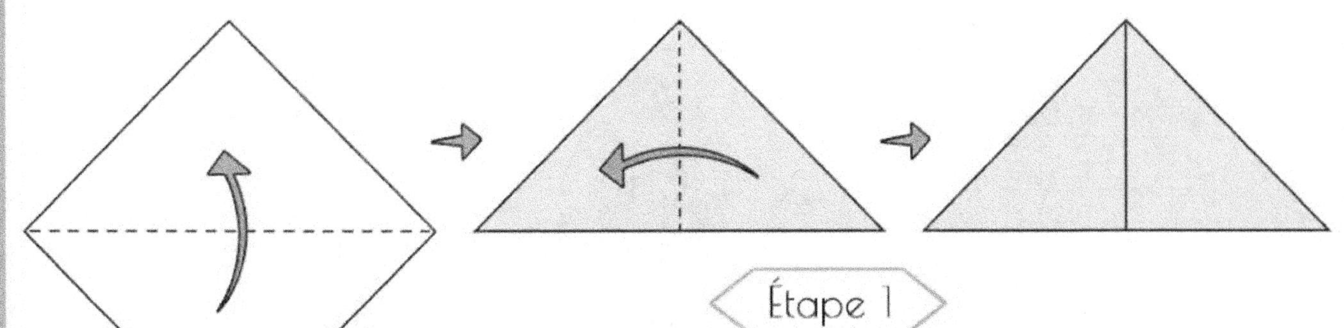

Plie une feuille vers le haut dans le sens de la diagonale, plie-la ensuite en deux et déplie-la.

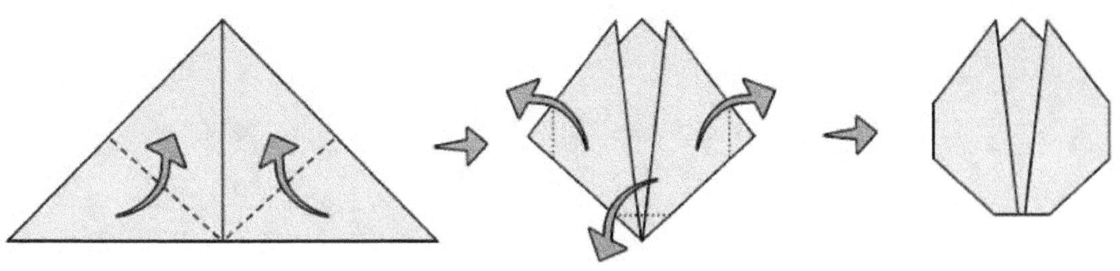

Rabats les deux coins latéraux vers le haut de manière à ce qu'ils dépassent des deux côtés du sommet supérieur. Ensuite, replie les extrémités latérales et inférieure vers l'arrière : la fleur est prête.

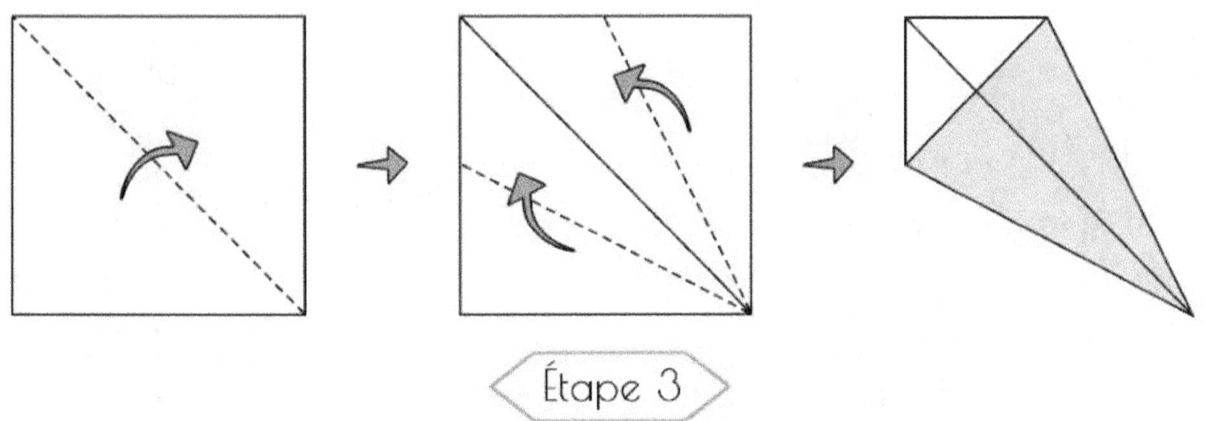

Prends une autre feuille, plie-la en diagonale, et déplie-la. Ensuite, rabats les coins supérieur droit et inférieur gauche vers l'avant jusqu'au centre de la diagonale.

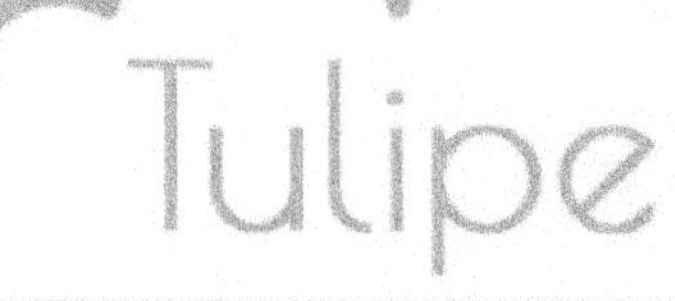

Tulipe

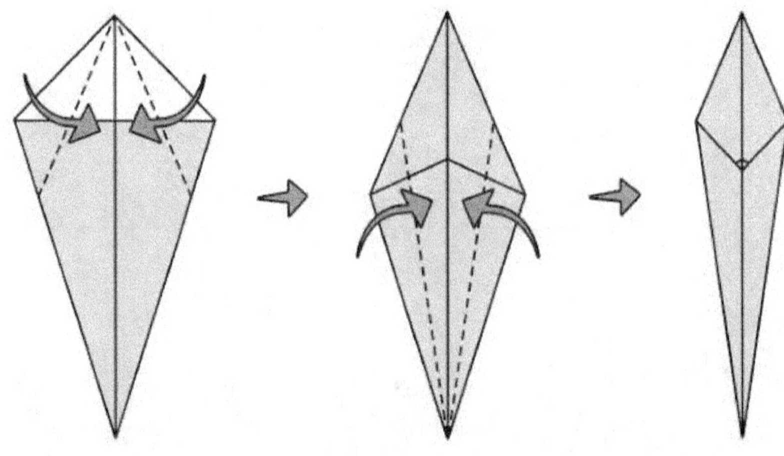

Plie les côtés vers le bas en direction du centre,
puis remonte-les de la même manière.

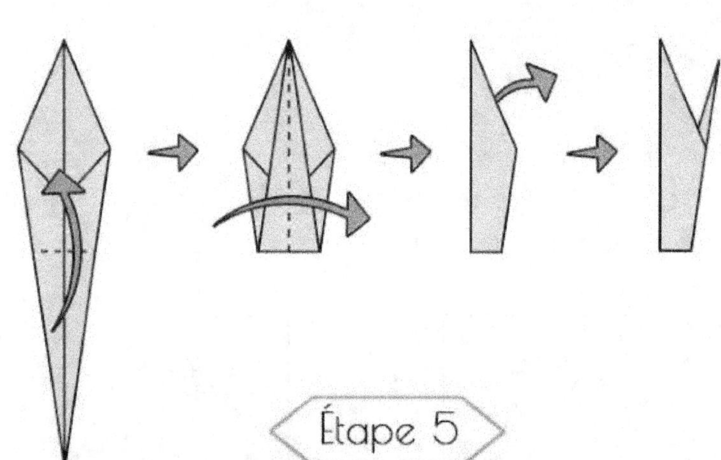

Plie la base en deux dans le sens de la
longueur, puis dans le sens de la largeur.
Fais ressortir vers l'extérieur l'extrémité
qui reste à l'intérieur du pli : tu viens
de terminer la tige.

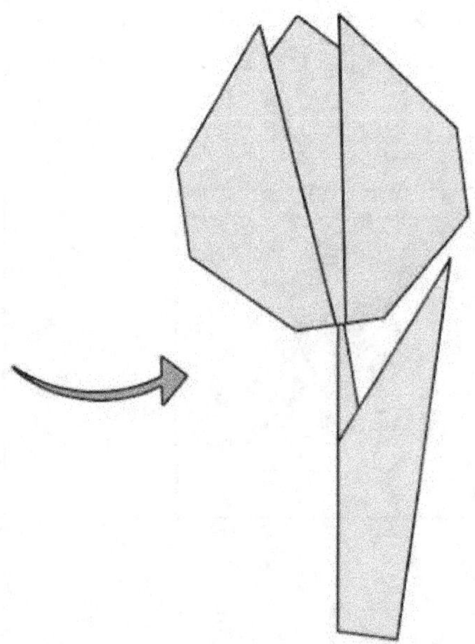

Koala

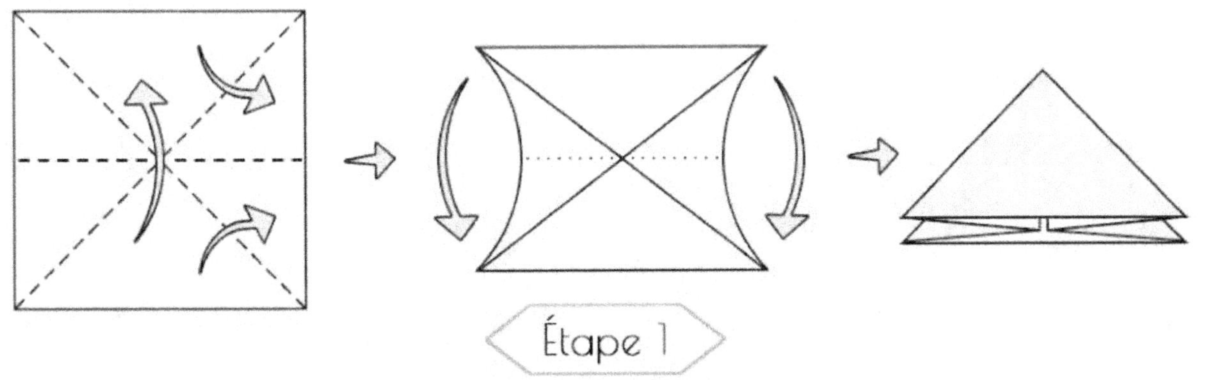

Plie la feuille en deux à l'horizontale et dans le sens des
deux diagonales, et déplie-la. Ensuite, plie les deux côtés vers
le centre et appuie sur les bords pour faire un triangle.

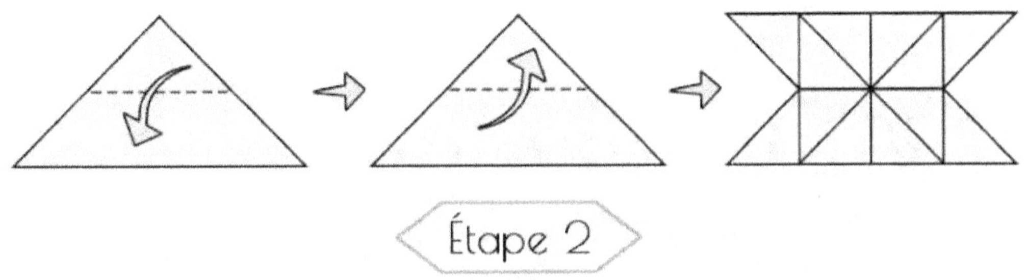

Plie le triangle en deux et déplie-le. Ensuite, plie la couche supérieure
vers le haut en suivant la marque du pli ; de ce fait, les rabats
qui se trouvent entre les deux couches vont aussi se déplacer vers
le haut, puis aplatis la base entière, y compris les rabats intérieurs.

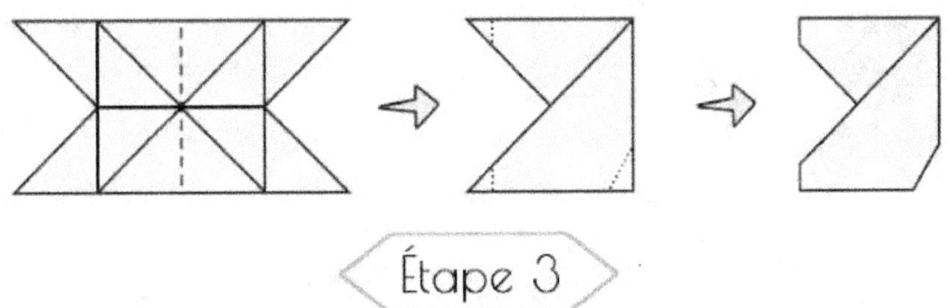

Plie la base en deux vers la gauche. Ensuite, applique des plis inversés
intérieurs aux deux coins à gauche et au coin inférieur à droite.

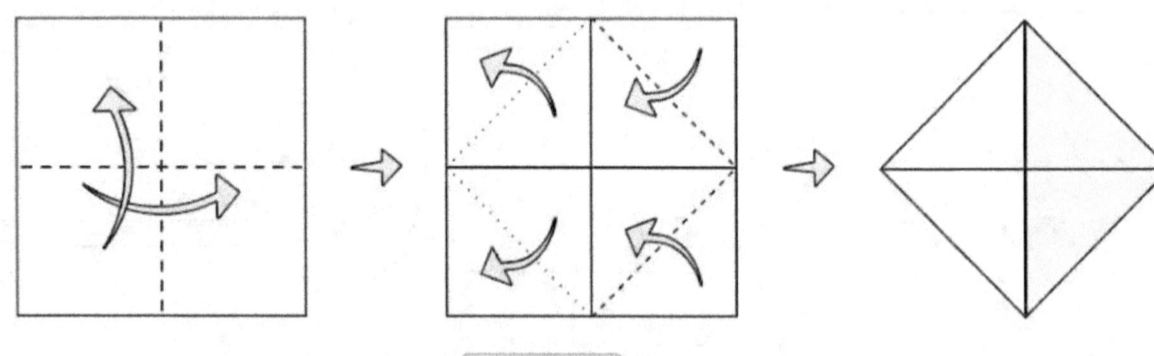

Plie une autre feuille en deux à l'horizontale et à la verticale puis déplie-la. Ensuite, plie les deux coins à gauche vers l'arrière et les deux coins à droite vers l'avant.

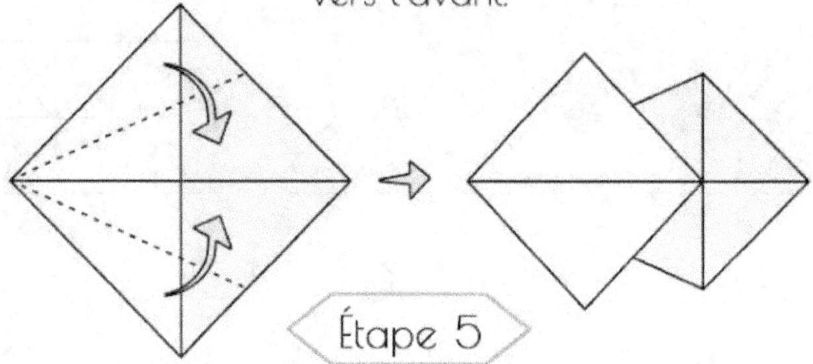

Ramène les coins supérieur et inférieur vers la ligne médiane et appuie sur les bords. Tu verras que les coins que tu as repliés vers l'arrière dépassent des côtés.

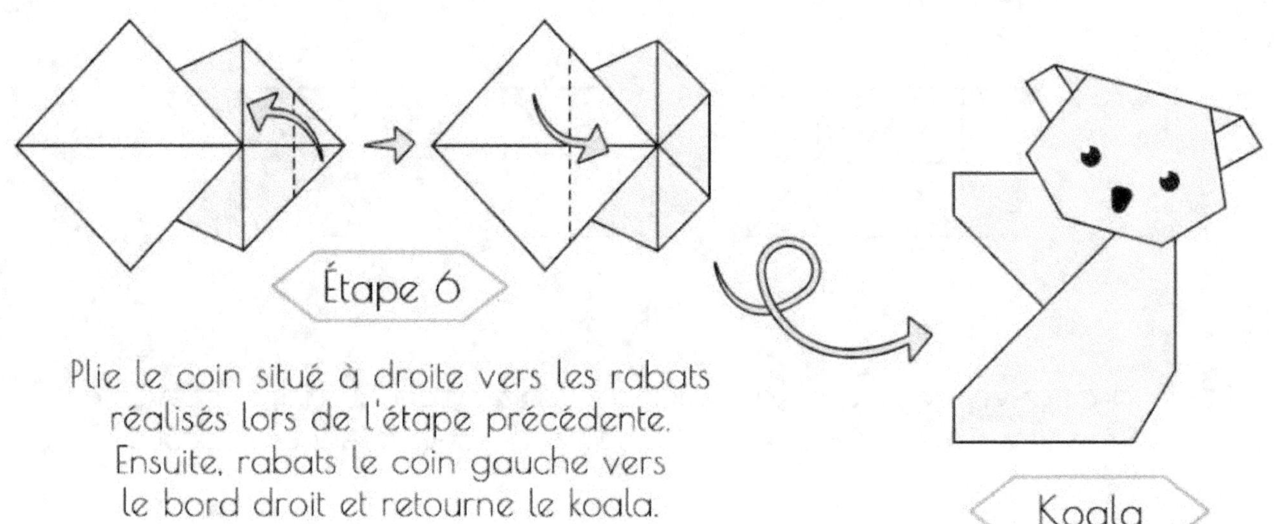

Plie le coin situé à droite vers les rabats réalisés lors de l'étape précédente. Ensuite, rabats le coin gauche vers le bord droit et retourne le koala.

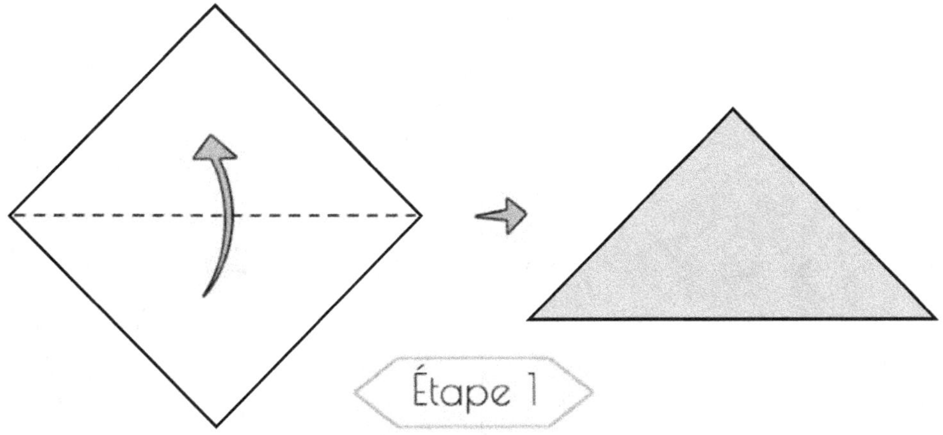

Plie une feuille en deux le long de sa diagonale.

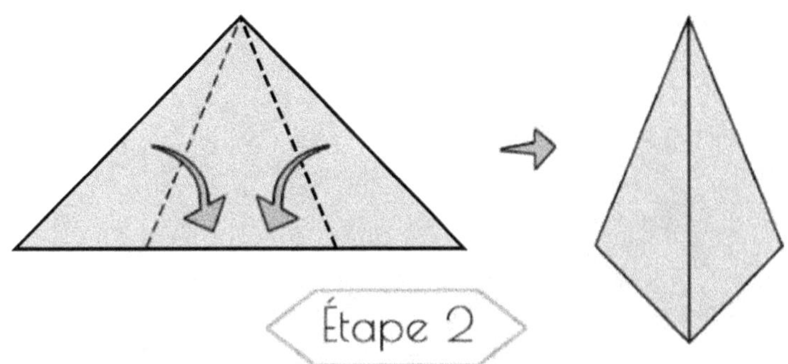

Plie les deux coins latéraux vers le bas, en direction du centre.

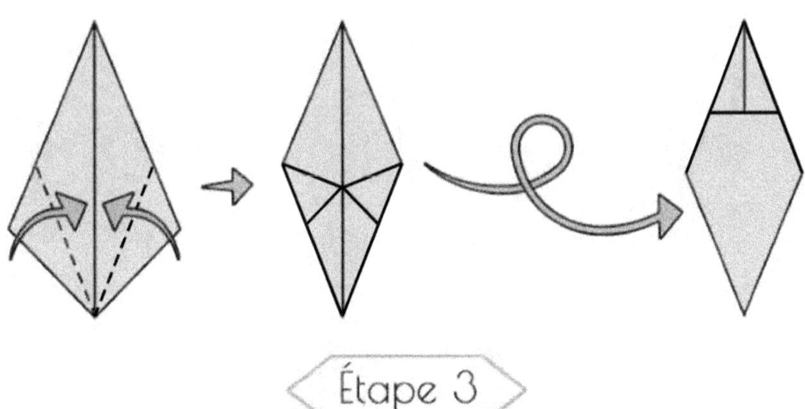

Plie les deux coins latéraux vers le haut, en direction du centre,
puis retourne la base : elle représente le corps de la carotte.

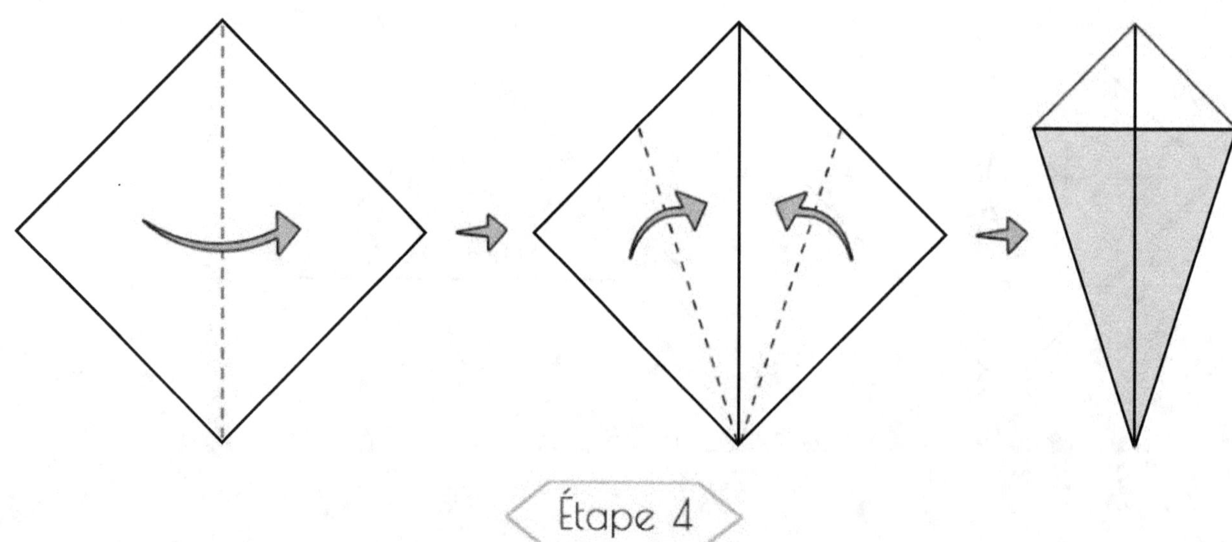

Étape 4

Prends une feuille plus petite que la première. Plie-la verticalement le long de la diagonale, déplie-la, puis rabats le bas des coins latéraux vers le centre.

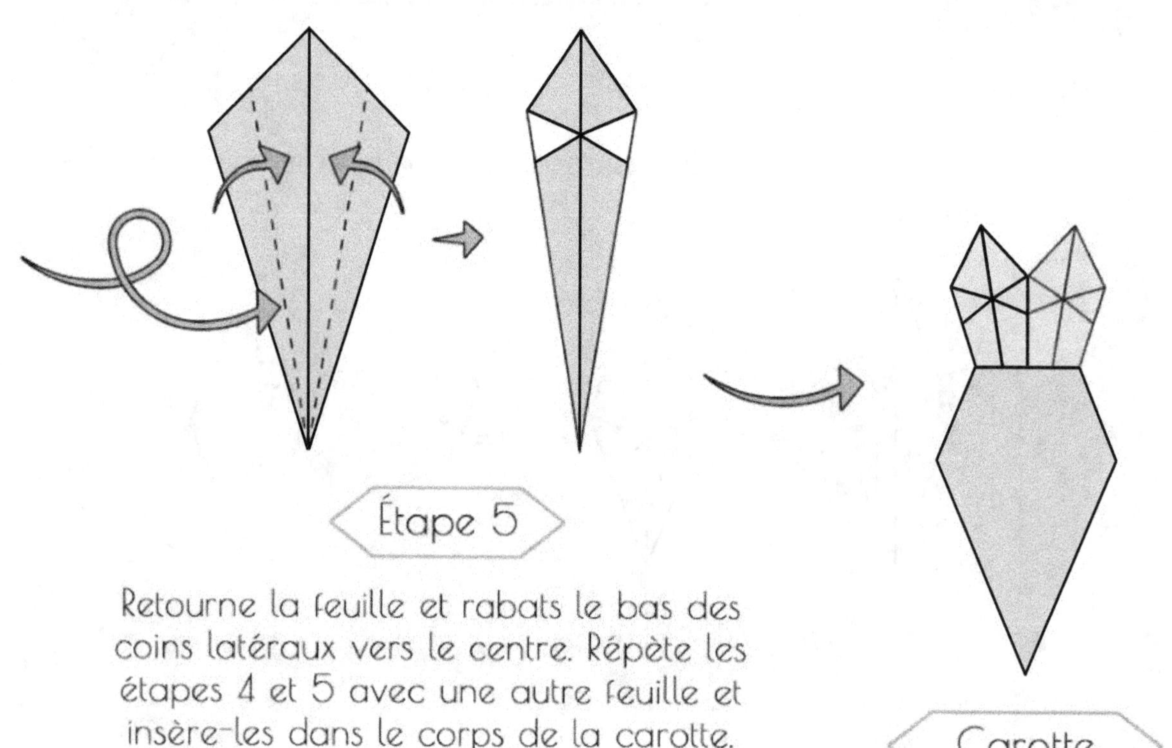

Étape 5

Retourne la feuille et rabats le bas des coins latéraux vers le centre. Répète les étapes 4 et 5 avec une autre feuille et insère-les dans le corps de la carotte.

Carotte

Boite

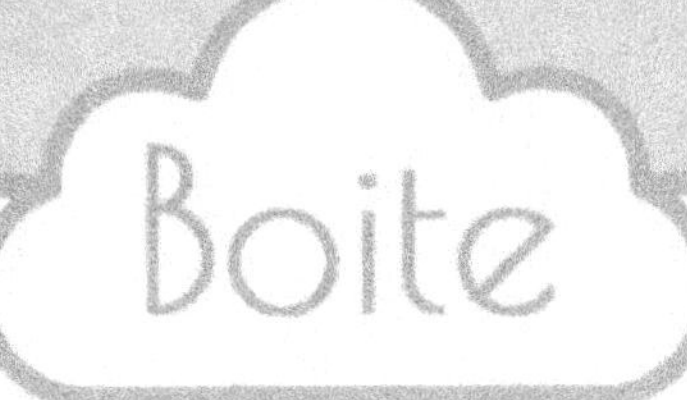

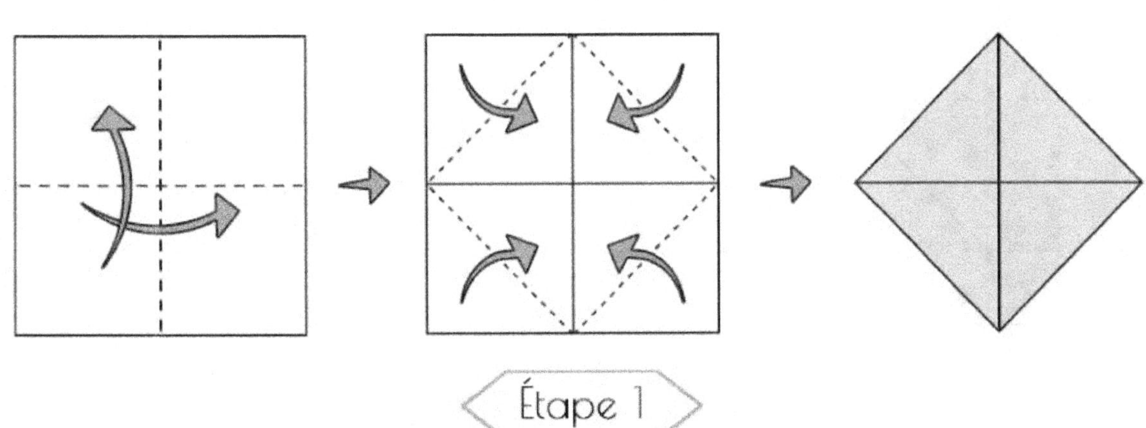

Plie une feuille en deux à l'horizontale et à la verticale et déplie-la. Plie tous les coins vers son centre. Répète l'opération avec une feuille légèrement plus grande.

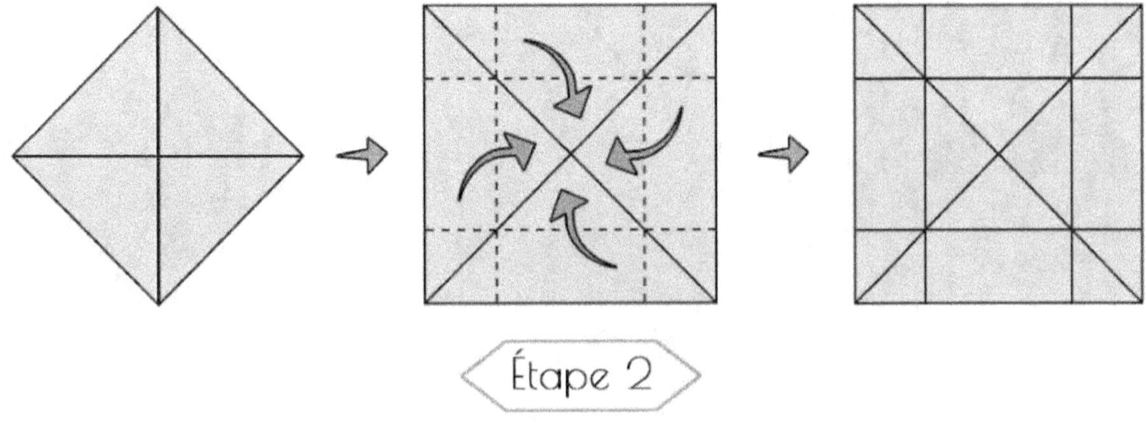

Fais pivoter la feuille sur le côté. Plie tous les bords vers l'avant, en direction du centre de la feuille et déplie-les. Répète l'opération avec l'autre feuille.

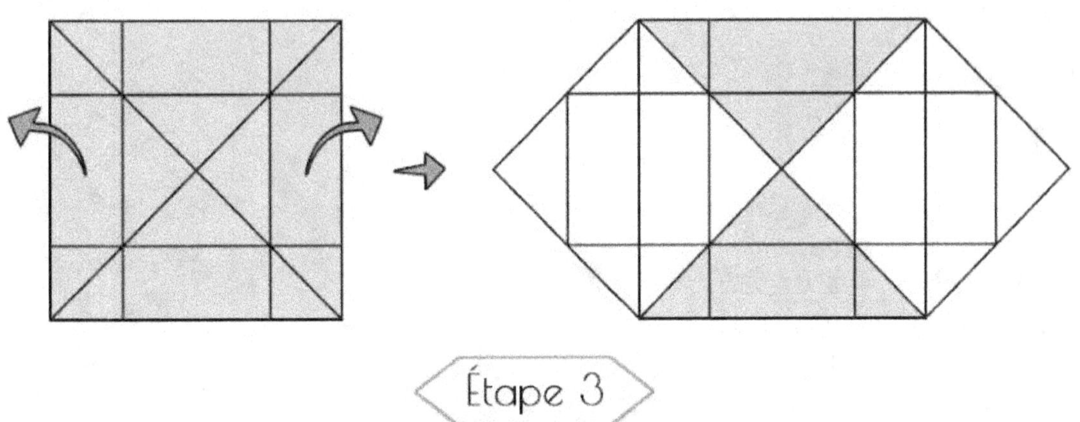

Déplie les coins latéraux. Répète l'opération sur l'autre feuille.

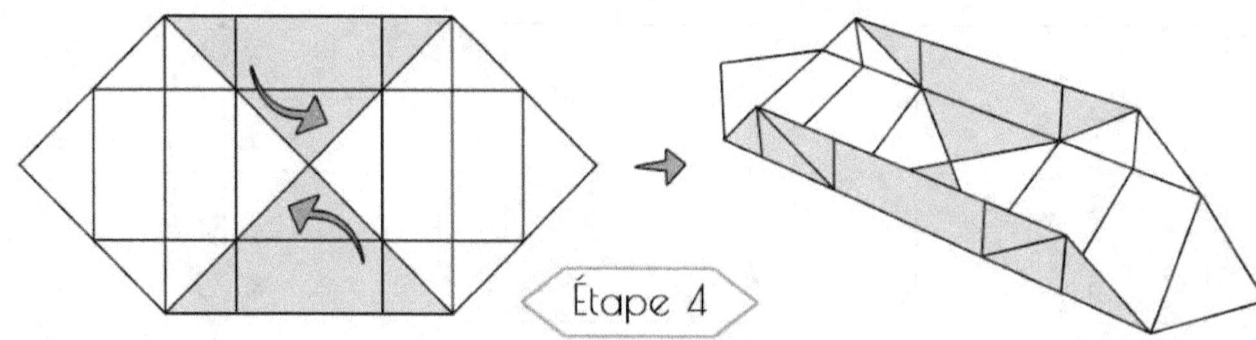

Plie les bords supérieur et inférieur vers le haut de sorte qu'ils soient à la verticale par rapport au centre de la base. Répète l'opération avec l'autre feuille.

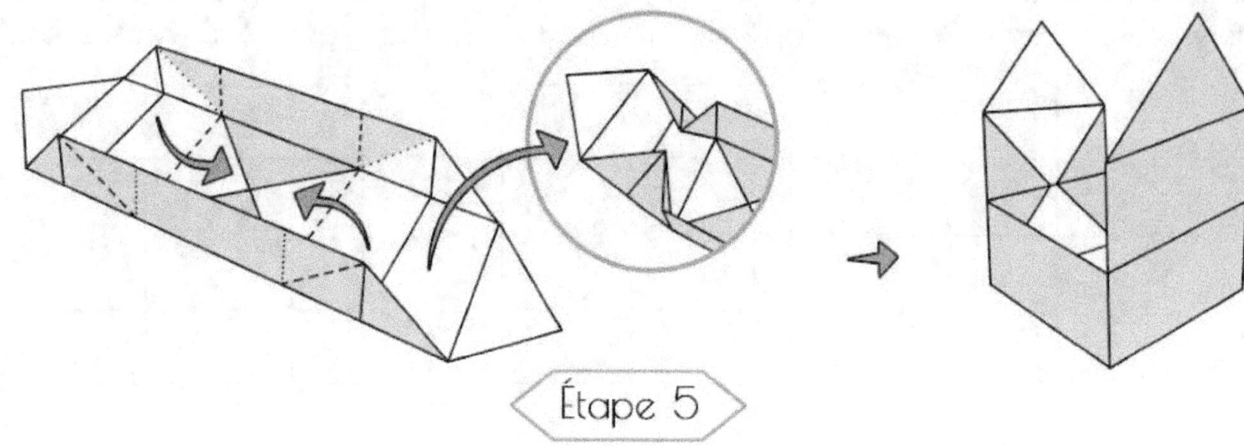

Plie les deux coins latéraux vers le haut de manière à ce qu'ils se retrouvent aussi à la verticale. Ce faisant, tu vas apercevoir un rabat se former entre ces parties et celles de l'étape 4 : plie-les vers l'intérieur avec un pli vallée en diagonale et un pli montagne à la verticale. Répète avec l'autre feuille.

Plie ces parties vers le bas, juste au-dessus des rabats que tu as repliés, puis plie les extrémités vers le haut pour qu'elles soient parallèles à la partie inférieure. Répète l'opération avec l'autre feuille et retourne-la afin de l'utiliser comme couvercle.

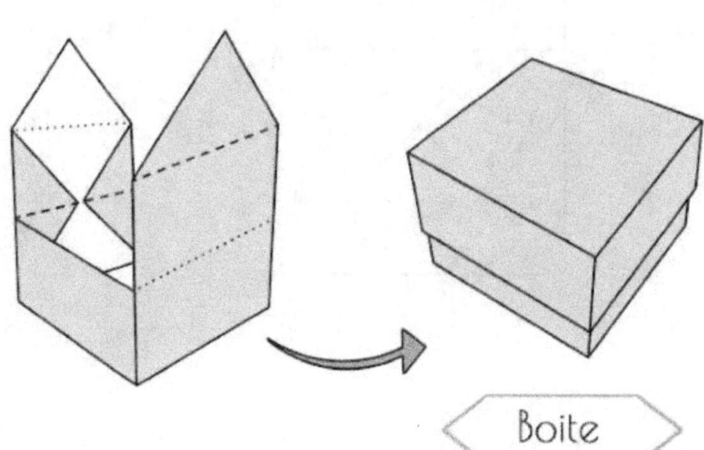

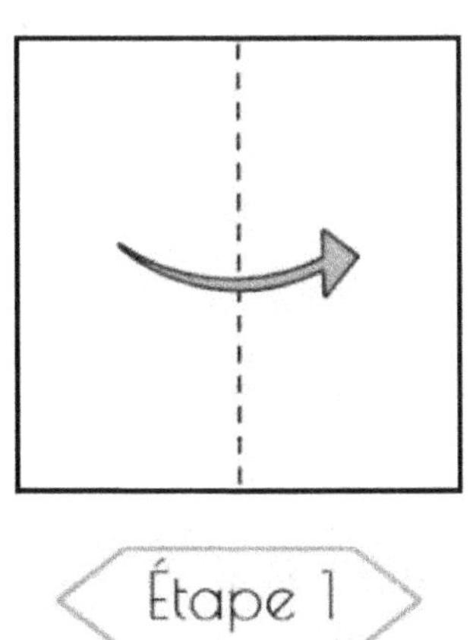

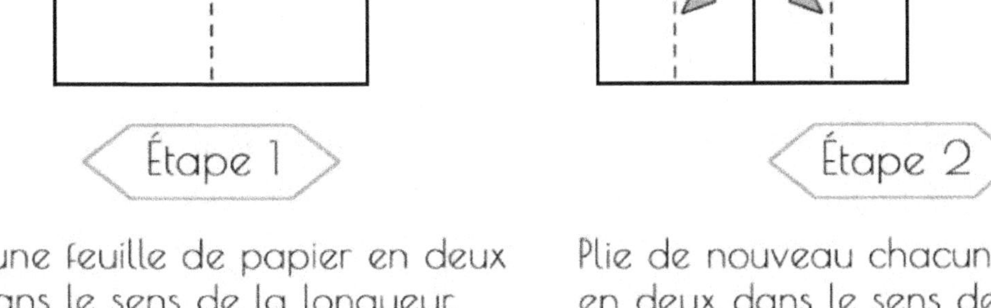

Étape 1

Plie une feuille de papier en deux dans le sens de la longueur, puis déplie-la. Répète l'opération avec une autre feuille.

Étape 2

Plie de nouveau chacune des moitiés en deux dans le sens de la longueur afin d'obtenir deux bandes. Répète l'opération avec l'autre feuille.

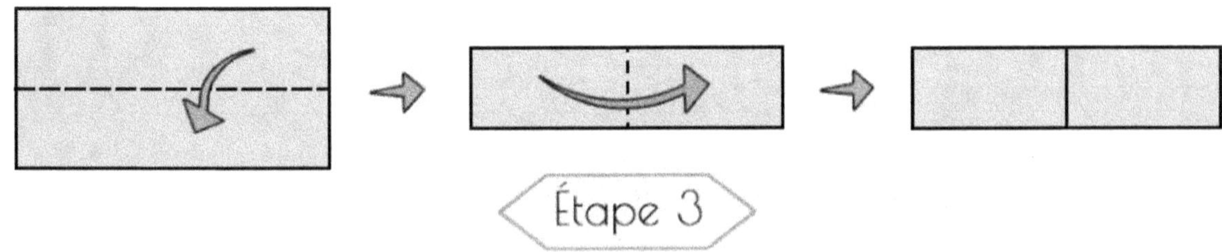

Étape 3

Plie les deux feuilles en deux dans le sens de la longueur. Ensuite, plie-les en deux dans le sens de la largeur et déplie-les.

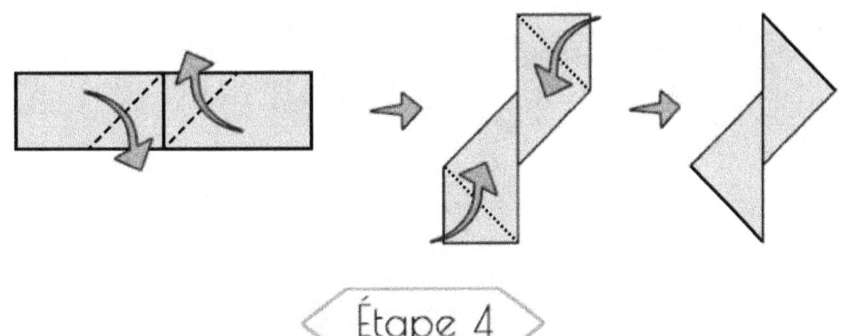

Étape 4

Plie la moitié gauche de la première feuille vers le bas et la moitié droite vers le haut. Ensuite, plie les coins supérieur droit et inférieur gauche vers l'arrière.

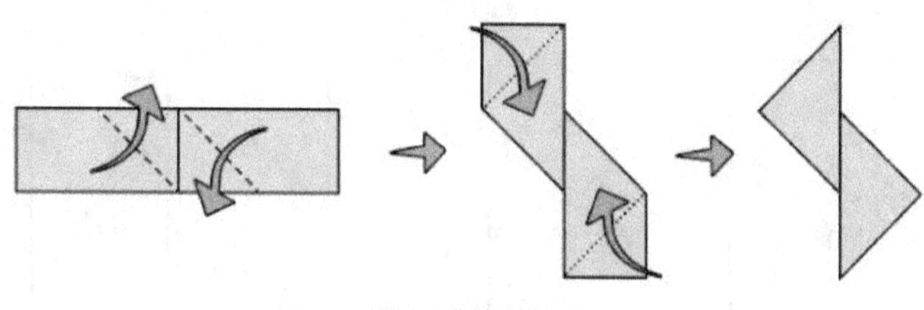

Étape 5

Plie la moitié gauche de l'autre feuille vers le haut et la moitié droite vers le bas. Ensuite, plie les coins supérieur gauche et inférieur droit vers l'arrière.

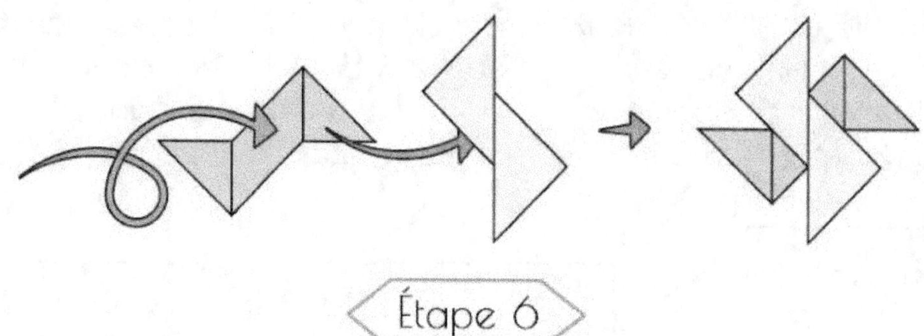

Étape 6

Retourne l'une des feuilles et place-la sur l'autre afin de former un X. À partir de maintenant, pour une meilleure compréhension, les deux feuilles auront deux couleurs différentes.

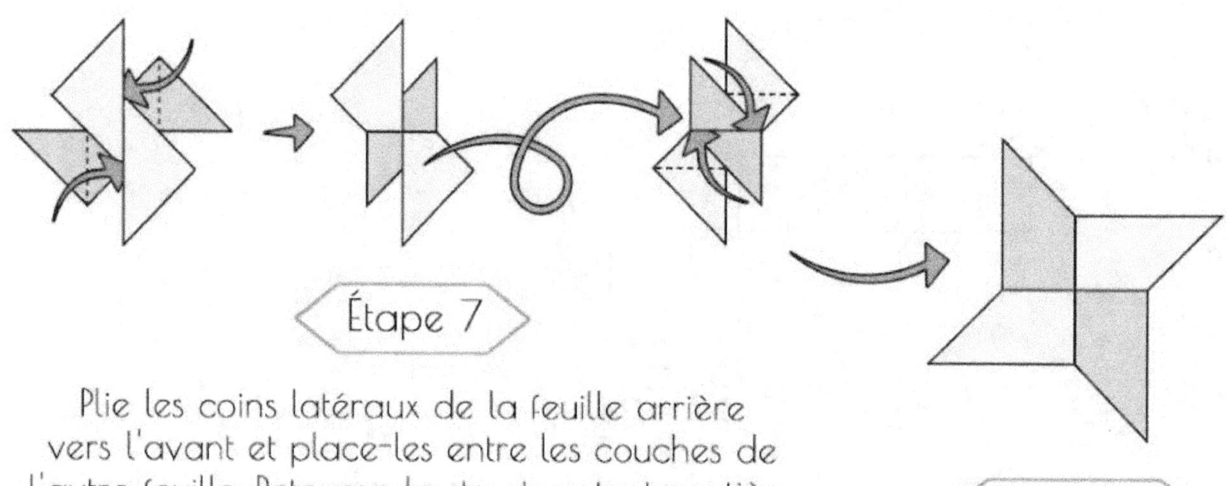

Étape 7

Plie les coins latéraux de la feuille arrière vers l'avant et place-les entre les couches de l'autre feuille. Retourne la structure toute entière et répète cette étape avec l'autre feuille.

Shuriken

Tricératops

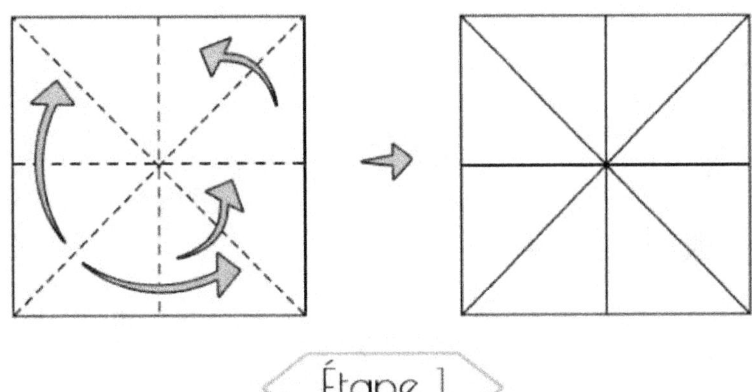

Plie une feuille à l'horizontale, à la verticale, et en diagonale, puis déplie-la.

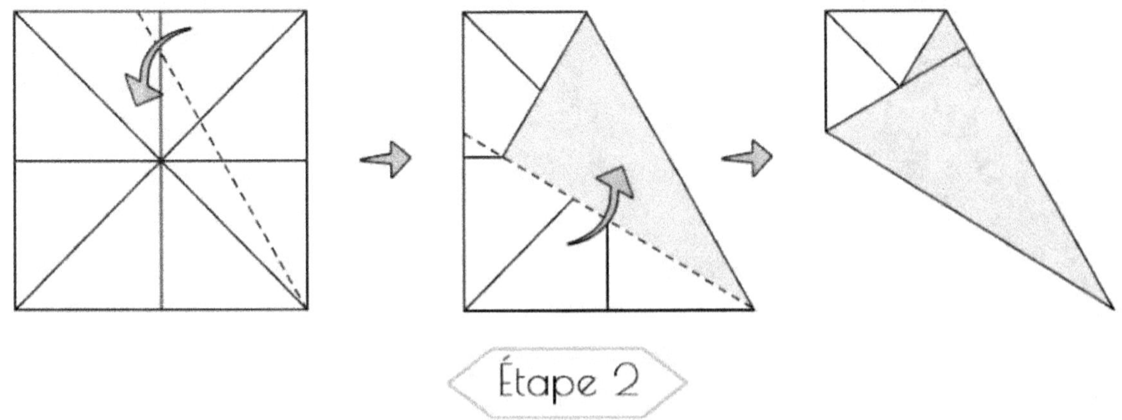

Rabats le coin supérieur droit vers le côté gauche du pli horizontal. Ensutie, rabats le coin inférieur gauche vers le côté supérieur du pli vertical.

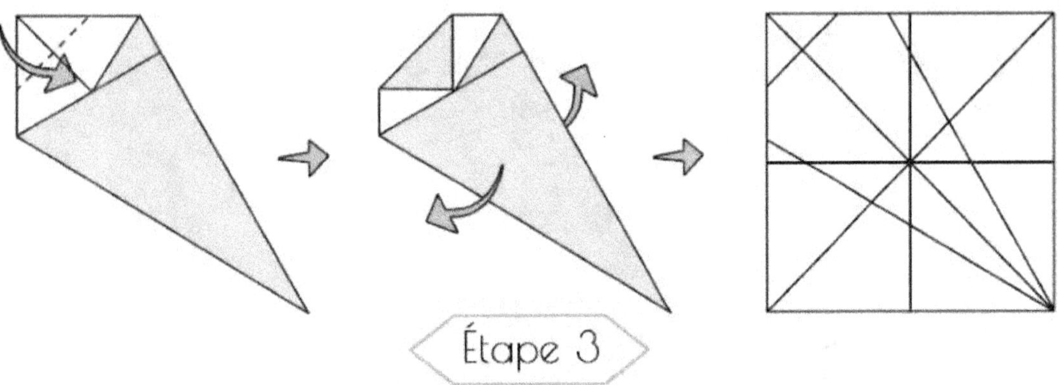

Plie l'extrémité gauche vers le bas jusqu'au point où les plis de l'étape précédente se rencontrent. Ensuite, déplie tout.

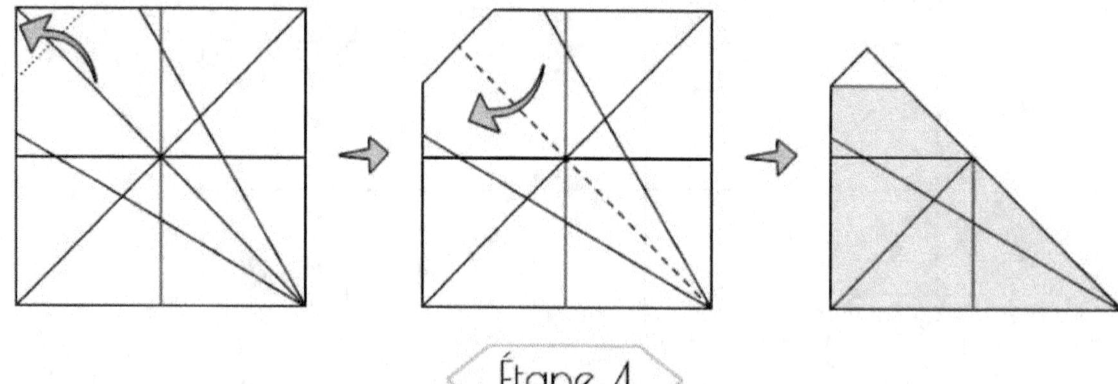

Étape 4

Plie à nouveau la pointe, cette fois vers l'arrière, en suivant
le même pli. Ensuite, plie toute la base en diagonale.

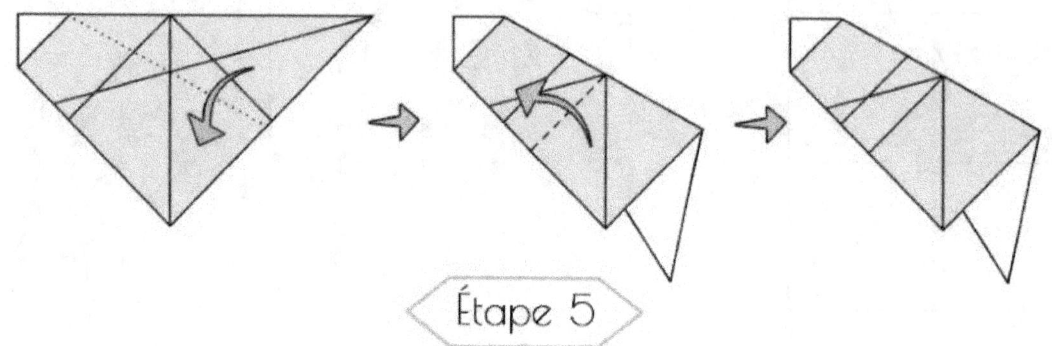

Étape 5

Fais pivoter la feuille afin d'obtenir le bord supérieur à l'horizontale, et applique
un pli inversé intérieur à son côté droit, comme sur le schéma. Ensuite, plie de
manière à ce que le coin inférieur droit de la couche supérieure rencontre le
coin inférieur gauche, puis déplie.

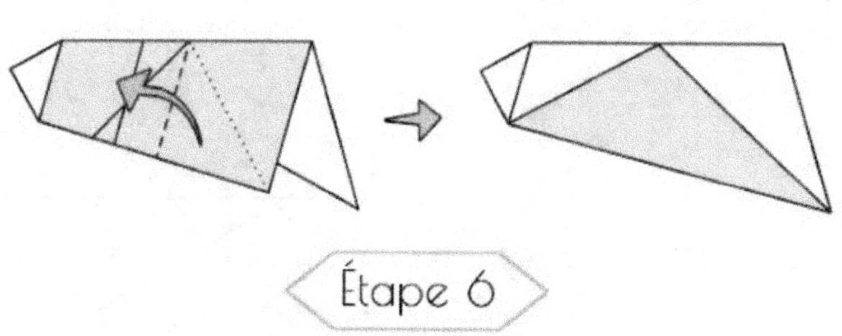

Étape 6

Sers-toi de la marque du pli pour plier le coin inférieur
droit de la couche supérieure vers la gauche. Tu vas
t'apercevoir que, ce faisant, une partie du pli inversé
intérieur de l'étape précédente se déplie : aplatis-le
jusqu'à obtenir un rabat triangulaire.

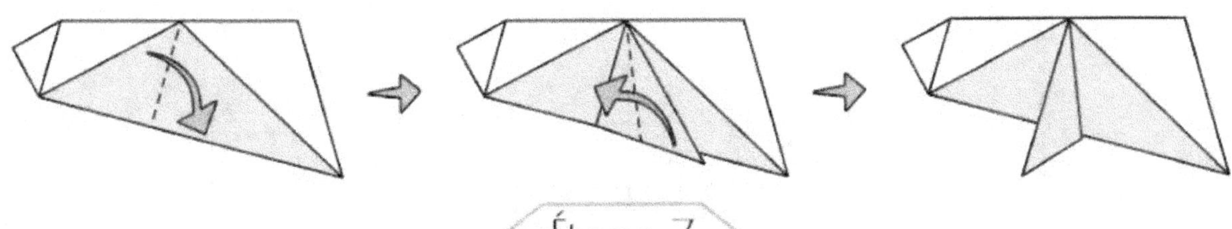

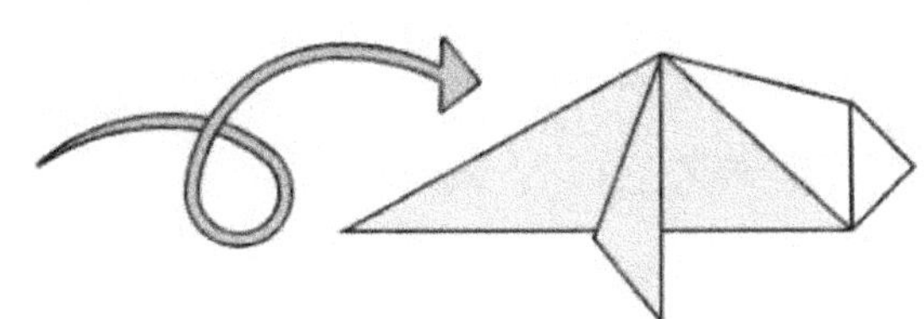
Étape 7

Replie à nouveau le rabat triangulaire. Ensuite, plie-le en deux de sorte que sa pointe dépasse du bord inférieur.

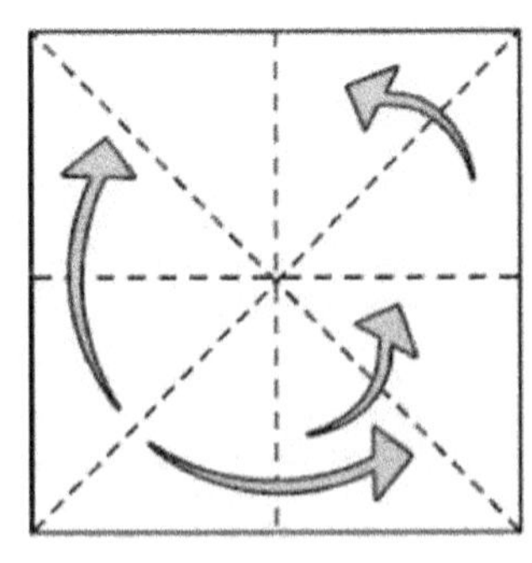

Étape 8

Retourne la base et répète les étapes 6 et 7 de l'autre côté.

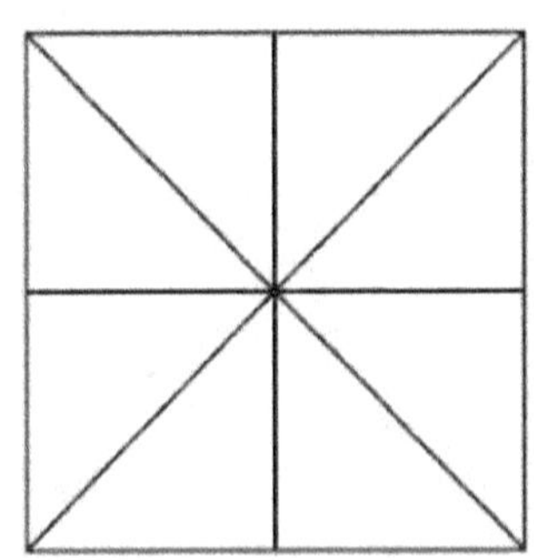

Étape 9

Plie une autre feuille à l'horizontale, à la verticale et en diagonale, puis déplie-la.

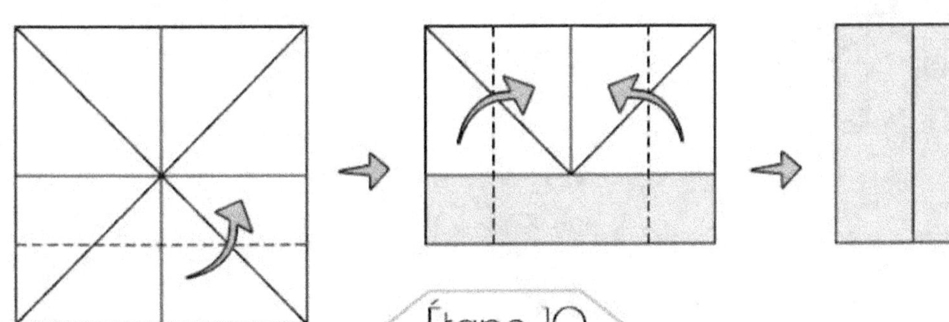

Étape 10

Plie le bord inférieur vers le haut et les bords latéraux vers l'intérieur jusqu'au centre.

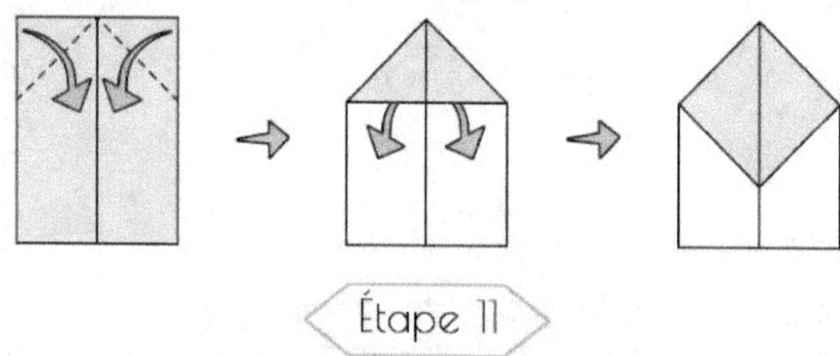

Étape 11

Plie les coins supérieurs en diagonale vers l'intérieur, puis déplie la couche du dessous et aplatis-la pour obtenir un triangle de chaque côté.

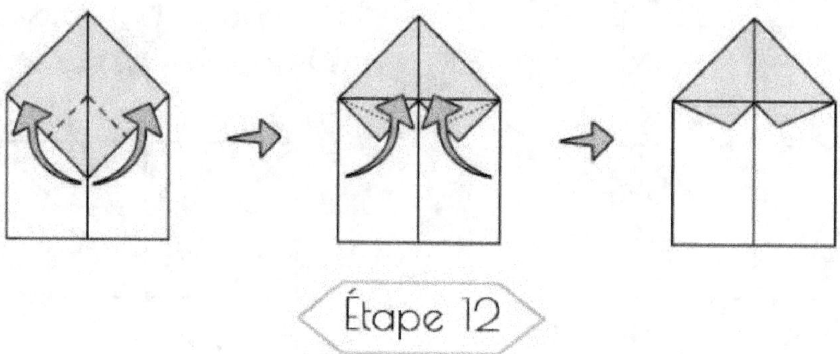

Étape 12

Replie de nouveau chaque côté en diagonale. Ensuite, applique un pli inversé intérieur à chaque rabat latéral.

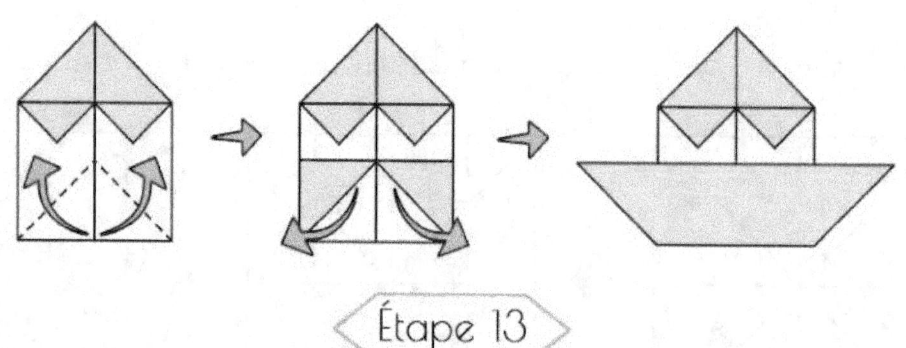

Étape 13

Plie les coins inférieurs en diagonale vers l'extérieur. Maintenant, sépare délicatement les deux côtés de la couche supérieure, déplie la couche inférieure et appuie sur les plis que tu viens de faire (la couche inférieure doit maintenant être sur le dessus).

Tricératops

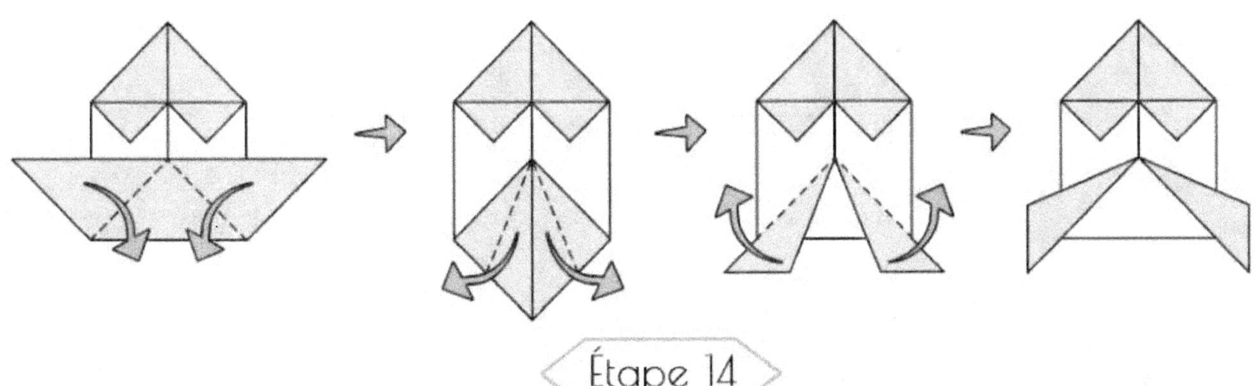

Étape 14

Plie les coins latéraux en diagonale vers le bas. Ensuite,
plie-les vers le haut deux fois de suite comme sur le schéma.

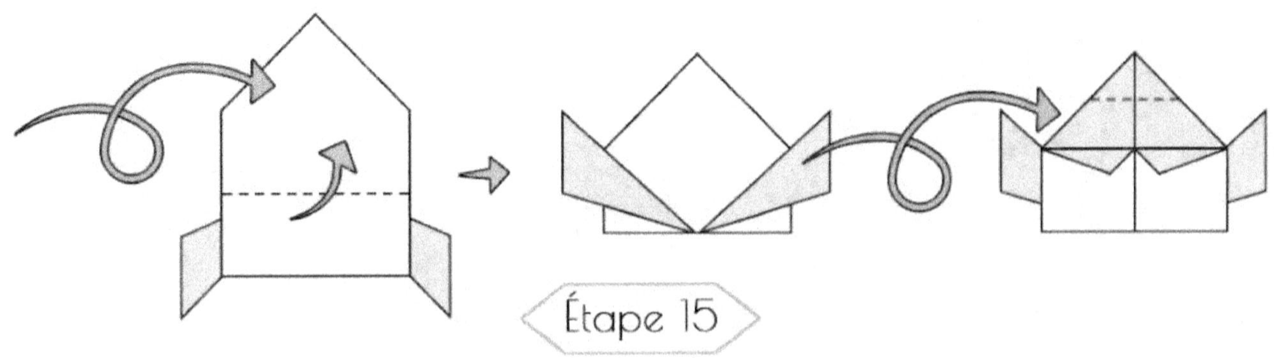

Étape 15

Retourne la base, puis plie vers le haut de manière à ce que le bord inférieur
se retrouve là où commence la forme triangulaire de la partie supérieure.

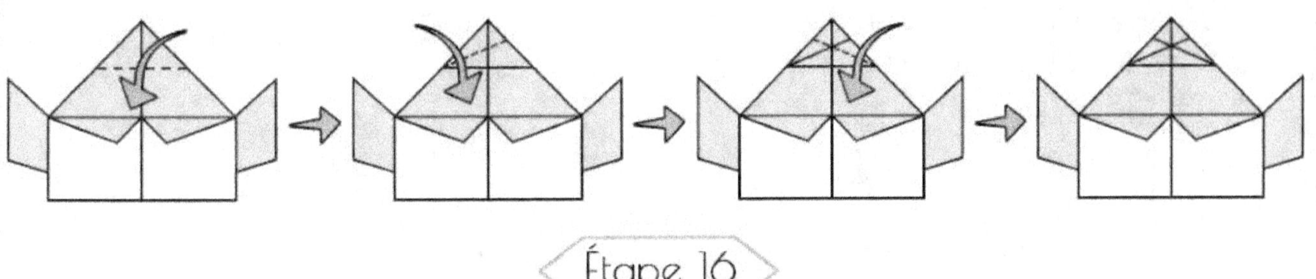

Étape 16

Plie en deux le sommet vers le bas et déplie-le. Ensuite, plie vers
la droite, déplie, puis fais de même avec le côté gauche.

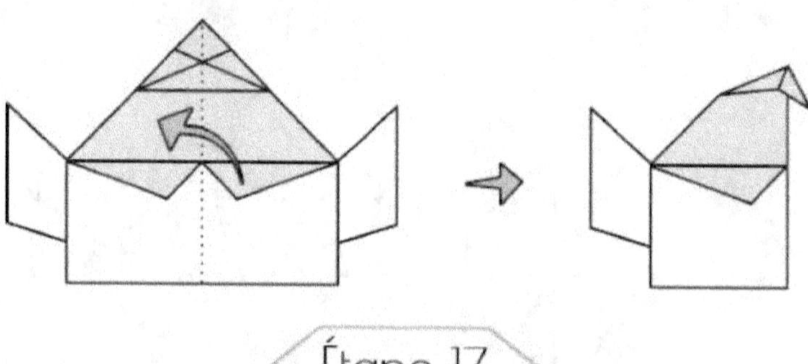

Plie la feuille en deux dans le sens de la longueur. En même temps, plie légèrement la pointe vers le haut en suivant les plis réalisés lors de l'étape 16, sans trop appuyer vers le bas.

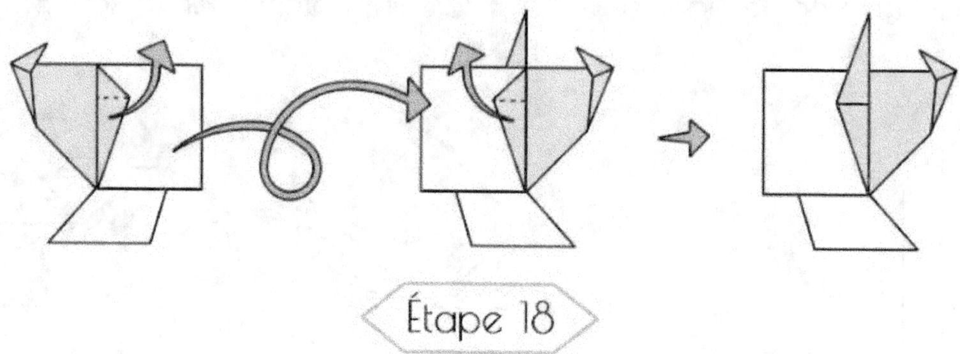

Fais pivoter la base sur le côté et plie le rabat triangulaire de l'étape 12 vers le haut. Retourne ensuite la base et replie celui de l'autre côté vers le haut.

Insère le pli à l'intérieur de la tête dans le rabat situé à l'extrémité droite du corps pour les assembler !

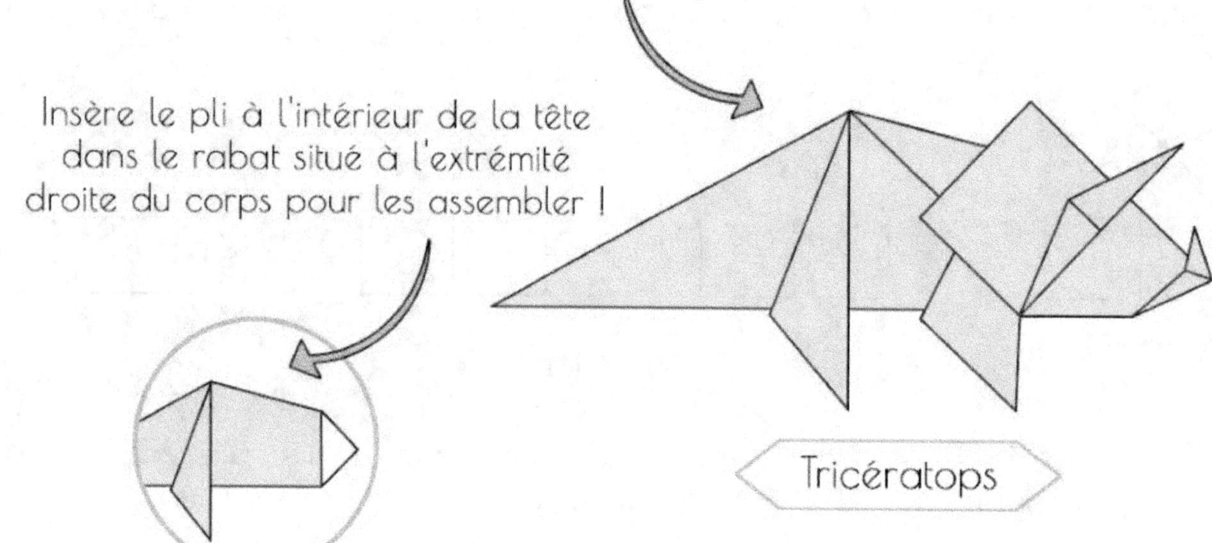

Shuriken

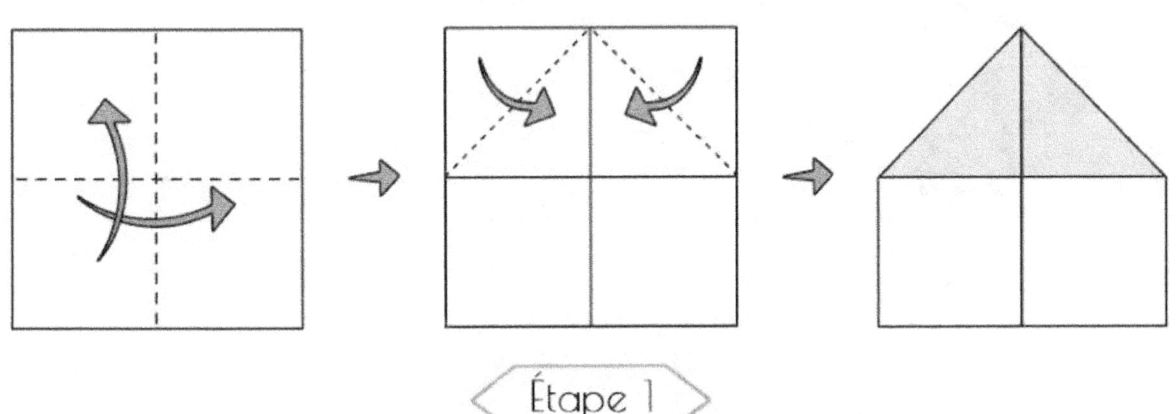

Plie une feuille en deux à l'horizontale et à la verticale, puis déplie-la. Ensuite, plie les coins supérieurs vers le centre de la feuille. Répète cette étape avec 7 feuilles supplémentaires.

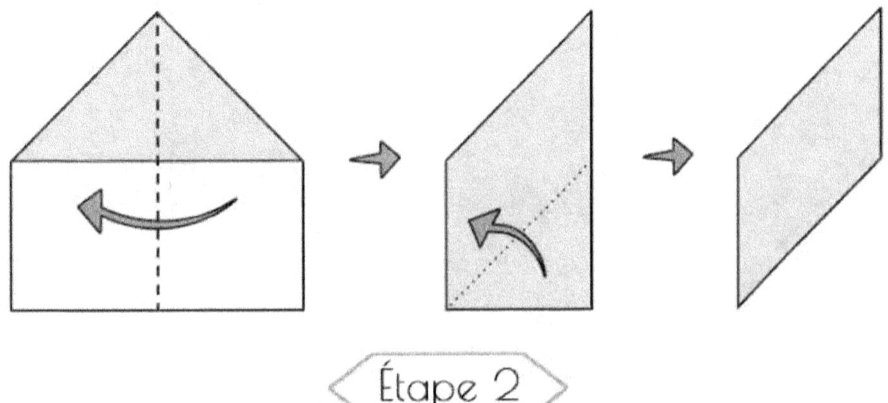

Plie en deux dans le sens de la longueur. Ensuite, fais un pli inversé intérieur en diagonale pour placer le coin inférieur droit entre les deux couches. Répète cette étape avec les 7 autres feuilles.

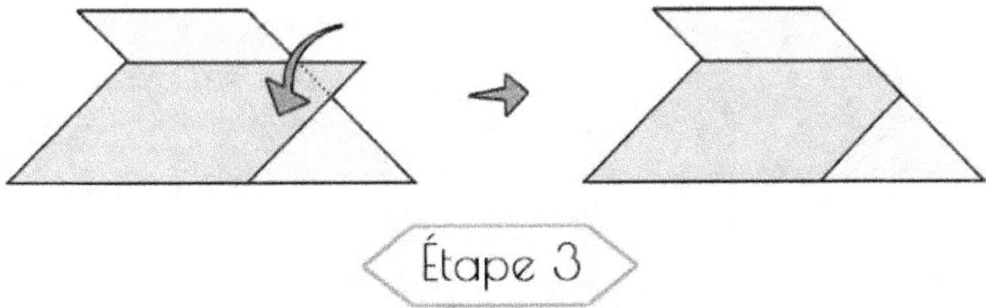

Fais pivoter la feuille vers la gauche et insère une 2ᵉ feuille entre les deux rabats sur le côté droit afin que leur bord inférieur soit aligné. Ensuite, plie les extrémités de la première feuille dans les rabats de la deuxième afin qu'elle reste en place.

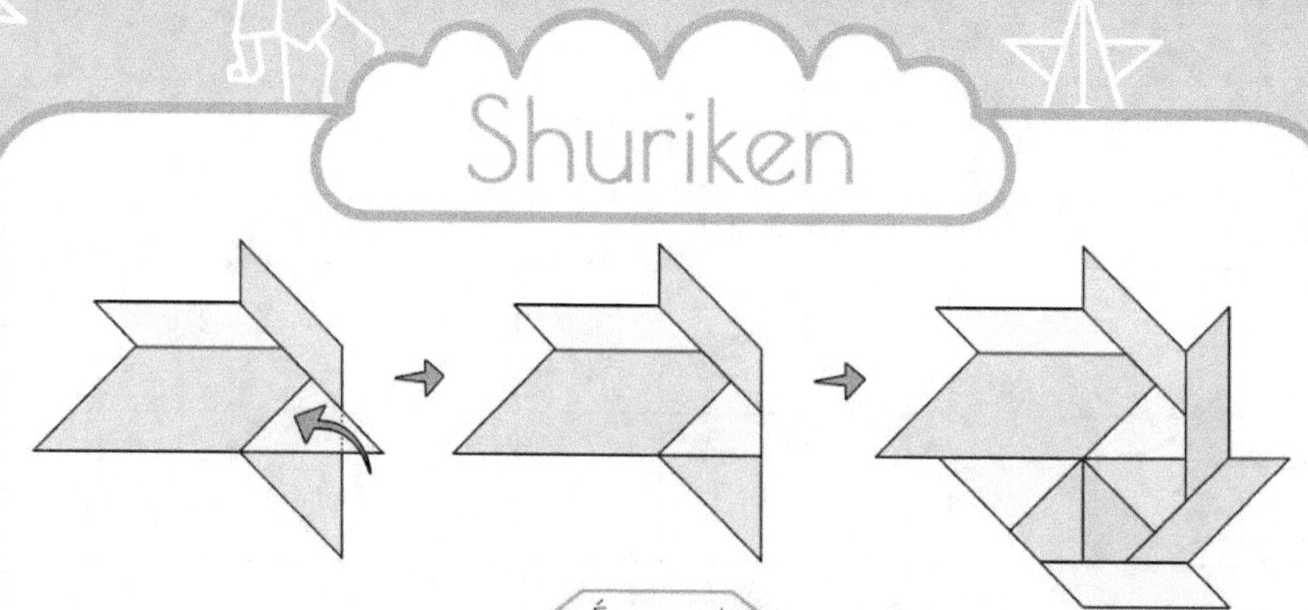

Étape 4

Répète l'étape 3 avec une 3ᵉ feuille. Continue d'intégrer des feuilles jusqu'à ce qu'il ne reste plus que deux.

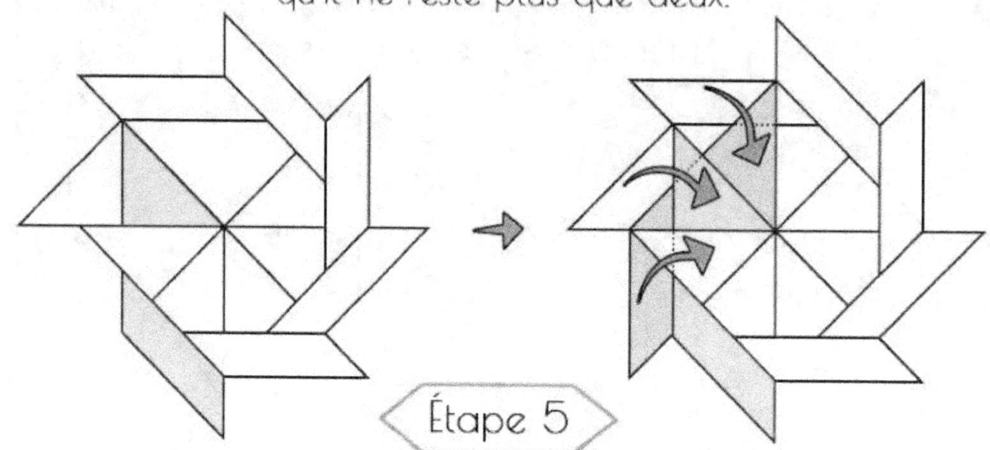

Étape 5

Maintenant, place à la partie délicate : insère la 7ᵉ feuille entre les rabats de la 6ᵉ, mais en séparant ses propres rabats, de sorte qu'ils se retrouvent sur la 1ᵉ feuille que tu as placée. Répète l'opération avec la 8ᵉ feuille : insère-la entre les rabats de la 7ᵉ et sépare-les pour qu'ils se retrouvent sur la 1ᵉ et la 10ᵉ feuilles. Plie les extrémités des 2 feuilles vers l'intérieur des rabats correspondants.

Pousse et tire sur les extrémités pour qu'ils se transforment en octogone !

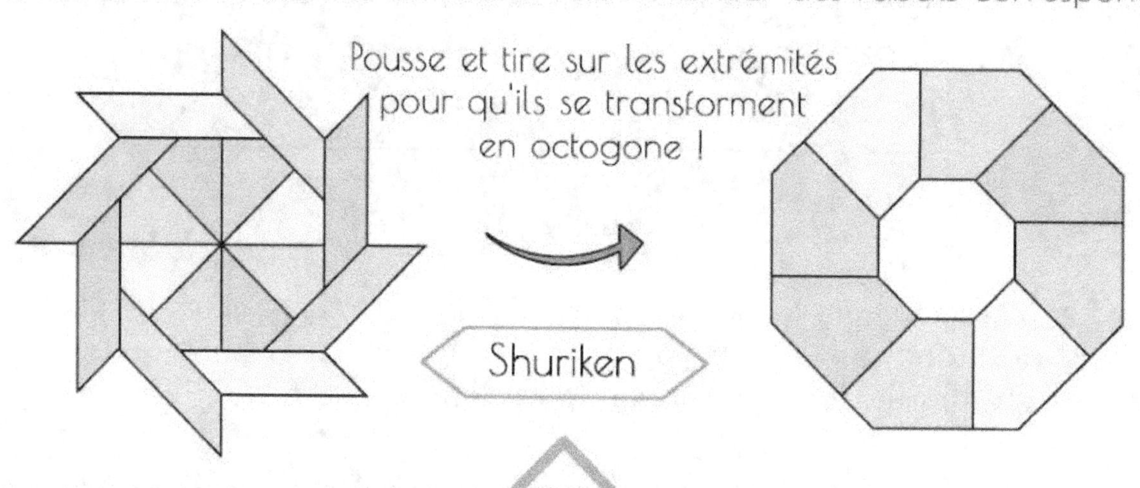

Shuriken

Cercle Magique

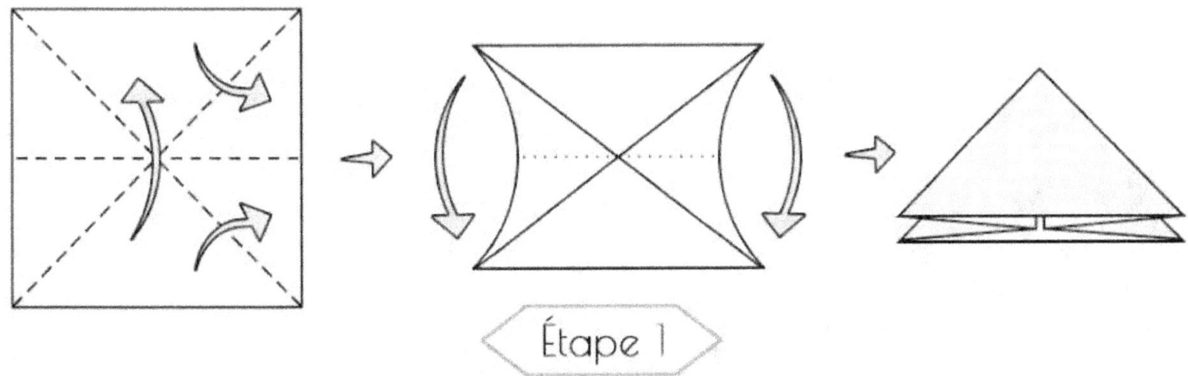

Plie la feuille en deux à l'horizontale et dans le sens des deux diagonales, et déplie-la. Ensuite, plie les deux côtés vers le centre et appuie sur les bords pour faire un triangle.

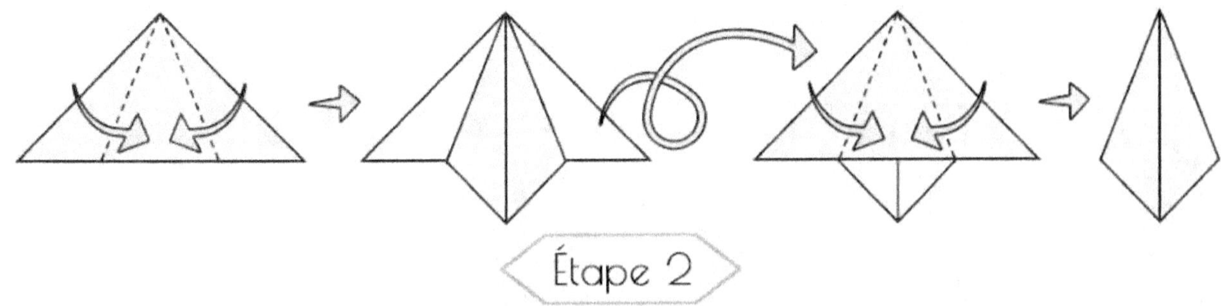

Plie les coins latéraux de la couche supérieure vers le centre et appuie. Retourne la base et répète l'opération avec les coins arrière.

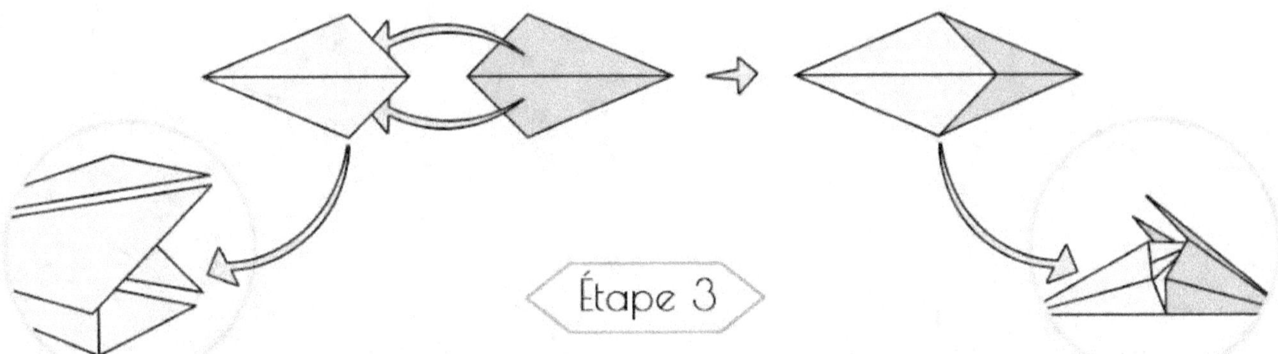

Répète les étapes 1 et 2 jusqu'à obtenir
8 bases équivalentes. Prends-en deux, l'une en face de l'autre, au niveau des coins inférieurs. Tu verras que chaque coin est composé de 2 parties, chacune possédant deux couches : insère l'extrémité de chaque partie de la base sur la droite entre les couches des extrémités de la base sur la gauche. Il ne faut faire ça que sur un côté des bases, et laisser l'autre côté comme il est.

Cercle Magique

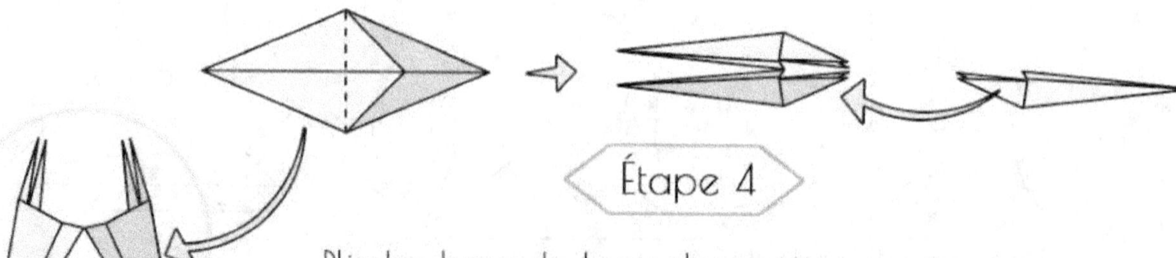

Plie les bases le long des parties que tu viens
de chevaucher, et répète l'étape 3 en ajoutant une
nouvelle base à une des extrémités encore libre.

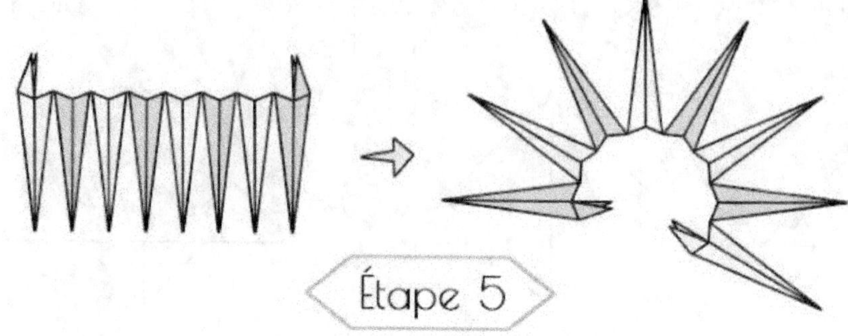

Continue d'en ajouter jusqu'à ce qu'elles forment une rangée dont les extrémités
sont libres. Ensuite, forme un cercle en joignant les extrémités libres ensemble.

Prêt(e) ? Fais tourner le cercle
du centre vers l'extérieur et
laisse la magie opérer !

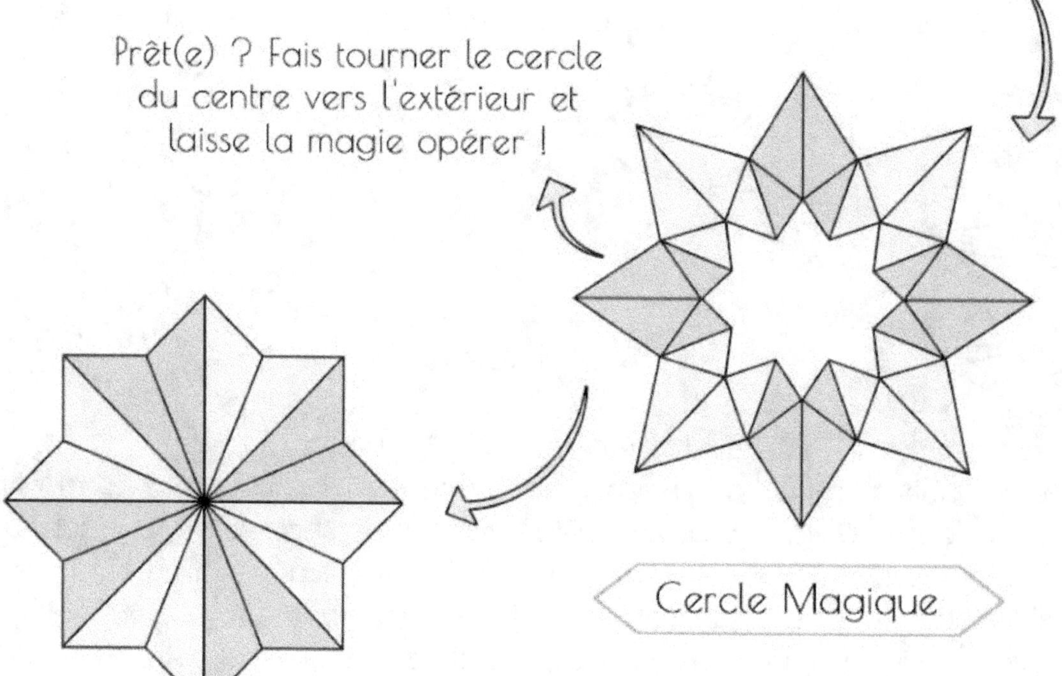

Nénuphar

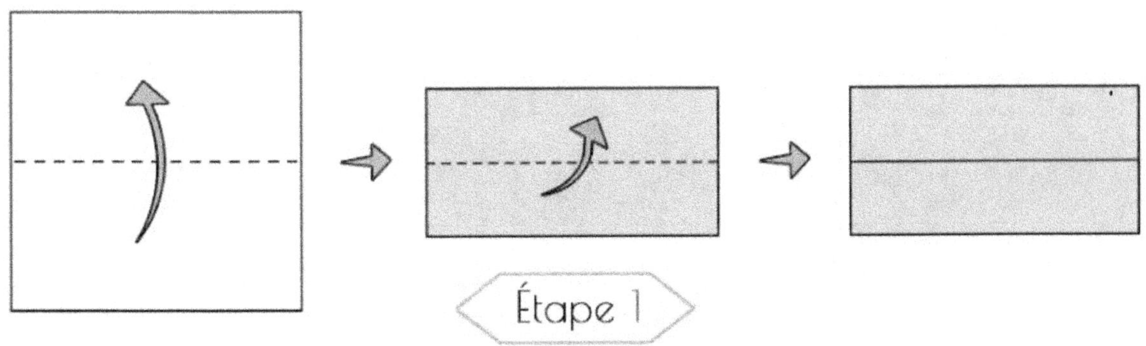

Plie une feuille en deux à l'horizontale. Ensuite, plie à nouveau à l'horizontale et déplie cette partie. Répète cette étape jusqu'à obtenir 16 pièces équivalentes, 8 d'entre elles légèrement plus grandes que les 8 autres.

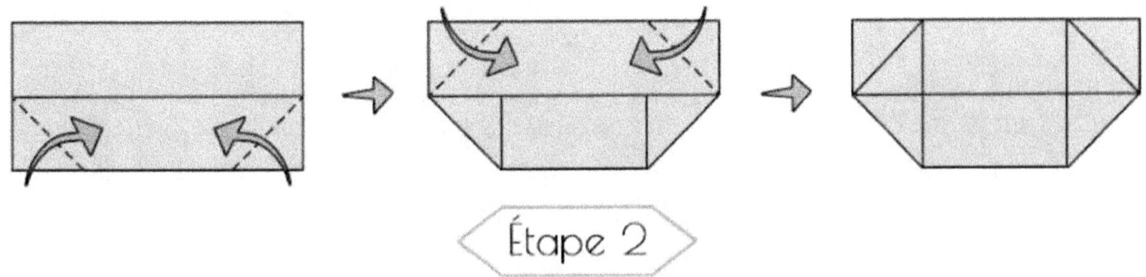

Plie les coins inférieurs en diagonale vers le haut. Ensuite, plie les coins supérieurs, mais seulement leur couche supérieure, en diagonale et vers le bas. Répète l'opération jusqu'à ce que les 16 feuilles soient identiques.

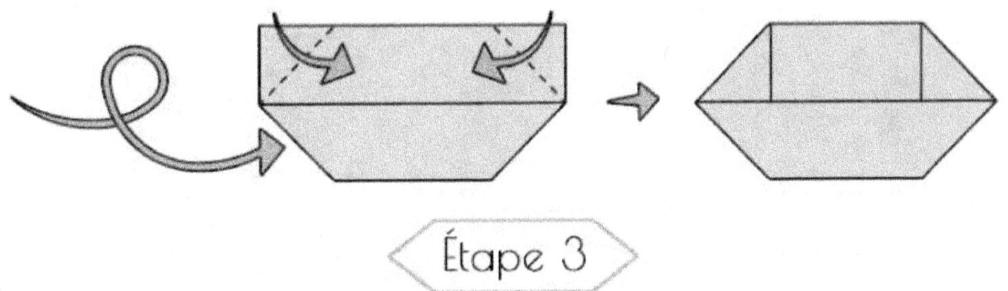

Retourne la feuille et plie les coins supérieurs de la couche arrière en diagonale et vers le bas. Répète l'opération jusqu'à ce que les 16 feuilles soient identiques.

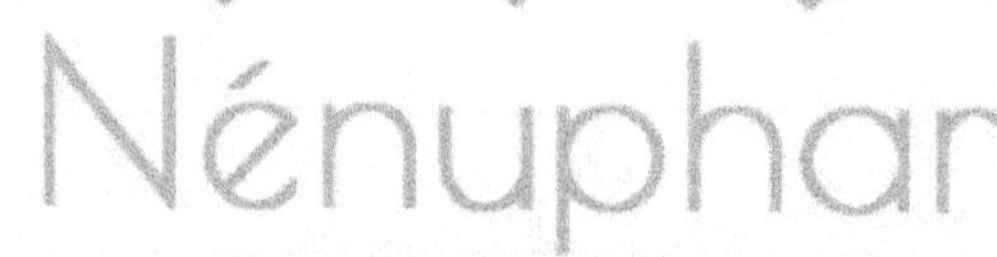

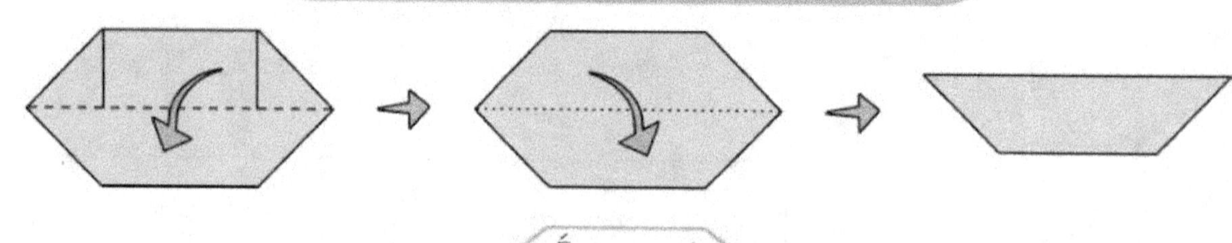

Étape 4

Replie la partie supérieure de la couche avant vers le bas.
Ensuite, plie la partie supérieure de la couche arrière vers le bas.
Répète l'opération jusqu'à ce que les 16 feuilles soient identiques.

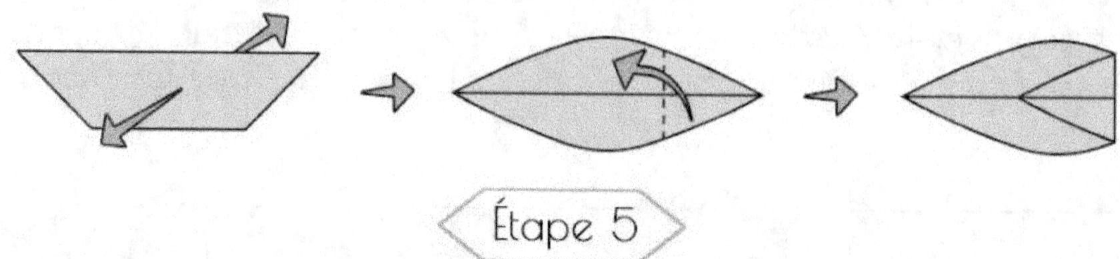

Étape 5

Sépare les deux côtés de la feuille le long du bord supérieur.
Ensuite, plie l'un des coins latéraux vers l'intérieur et appuie dessus.
Répète l'opération pour les 16 pièces.

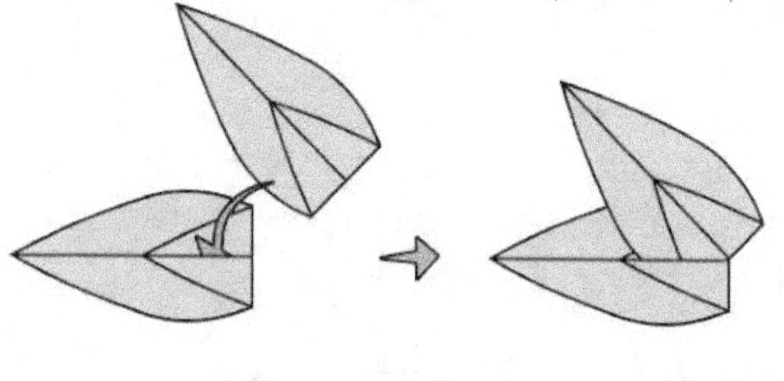

Étape 6

Utilise l'ouverture au milieu du rabat
que tu viens de plier pour insérer
une autre pièce. Continue d'ajouter
des pièces jusqu'à former un cercle
de 8 pièces égales. Ensuite, répète
l'opération avec les 8 autres pièces
qui ont une autre taille, et place
le petit cercle sur le plus grand.

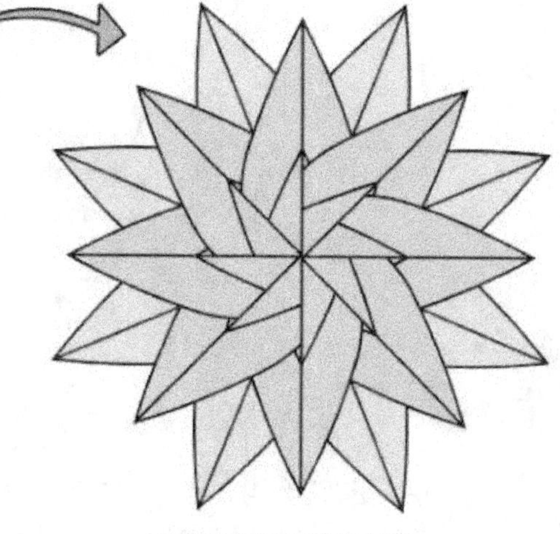

Nénuphar

Sapin de Noël

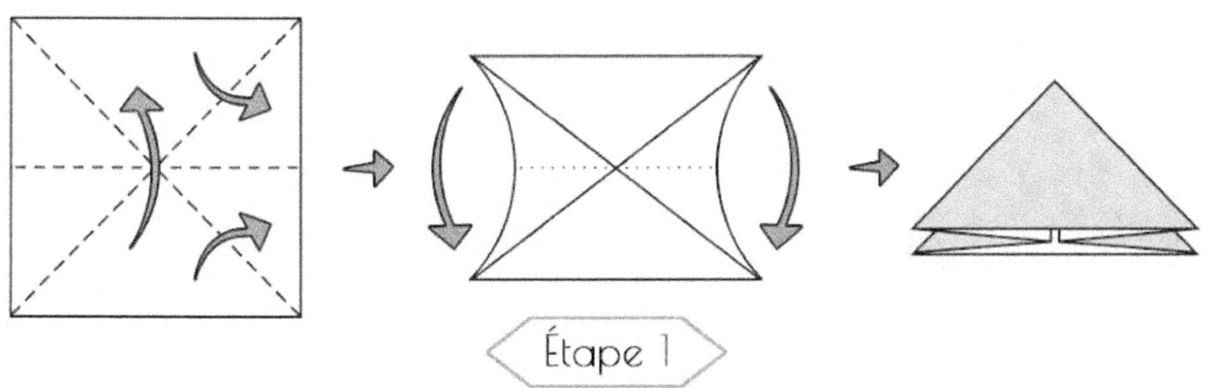

Plie la feuille en deux à l'horizontale et dans le sens des diagonales, et déplie-la. Ensuite, rabats les côtés vers le centre et aplatis la structure pour obtenir un triangle. Répète avec trois autres feuilles, chacune plus petite que la précédente.

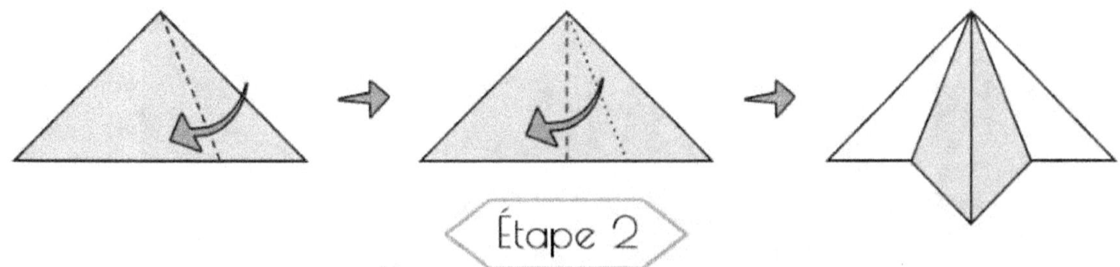

Plie le côté supérieur droit vers le milieu et déplie-le. Déplie les deux couches de cette partie en suivant la marque du pli et aplatis. Répète pour toutes les feuilles.

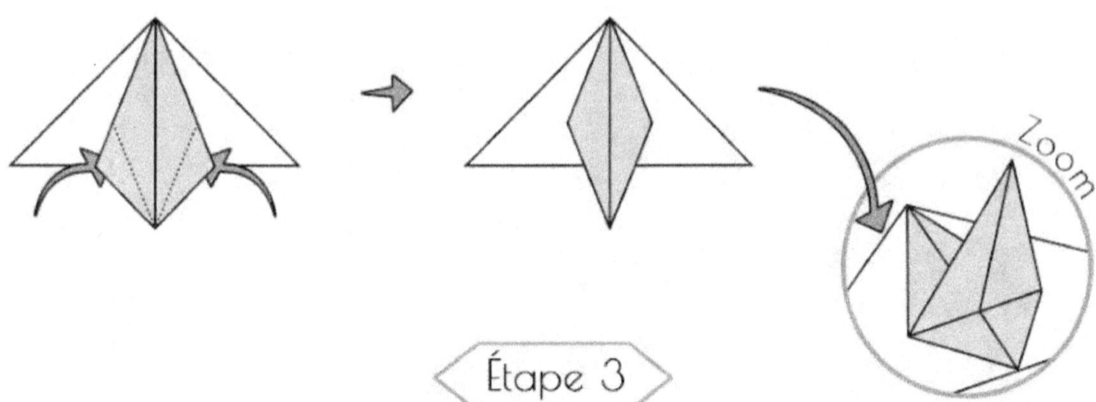

Plie les côtés vers l'intérieur en direction de la ligne médiane, de sorte que le bord supérieur soit à l'horizontale. Jette un œil au schéma en 3D pour voir à quoi ça doit ressembler si tu plies la pointe inférieure vers le haut (mais cela ne fait pas partie du processus). Répète l'opération pour toutes les feuilles.

Sapin de Noël

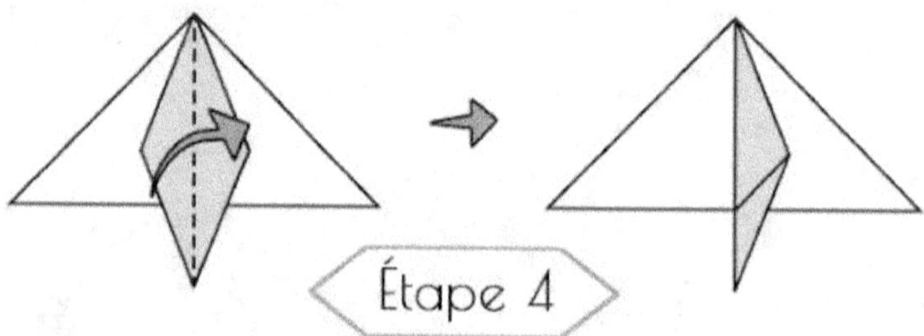

Étape 4

Plie cette partie en deux vers la droite. Répète l'opération pour toutes les feuilles.

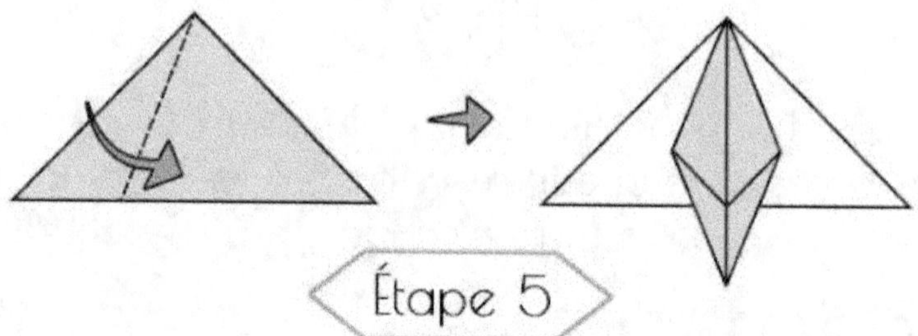

Étape 5

Répète les étapes 3 à 4 en haut à gauche. Répète pour toutes les feuilles.

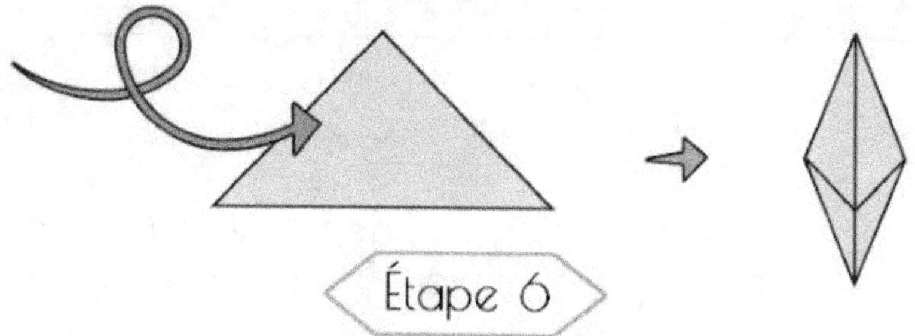

Étape 6

Retourne la base et répète les étapes 2 à 4 pour la couche arrière. Répète l'opération pour toutes les feuilles.

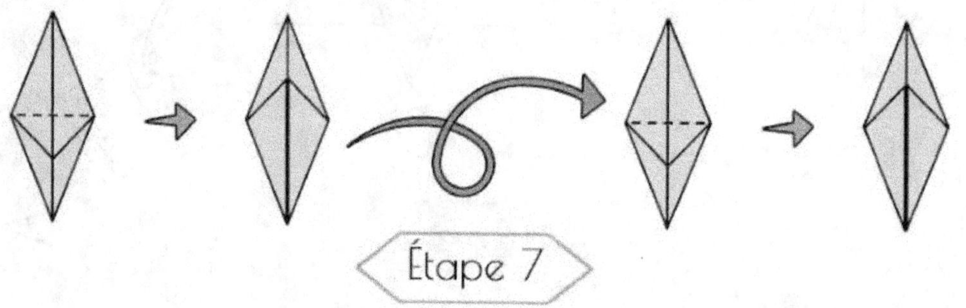

Étape 7

Ramène le rabat au centre. Retourne ensuite la base et fais la même chose de l'autre côté. Remarque : il y a une ouverture entre les deux parties inférieures. Répète l'opération pour toutes les feuilles.

Sapin de Noël

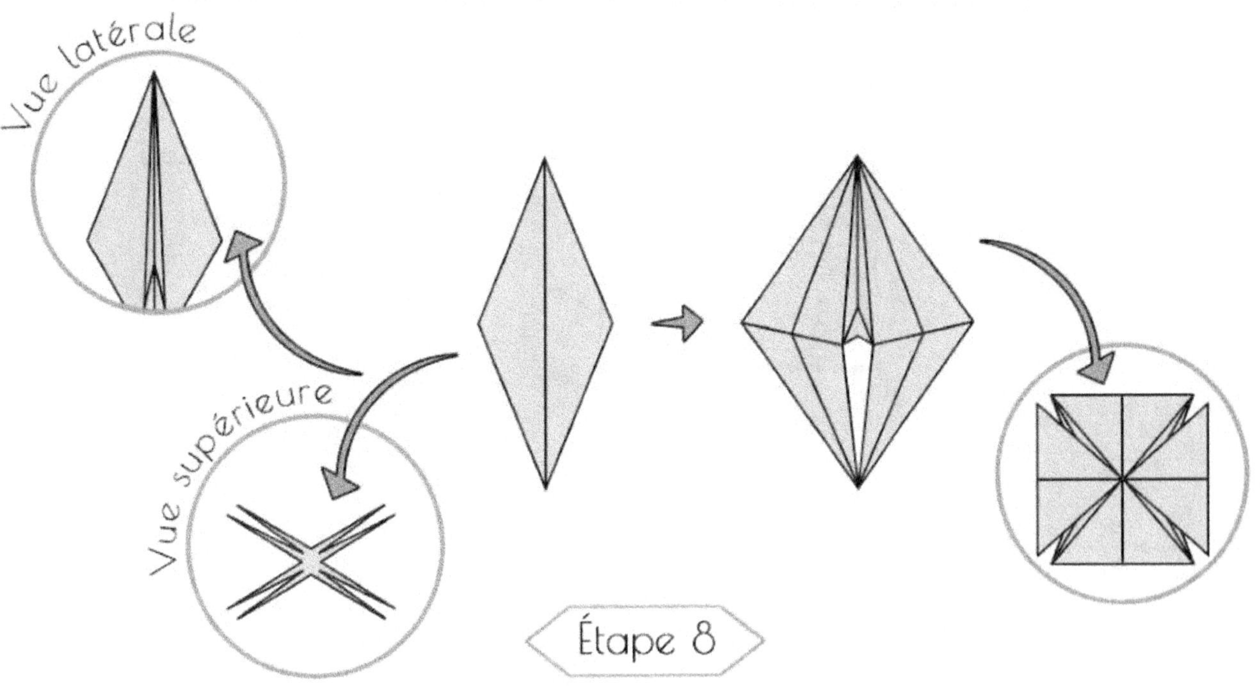

À ce stade, la base a quatre côtés avec un rabat au centre et quatre côtés vides. Tiens la base de sorte que les côtés avec un rabat soient pliés et que les côtés vides soient ouverts. Utilise avec précaution un bâtonnet ou un crayon pour l'insérer dans l'ouverture inférieure de la base et faire ressortir les côtés vides. Répète l'opération pour toutes les feuilles.

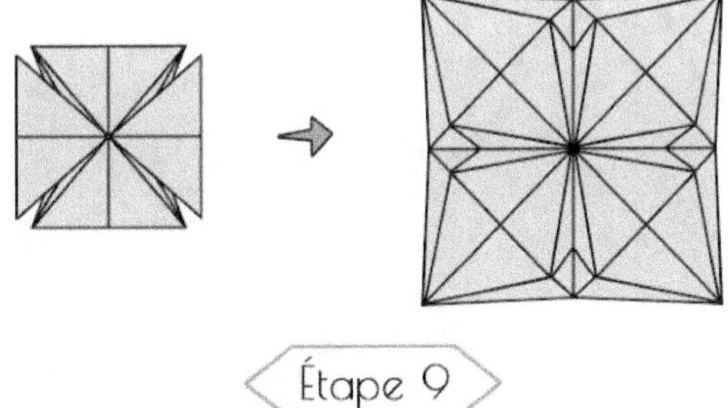

En regardant la base du dessus, appuie sur le centre jusqu'à ce que la base se déploie : le coin supérieur est orienté dans la direction opposée, et les coins inférieurs pointent vers le haut et l'extérieur. Répète l'opération pour toutes les feuilles.

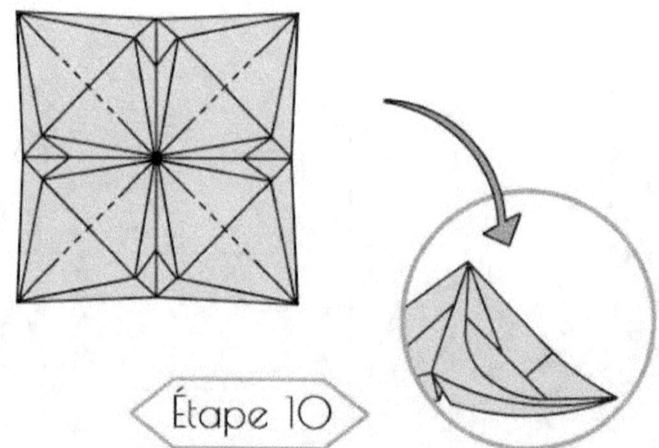

Appuie au milieu des diagonales, de sorte qu'elles forment une crête qui dépasse sur le côté opposé de la base. Répète l'opération sur toutes les feuilles, puis retourne-les et pose-les l'une sur l'autre, de la plus grande à la plus petite.

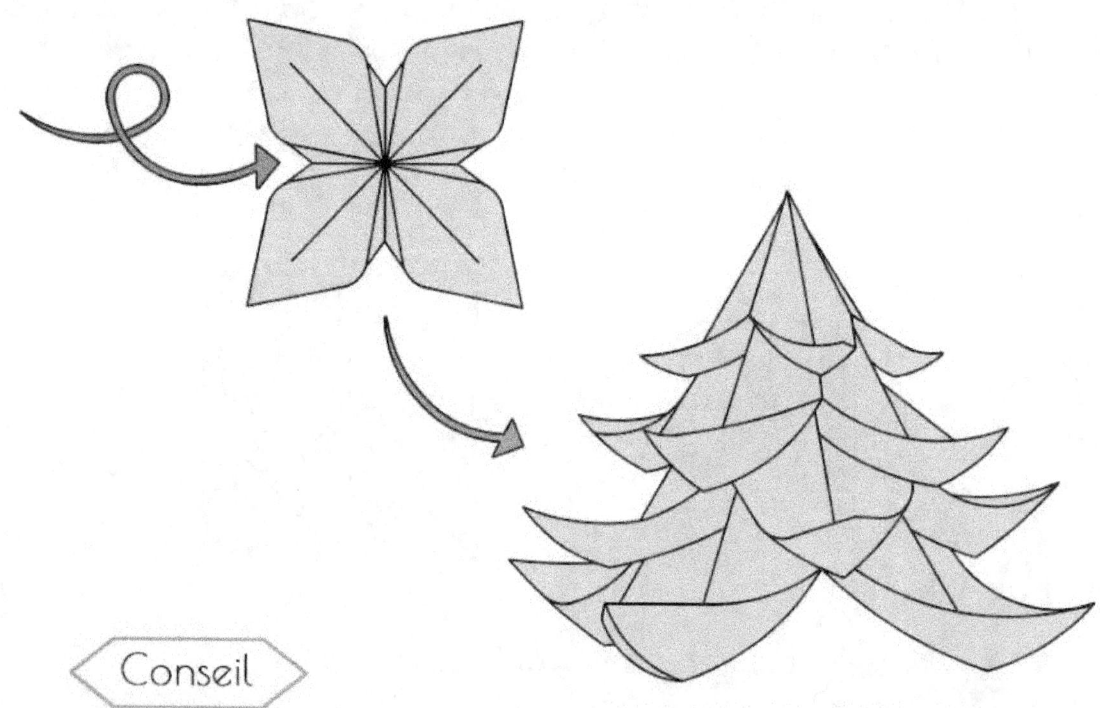

Tu peux décorer le haut du sapin avec l'étoile que tu as appris à faire il y a quelques pages de cela.

Triangle Pop-it

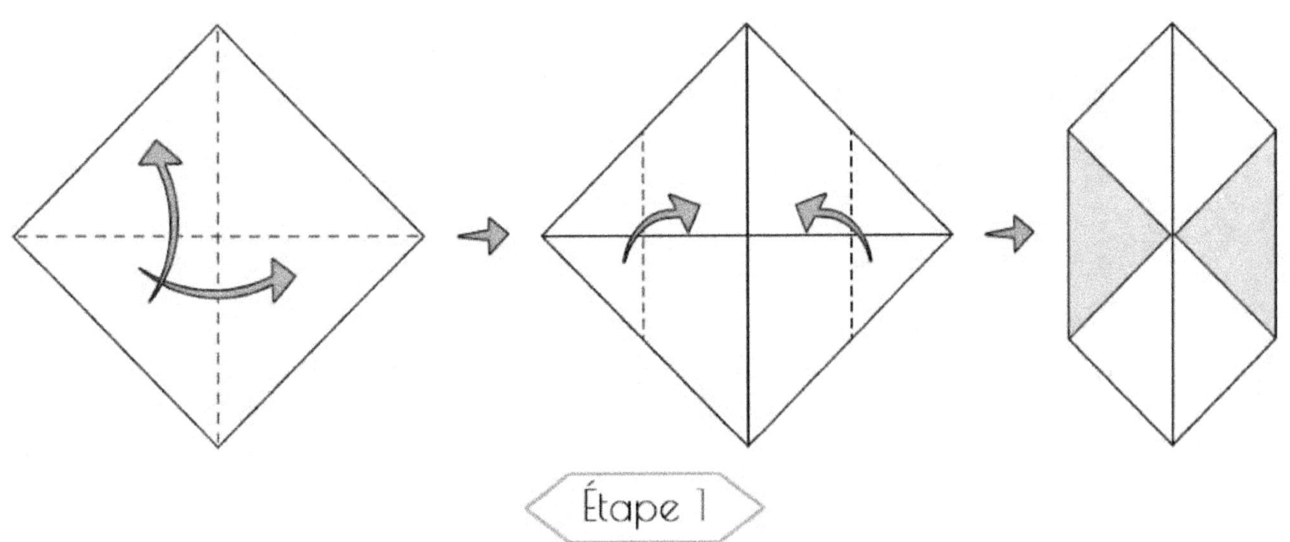

Plie le long des diagonales, déplie et rabats les coins latéraux vers le centre. Répète l'opération sur deux autres feuilles.

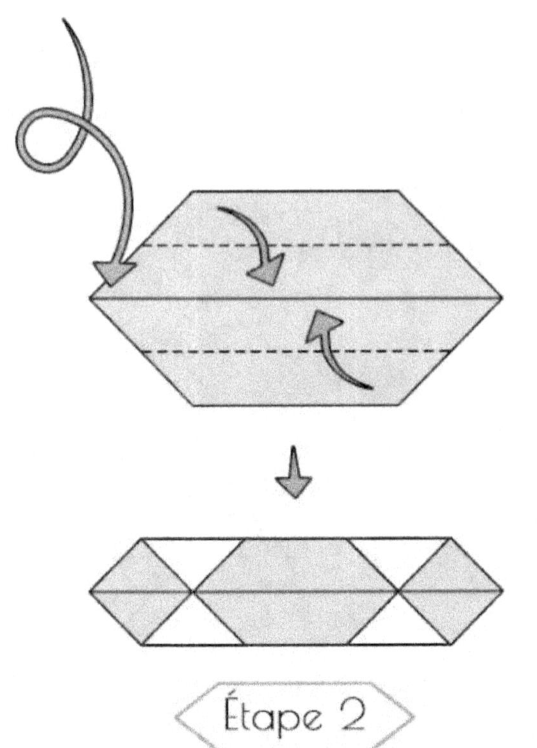

Plie les bords supérieur et inférieur vers le centre. Répèt l'opération sur les autres feuilles.

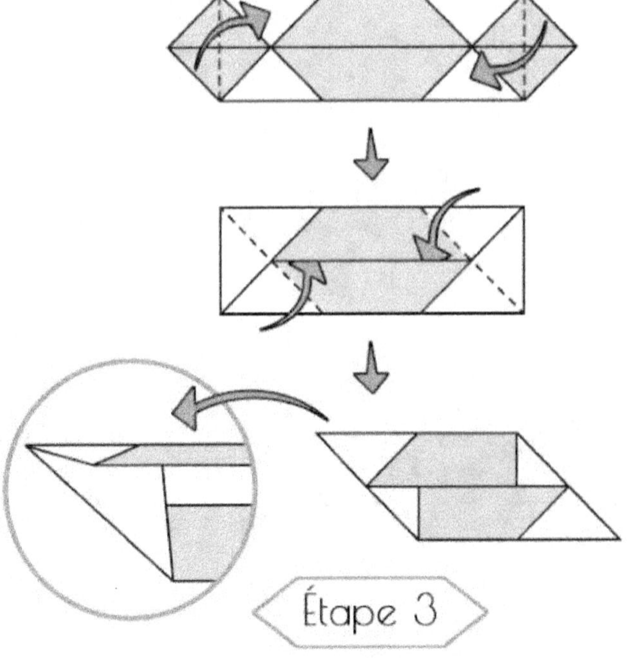

Plie les coins latéraux vers l'intérieur. Ensuite, plie les coins inférieur gauche et supérieur droit en diagonale et place-les sous la couche supérieure du côté opposé. Répète l'opération sur deux autres feuilles.

Triangle Pop-it

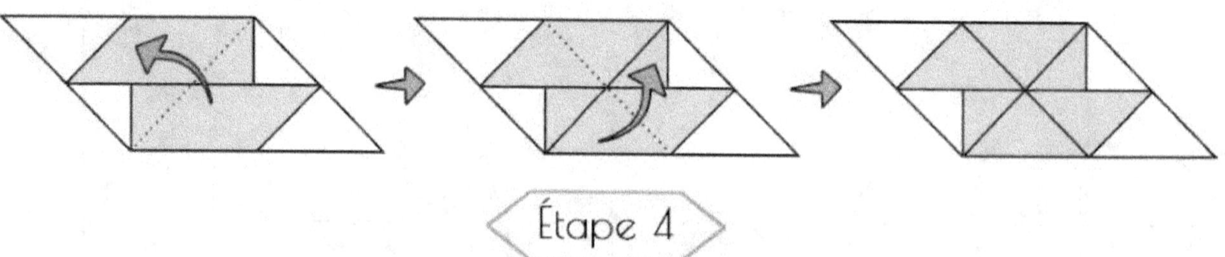

Plie la base en diagonale vers la gauche afin de marquer le pli, et déplie. Plie ensuite vers la pour créer une autre marque, et déplie. Répète l'opération sur les deux autres feuilles.

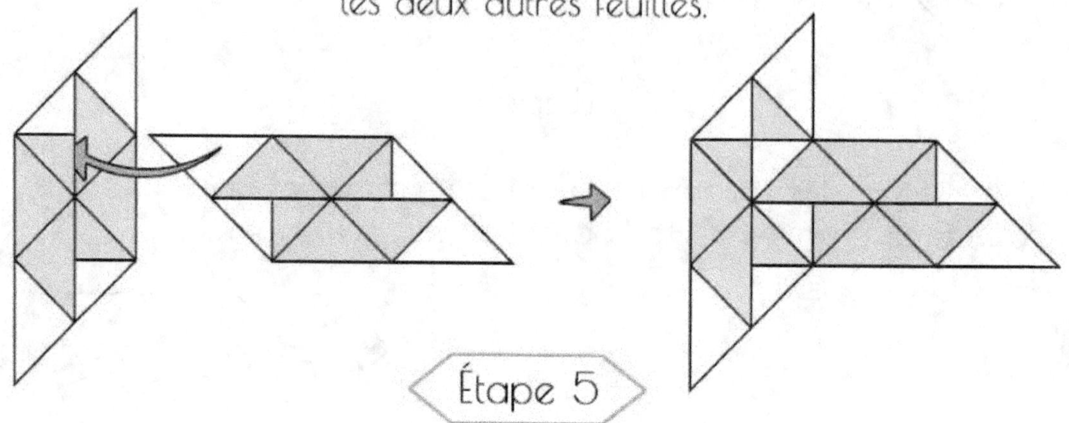

Place le coin d'une feuille sous la couche supérieure d'une autre comme sur le chéma, de sorte qu'elles se retrouvent perpendiculaires l'un par rapport à l'autre.

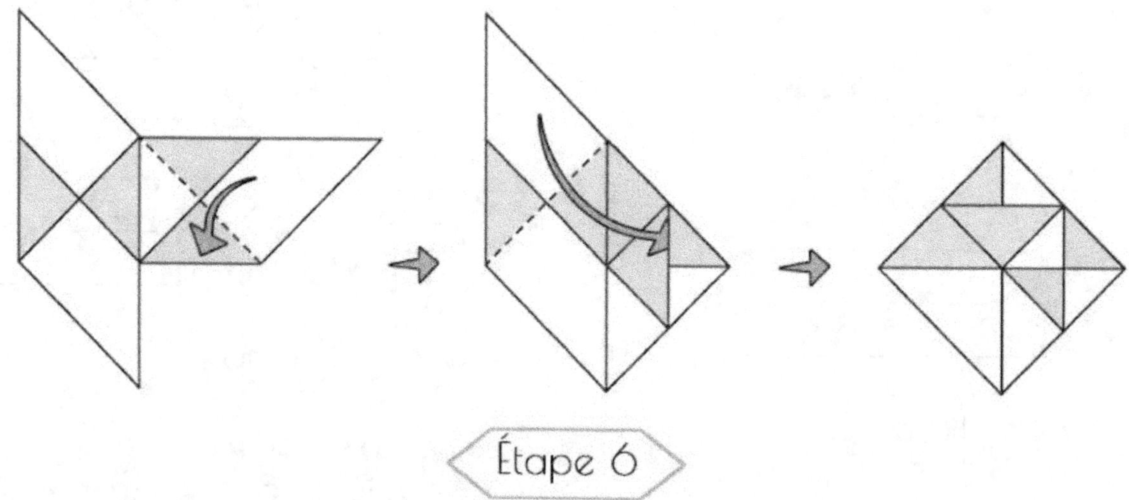

Retourne la structure et plie-la vers la droite en diagonale, vers le bas. Insère le coin supérieur de la figure à gauche, juste en dessous du sommet de l'autre feuille. À la fin de cette étape, la structure toute entière prend une forme 3D.

Triangle Pop-it

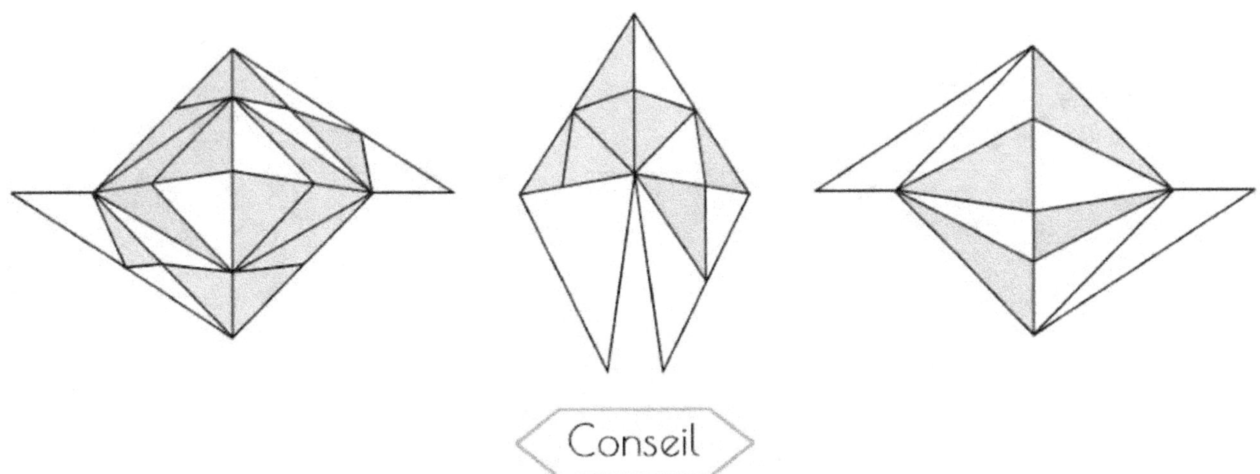

Avant d'ajouter la troisième feuille, voici la disposition de la structure,
gauche à droite : vue du dessus, de côté, et par dessous.

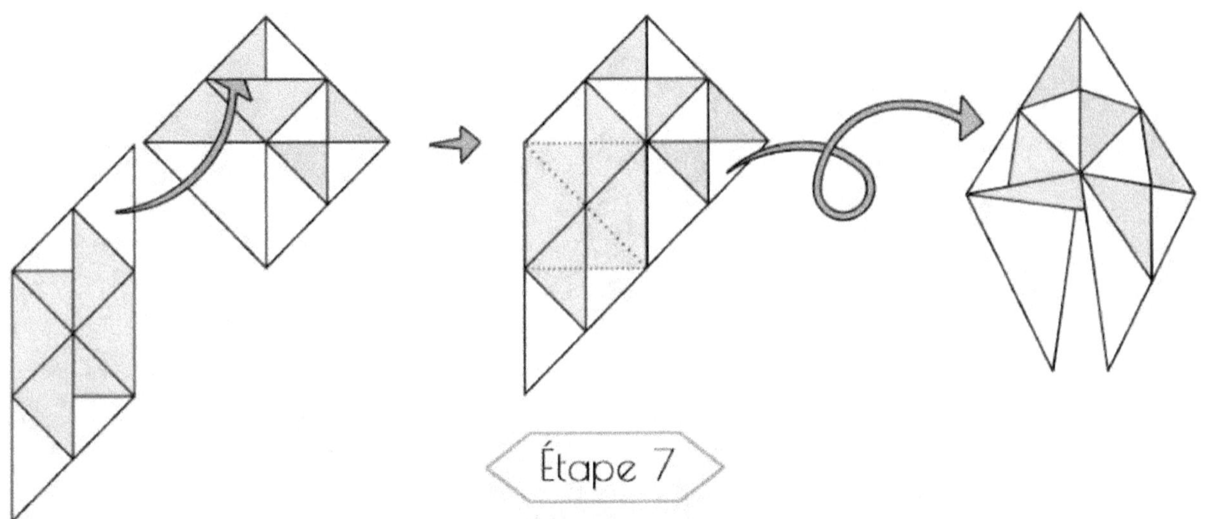

Insère la pointe supérieure de la troisième forme sous le coin supérieur
de la partie déjà assemblée. Ensuite, plie-la de manière à pouvoir replier
l'extrémité inférieure sous le coin supérieur, mais sur la face arrière.

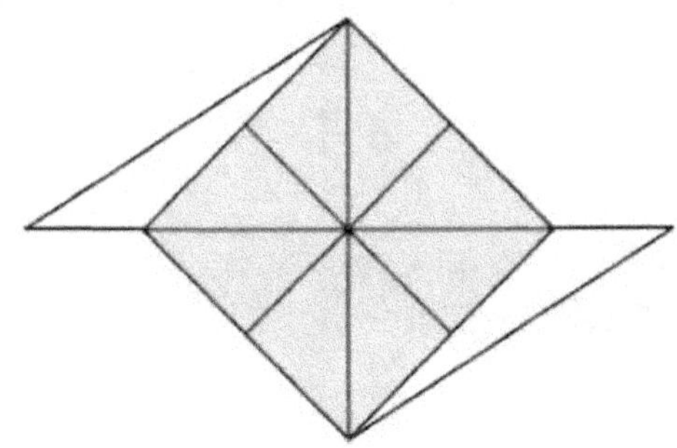

Avant d'aller plus loin,
assurez-vous que la figure
ressemble à ceci vue d'en bas.

Triangle Pop-it

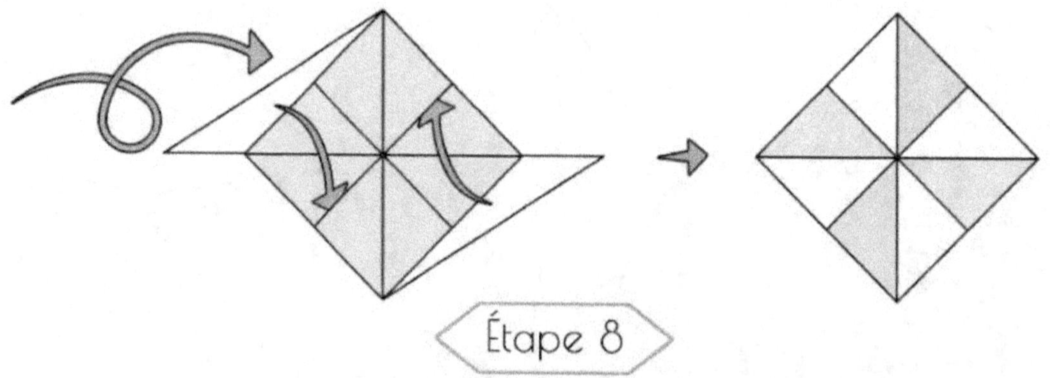

Retourne la structure et, en regardant sa partie inférieure, rabats
le pli supérieur gauche sur le côté gauche du coin inférieur
et le pli inférieur droit sur le côté droit du coin supérieur.

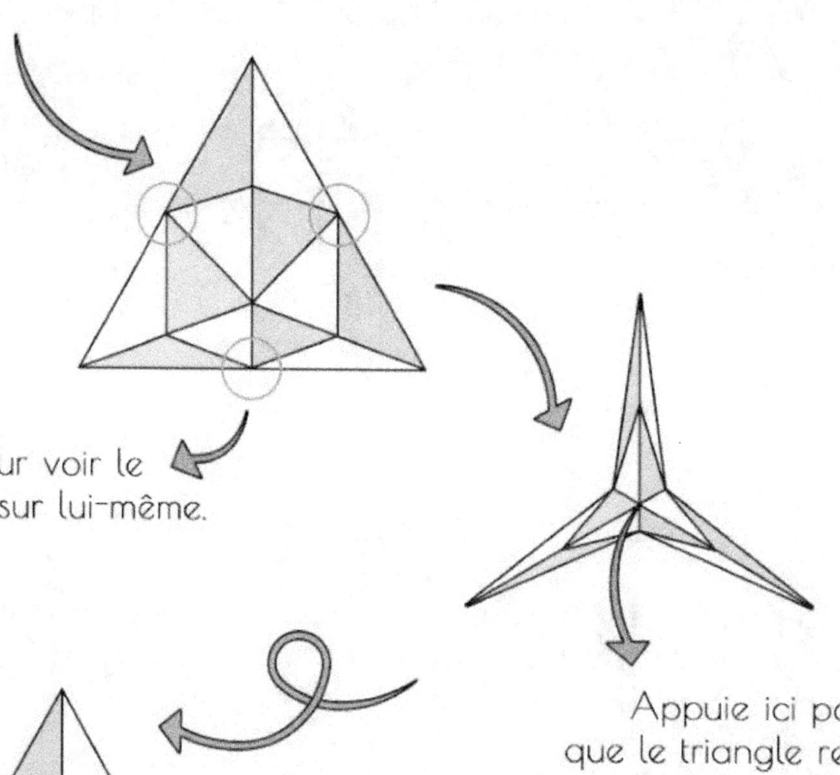

Conclusion

Félicitations, tu viens de terminer ce livre d'origami. Je suis sûr que tu es devenu(e) maître dans l'art du pliage de papier ! Après avoir appris à plier les animaux, les véhicules, les fleurs et les jouets que ces pages contiennent, tu peux d'ores et déjà concevoir et plier tes propres créatures pour les partager avec tes amis et tes proches.

J'espère que ça a été une aventure amusante et que tu as découvert un passe-temps aussi passionnant et relaxant que les origamis. Tu penses déjà à ton prochain projet ? C'est notre cas ! C'est pourquoi, si tu as apprécié ce livre, nous aimerions beaucoup ton avis sur Amazon, c'est notre manière d'apprendre et de grandir avec toi, et cela nous permet de continuer à créer des livres amusants et de qualité comme celui-ci.

CRESCIAMO INSIEME!

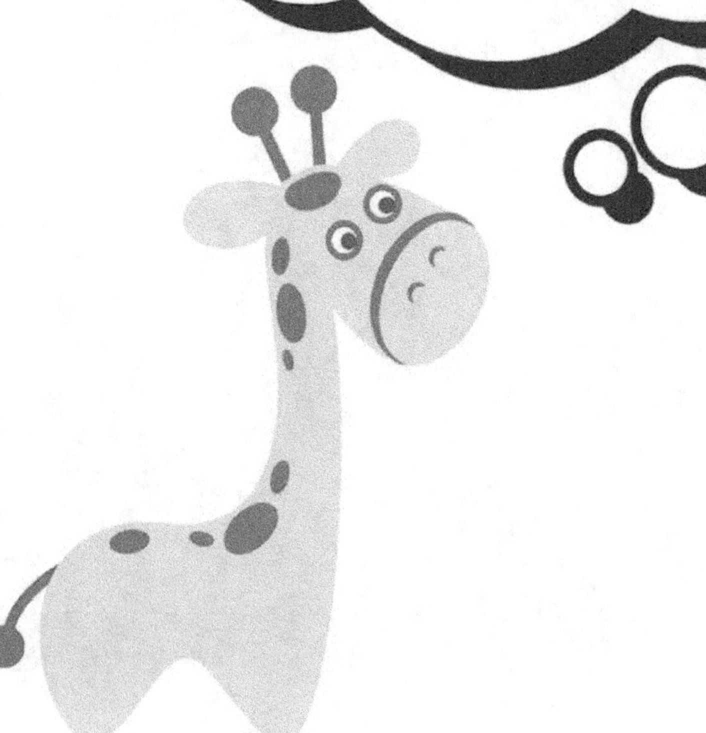

www.ingramcontent.com/pod-product-compliance
Lightning Source LLC
Chambersburg PA
CBHW080348030726
47598CB00009B/2669